U0578941

中国实现现代化的人口条件

莫龙　李建民　王金营　等　著

The Population Conditions for China's Modernization

社会科学文献出版社

SOCIAL SCIENCES ACADEMIC PRESS (CHINA)

目　录

前　言 ……………………………………………………… 莫　龙 / 1

第一篇　人口条件

第一章　中国实现现代化的人口条件展望 ………… 李春华　吴望春 / 3

第一节　问题的提出 / 3

第二节　文献回顾 / 4

第三节　预测和假设 / 9

第四节　中国实现现代化的人口条件展望（2020～2050 年）/ 11

小　结 / 37

第二章　中国实现现代化人口条件的国际比较 … 李春华　吴望春 / 44

第一节　问题的提出 / 44

第二节　文献回顾 / 44

第三节　基础数据 / 47

第四节　中国实现现代化的人口条件国际比较（2020～2050 年）/ 52

第五节　中国实现现代化的人口条件与若干典型国家比较：基于
国家竞争力视角 / 59

小　结 / 73

第二篇　利弊影响

第三章　理论分析：人口条件对中国现代化的影响
……………………………………………… 李建民　刘　宇 / 79

第一节　人口现代化与现代化的时序关系 / 79

第二节　人口条件影响现代化的机制与途径 / 90

第三节　中国现代化面临的有利人口条件 / 96

第四节　中国现代化面临的不利人口条件 / 101

第五节　人口负增长对中国现代化的双重影响 / 105

小　结 / 108

第四章　实证分析：人口条件在当代中国快速现代化中的作用

　　　　——以经济现代化为例 ………………… 王金营　刘艳华 / 114

第一节　问题的提出 / 114

第二节　经济现代化和人口现代化的评价 / 121

第三节　人口现代化与经济现代化的相关性分析 / 132

小　结 / 140

第五章　专题分析：中国现代化进程中人口老龄化对劳动力参与率的

　　　　影响 ……………………………… 周祝平　刘海斌 / 145

第一节　问题的提出 / 145

第二节　相关文献综述 / 146

第三节　理论框架 / 147

第四节　利用年龄标准化方法考察人口老龄化对劳动力参与率的

　　　　影响 / 150

第五节　人口老龄化对劳动力参与率影响的实证分析 / 154

小　结 / 161

第六章　专题分析：中国现代化进程中若干影响长期粮食安全的重大

　　　　人口发展趋势 ……………………… 莫　龙　李春华 / 164

第一节　问题的提出 / 164

第二节　数据来源 / 165

第三节　长期粮食安全是中国实现现代化的重要前提条件 / 166

第四节　若干影响中国长期粮食安全的重大人口发展趋势 / 167

小　结 / 173

第三篇　重点解析

第七章　人口城镇化与中国现代化 ·················· 桂江丰／177
　　第一节　引言／177
　　第二节　中国人口城镇化的历程／179
　　第三节　人口城镇化对国家现代化的积极作用／181
　　第四节　中国人口城镇化发展面临的形势／184
　　第五节　面向现代化的中国人口城镇化战略原则／186
　　第六节　面向现代化的中国人口城镇化战略举措／187
　　小　　结／190

第八章　人口老龄化与中国现代化 ·············· 胡　湛　檀榕基／193
　　第一节　人口老龄化是现代化的重要标志／193
　　第二节　人口老龄化给现代化建设带来的挑战／196
　　第三节　应对中国人口老龄化的当代选择／202
　　小　　结／209

第九章　人口现代化与中国现代化 ············· 徐　愫　田林楠／213
　　第一节　问题的提出／213
　　第二节　文献回顾／216
　　第三节　方法和数据／217
　　第四节　中国人口现代化进程评估与趋势分析／218
　　第五节　中国各省份的人口现代化及其与现代化的协调性
　　　　　　——以经济现代化为例／223
　　第六节　人口现代化对未来中国现代化的可能影响／228
　　第七节　对策建议：中国实现现代化的人口现代化路径／231
　　小　　结／234

第十章　人口红利与中国现代化 ·················· 邬思怡／237
　　第一节　文献综述／238

第二节　中国数量型人口红利的存续性及素质型人口红利的挖掘
　　　　/ 240

第三节　经济现代化评价标准演进与评价体系确立 / 247

第四节　素质型人口红利嬗变对未来中国经济现代化的影响：模型
　　　　构建与实证研究 / 251

第五节　研究结论与对策建议 / 255

小　结 / 257

第四篇　对策方略

第十一章　通过优化生育政策优化中国现代化的人口条件
　　　　　　　　　　　　　　　　　　　　　　莫　龙 / 263

第一节　问题的提出 / 263

第二节　方法、方案和数据 / 264

第三节　通过优化生育政策优化现代化人口条件的必要性 / 269

第四节　现代化人口条件的可能优化区间评估 / 272

第五节　优化生育政策的力度选择 / 279

第六节　优化生育政策的人口效益预测 / 280

小　结 / 285

第十二章　关于应对中国人口老龄化严峻挑战的建议
　　　　　　　　　　　　　　　　　　莫　龙　孟祥宁 / 289

第一节　建议研究中国人口老龄化对共同富裕的影响及对策 / 289

第二节　建议跨学科研究依靠科技创新应对中国人口老龄化 / 293

第三节　要坚定中国战胜人口老龄化严峻挑战的信心 / 298

第十三章　面向现代化的中国人口发展战略 ……………… 李建民 / 303

第一节　未来现代化进程面临的人口形势和条件 / 303

第二节　人口与发展关系的变化 / 319

第三节　面向现代化的中国人口发展战略 / 327

小　结 / 332

前　言

莫　龙[*]

21 世纪上半叶，中国最伟大的壮举将是开辟人类现代化的东方路径，在这个世界上数一数二的人口大国[①]全面实现现代化。2022 年 10 月召开的党的二十大提出："从现在起，中国共产党的中心任务就是团结带领全国各族人民全面建成社会主义现代化强国、实现第二个百年奋斗目标，以中国式现代化全面推进中华民族伟大复兴。"（习近平，2022）

然而，前进的道路上既绽放有鲜花也布满了荆棘。21 世纪上半叶，中国的现代化既面临重大的人口机遇，也面临重大的人口挑战。欣逢这一时代，中国人口学者最为重要的历史责任，莫过于通过潜心研究，推进关于人口与现代化的学术研究，并通过决策咨询将研究成果转化为政策实践，最终为国家实现现代化创造更好的人口条件，从而做出自己应有的贡献。本书作为国家社科基金项目"中国实现现代化的人口条件及对策研究"（批准号：14BRK032）的成果，为此做出自己的努力。

一　人类现代化：内涵、特征和演进

人类大致诞生于 250 万年前（Leakey，1994），人类文明大致肇始于5500 年前（Ralph，1991），而人类现代化则大致发轫于 18 世纪（罗荣渠，1993；何传启等，2017）。

现代化指 18 世纪工业革命以来，人类社会发生巨大、全面和深刻社会变革的历史过程，既包括经济、社会、政治、文化、生态等人类社会

莫龙，人口学博士、双博士后，中共广西区委党校（广西行政学院）二级教授，享受国务院政府特殊津贴专家，中国人口学会常务理事，曾为加拿大蒙特利尔大学合作教授。

[①] 据联合国预测，印度将在 2023 年历史性地超过中国，成为世界第一人口大国（United Nations，2022a）。

各个领域从传统向现代深刻转变的历史过程，也包括世界各个国家和地区达到、保持和追赶世界现代化先进水平的历史过程。有现代化研究专家指出，"现代化是人类历史上最剧烈、最深远并且显然是无可避免的一场社会变革"（罗兹曼，1995）。

其中，人类第一次现代化，指18世纪起由工业革命催生的、从传统的农业社会向现代的工业社会转变的历史过程（罗荣渠，1993；何传启，2017）。第一次现代化的主要特征是实现工业化、城市化、民主化、法治化、机械化、电气化、自动化、福利化、健康化和普及义务教育等。在第一次现代化过程中，经济发展是第一位的（何传启，2017）。

人类第二次现代化，指20世纪起由科技革命催生的、从工业社会向知识社会转变的历史过程。第二次现代化的主要特征是实现知识化、科学化、信息化、智能化、全球化、绿色化、长寿化，以及普及高等教育和创新驱动发展等。在第二次现代化过程中，生活质量提高是第一位的（何传启，2017）。

在世界各国，第一次现代化和第二次现代化可以单独出现，也可以同时复合出现，后者称为综合现代化。

有研究表明，进入21世纪后，人类现代化取得新进展。根据对现代化水平的定量评估，2016年，在被纳入评估的131个国家中，美国等47个国家已经完成第一次现代化，中国等80个国家正处于第一次现代化过程中，乍得等4个国家仍然处于传统农业社会，尚未开始现代化。和2000年相比，2016年已经完成第一次现代化的国家增加了20个，没有完成第一次现代化的国家减少了20个，其中仍处于传统农业社会的国家减少了9个（何传启，2019）。

一般来说，发达国家首先开始现代化，发达国家完成第一次现代化平均需要约160年。发展中国家现代化的起步时间比发达国家晚60～200年（何传启，2017）。

现代化的本质是现代以来人类文明的革命性进步。现代化既是世界各国文明进步的标志和过程，也是世界各国追求文明进步的目标和成果。

二 中国现代化：不懈追求、历史方位和奋斗目标

实现现代化是近代以来中华民族的不懈追求。从晚清的洋务运动开

始，尽管饱受磨难、历经曲折，中华民族依然初心未改，矢志不渝，实现现代化的理想从未泯灭，实现现代化的奋斗从未停止。经过 160 多年的上下求索，筚路蓝缕，砥砺奋进，中国从未像今天这样接近全面建成现代化强国。

从现代化的历史进程看，中国的第一次现代化，即从传统的农业社会转向现代的工业社会，开始于 19 世纪 60 年代晚清的洋务运动，到 2021 年中全面建成小康社会时完成。中国的第二次现代化，即从工业社会转向知识社会，从 2021 年中开始，正在进行。

从现代化的制度模式看，中国的现代化可以划分为资本主义现代化（1860 年到 1949 年新中国成立）和社会主义现代化（1949 年新中国成立至今）（马敏，2016）。资本主义现代化历经洋务运动、戊戌变法、辛亥革命和国民革命，尽管不同的政治力量提出各种救国主张，试图使中国建成先进的工业化国家，但这些尝试屡遭挫折，是"失败的现代化"。到 1949 年时，中国远未实现工业化，依旧是一个极端贫穷落后的农业国（马敏，2016）。社会主义现代化则展现出一幅完全不同的图景。1949 年新中国成立以后，特别是 1978 年改革开放以来，中国的现代化取得了巨大成功，实现了历史性飞跃。

中国现代化当前所处的历史方位，可以通过以下两个维度标定。

一方面，自己和自己纵向比。1949 年新中国成立以来，特别是 1978 年改革开放以来，中国的现代化取得了历史性伟大成就。第一，综合国力显著增强，经济总量从 2010 年起居于世界第二位。根据国家统计局的统计数据，1952 年中国国内生产总值（GDP）仅为 679 亿元，2018 年达到 90 万亿元（国家统计局，2022；国家发展改革委，2019）。按不变价计算，2018 年中国国内生产总值比 1952 年增长了 174 倍。2022 年，中国国内生产总值再创新高，达到 121 万亿元（国家统计局，2023）。第二，从传统农业国迈向现代工业国。农业、工业和服务业的产值比例已经由 1952 年的 50：21：29 转变为 2022 年的 7：40：53（国家统计局，2023；国家发展改革委，2019）。第三，实现了全面小康这个中华民族的千年梦想，"打赢了人类历史上规模最大的脱贫攻坚战，全国 832 个贫困县全部摘帽，近 1 亿农村贫困人口实现脱贫，960 多万贫困人口实现易地搬迁，历史性地解决了绝对贫困问题"（习近平，2022）。第四，人口快速实现城镇化。实现了居住在城镇的人口超过居住在农村的人口的历史性转变。2022 年，人口城镇化率提高到 65.2%（国家统计局，2023）。第五，人口寿命显著提高。中国人口的平均预期寿命已经从 1950 年的43.7 岁——低于同年世界平均水平（46.5 岁），提高到 2021 年的 78.2 岁——比同年世界平均水平（71.0 岁）高 7.2 岁。1950 ~ 2021 年，中国人口的平均预期寿命，平均每两年就提高近 1 岁（United Nations，2022a）。第六，完成了第一次现代化。中国的第一次现代化指数（FMI）从 1950 年的 26 上升为 2020 年的 100（何传启，2019）。

另一方面，自己和他国横向比。中国的现代化和现代化的先驱（发达国家）相比，还存在显著差距。首先，2021 年，中国的人均 GDP 为12359 美元，大大低于发达国家平均水平，仅为新加坡的 17%、美国的18%、加拿大的 24%、日本的 31%，在世界各国中排第 64 位（International Monetary Fund，2022）。其次，联合国的人类发展指数（HDI）是评估在人类发展三大基本维度（拥有健康长寿的生活、拥有知识以及拥有体面的生活的能力）上所取得的平均成就的综合指数，在一定程度上综合反映国家现代化的水平。据联合国评估，2021 年，中国的人类发展指数为 0.768，在全球 191 个国家（地区）中排在第 79 位（United Nations，2022b）。

值得一提的是，虽然中国的人均国内生产总值和人类发展指数落后于发达国家，但中国的这些指标提升很快，与发达国家的差距快速缩小。

当前，中国的现代化伟业正处于继往开来的新历史节点上。2017 年10 月，党的十九大再一次把实现现代化作为国家发展的总目标，并提出中国实现现代化的时间表和路线图——到 2020 年，全面建成小康社会；到 2035 年，基本实现社会主义现代化；到 21 世纪中叶，把中国建成富强民主文明和谐美丽的社会主义现代化强国（习近平，2017）。2022 年10 月，党的二十大进一步提出，要"实现第二个百年奋斗目标，以中国式现代化全面推进中华民族伟大复兴"（习近平，2022）。

三　中国式现代化的基本特点

中国式现代化既有各国现代化的共同特征，又有基于自身国情的中国特色。中国式现代化具有以下七个基本特点。

第一，中国式现代化是人口规模巨大的现代化。我国十四亿多人口整体迈进现代化社会，规模超过现有发达国家人口的总和，艰巨性和复杂性前所未有，发展途径和推进方式也必然具有自己的特点（习近平，2022）。

第二，中国式现代化是全体人民共同富裕的现代化。共同富裕是中国特色社会主义的本质要求，也是一个长期的历史过程。国家把实现人民对美好生活的向往作为现代化建设的出发点和落脚点，着力维护和促进社会公平正义，着力促进全体人民共同富裕，坚决防止两极分化（习近平，2022）。

第三，中国式现代化是物质文明和精神文明相协调的现代化。物质富足、精神富有是社会主义现代化的根本要求。物质贫困不是社会主义，精神贫乏也不是社会主义（习近平，2022）。

第四，中国式现代化是人与自然和谐共生的现代化。人与自然是生命共同体，无止境地向自然索取甚至破坏自然必然会遭到大自然的报复。中国人民坚持可持续发展，坚持节约优先、保护优先、自然恢复为主的方针，像保护眼睛一样保护自然和生态环境，坚定不移走生产发展、生活富裕、生态良好的文明发展道路，实现中华民族永续发展（习近平，2022）。

第五，中国式现代化是走和平发展道路的现代化。中国不走一些国家通过战争、殖民、掠夺等方式实现现代化的老路，那种损人利己、充满血腥罪恶的老路给广大发展中国家人民带来深重苦难。中国坚定站在历史正确的一边、站在人类文明进步的一边，高举和平、发展、合作、共赢旗帜，在坚定维护世界和平与发展中谋求自身发展，又以自身发展更好维护世界和平与发展（习近平，2022）。

第六，中国式现代化是中国共产党领导的社会主义的现代化。1949年新中国成立以来，中国共产党团结带领中国人民，万众一心，攻坚克难，建设社会主义现代化国家，把实现人民对美好生活的向往作为现代化建设的出发点和落脚点，取得历史性伟大成就。

第七，中国式现代化是快速进步后来居上的现代化。1978年改革开放以来，中国式现代化快速进步，中国在2021年实现第一个百年奋斗目标，全面建成小康社会，完成第一次现代化，开启第二次现代化。展望未来，中国式现代化将继续进步，后来居上，实现既定的宏伟目标——在2049年实现第二个百年奋斗目标，以中国式现代化全面推进中华民族伟大复兴，全面建成社会主义现代化强国。

四　中国实现现代化的人口条件

研究中国实现现代化的人口条件十分重要。理论上，一方面，人口是人类一切经济社会活动的主体，从这个意义上说，人口是现代化的主体，人口（主体）的状况和嬗变势必深刻影响（推进或者制约）现代化（客体）；另一方面，现代化是有条件的，其中人口条件是实现现代化基本而重要的条件。有利、不利或利弊兼具的人口条件，势必深刻影响（推进或者制约）现代化。

实践上，自18世纪中叶人类现代化启动以来，各国都或迟或早、或有意或无意地通过改善和适应人口条件推进现代化，这对各国的现代化产生了重大而深远的影响。其中，加拿大和澳大利亚等国通过引入移民缓解劳动力短缺和人口老龄化、各国普遍通过教育现代化提高劳动力素质、许多国家通过大力鼓励生育应对人口负增长等，就是这方面的实例。著名现代化研究专家何传启在他的论文《中国现代化面临的挑战与未来前景》中指出，中国实现现代化主要面临13个挑战，其中第一个挑战就是人口挑战（何传启，2010），足见人口条件对中国实现现代化的重要性。

然而，迄今为止学界缺少对中国实现现代化人口条件的全面深入研究。何传启在其论文《中国现代化研究的近百年回顾》中，没有指出有关于中国实现现代化人口条件的研究成果（何传启，2018a）。欧阳楠等的论文《1900～2010年现代化研究的文献计量学分析》同样没有指出有关于中国实现现代化人口条件的研究成果（欧阳楠等，2011）。

我们通过文献检索也未找到对中国实现现代化人口条件进行全面深入研究的成果。在中文图书方面，我们于2019年10月12日，运用"中国国家图书馆联机公共目录查询系统"（http://opac.nlc.cn）进行文献检索。首先，在1900～2019年的中文图书中，检索书名含"现代化"的，检索出4775本书；检索书名含"现代化"与"人口"的，检索出19本书；检索书名含"现代化"与"人口"与"条件"的，没有检索出任何书。其次，在1900～2019年的中文图书中，检索主题词含"现代化"的，检索出2162本书；检索主题词含"现代化"与"人口"的，检索出5本书；检索主题词含"现代化"与"人口"与"条件"的，也没有检索出任何书。

在于中国期刊上发表的论文方面，我们于2019年10月13日，在"中国知网（CNKI）中国学术期刊网络出版总库"中进行文献检索。首先，在1979～2019年①中国期刊发表的论文中，检索篇名含"现代化"的，检索出57030篇论文；检索篇名含"现代化"与"人口条件"的，检索出1篇论文。其次，在1979～2019年中国期刊发表的论文中，检索主题词含"现代化"的，检索出400198篇论文；检索主题词含"现代化"与"人口条件"的，检索出2篇论文。检索出的篇名或主题词含"现代化"与"人口条件"的3篇论文（实际为2篇，因为3篇中有2篇为同一论文），分别为《日本现代化的人口条件》（郝秉键、陈熙男，2003）和《我国人口质量将制约经济发展》（焦红霞，2004）。检索结果表明，检索期内中国期刊发表的论文中，也未见对中国实现现代化人口条件进行全面深入研究的论文。

本书致力于对中国实现现代化的人口条件及策略进行全面、深入和创新性研究，力求填补该研究领域的空白。

五　选题依据和研究价值

产生了本书这一成果的研究项目于2014年获国家社科基金立项，当时项目的选题和设计主要基于以下基本观点、判断和猜想：我们不认同"人口决定论"，相反，认为人口条件是影响和制约现代化的诸多重要条件之一；人口条件对现代化的影响利弊交织；人口问题是影响和制约中国实现现代化的基础性、关键性因素之一；21世纪上半叶中国的现代化将面临复杂严峻和影响深刻的人口条件，包括有利条件、不利条件和利弊交织的条件，其中有的条件是前所未有的；城镇化是现代化的"发动机"（有利条件），老龄化是现代化的"拦路虎"（弊大于利）；通过及时适度放宽生育政策，可以实现中国人口规模压力和老龄化压力的战略

---

① 检索工具中国知网不提供1978年及以前的文献的检索服务。

平衡，有利于实现人口长期均衡发展，有利于实现现代化；破解不利人口条件带来的难题，应当以经济社会文化手段为主、人口手段为辅；一方面要运用人口手段（如调整生育政策、完善国内迁移流动政策和家庭政策等）改变不利人口条件，另一方面要运用经济、社会、文化、科技手段（如发展经济、健全社会保障、促进"人口红利"从数量型转变升级为质量型、弘扬孝文化、开展科技创新等）应对、改变和适应不利人口条件；研究实现现代化的人口条件，不仅要研究如何优化它，也要研究如何适应它；中国应对现代化过程中的人口挑战时具有"后发优势"，应当扬长避短，在立足国情的基础上，借鉴国际经验和教训；应当与时俱进，因应新的人口形势和运用新的研究成果，调整完善中国人口对策和人口发展战略，努力为国家实现现代化创造更好的人口条件。

随着项目研究工作的展开、深入和完成，以上观点（假设）得到论证（检验），本书由此进一步揭示一系列新的科学发现，论证一系列新的学术观点，提出一系列新的政策建议。

该项目的研究价值主要体现在以下两个方面。

一是深化科学认识。通过系统全面深入的国际比较，可以揭示中国实现现代化人口条件的比较特征和相对优劣；通过对中国实现现代化的人口条件进行理论分析和实证分析，可以揭示人口条件对中国实现现代化的影响，以及影响的形成机制和实现途径；通过重点剖析人口城镇化、人口老龄化、人口现代化、人口红利等四个重大人口条件对国家现代化的影响及其机制，可以提出改善中国实现现代化人口条件的对策建议和发展战略。

截至本书撰写完成时，该项目已有三项阶段性成果（学术论文和其他文章）分别在《人口研究》、《光明日报》及《中国流通经济》发表；一项阶段性成果（学术论文）被收入论文集，由中国社会科学出版社出版。

二是服务科学决策。基于上述对中国实现现代化人口条件的科学认识，通过资政研究，可以为解决国家现代化进程中的重大人口问题提供科学依据，为国家实现现代化做出人口学者应有的贡献。

2016年7月11日，正值世界人口日，作为该项目组织的资政交流研讨会，首届"应对人口老龄化专家论坛"在广西区委党校（广西行政学院）成功举办。该专家论坛的主题是"中国如何有效应对人口老龄化：

战略判断和战术建议"。中国社科院学部委员、中国人口学会原常务副会长田雪原，中国人民大学国家一级教授、中国人口学会会长翟振武，复旦大学教授、时任中国人口学会副会长彭希哲，在论坛上做主旨发言。广西区委党校（广西行政学院）二级教授、国家有突出贡献中青年专家叶裕惠，广西区委党校（广西行政学院）二级教授、国务院政府特殊津贴获得者陈学璞，人民日报理论部经济社会编辑室副主编于春晖等，在论坛上做中心发言。

到目前为止，该研究项目已有一项阶段性成果（上述专家论坛的成果，由研究项目主持人莫龙等撰写）通过国家级重要内参上报中共中央政治局、书记处，国务院，全国人大和全国政协；有一项阶段性成果通过国家级重要内参摘要上报省部级及以上领导（包括中央领导）；有一项阶段性成果通过内参上报中共中央办公厅；有一项国家社科基金重大项目选题建议被全国哲学社会科学工作办公室采纳，并已立项研究；有两项国家社科基金年度项目选题建议被全国哲学社会科学工作办公室采纳，其中一项已立项研究。

该项目的研究不仅有必要性，而且有紧迫性。要实现党的十九大提出的到 21 世纪中叶"把我国建成富强民主文明和谐美丽的社会主义现代化强国"的目标，实现党的二十大提出的"以中国式现代化全面推进中华民族伟大复兴"的宏伟目标，中国将面临一系列前所未有的人口机遇和复杂严峻的人口挑战，它们亟待研究和应对。以老龄化为例，中外许多研究都不约而同地指出，"中国如何应对老龄化挑战，将决定她能否变成一个繁荣和稳定的发达国家"（Jackson & Howe，2004）。

六　研究的总问题、基本内容和逻辑框架

本书研究和回答如下总问题：1950～2100 年（重点是 2020～2050 年），中国的现代化具备怎样的人口条件？人口条件对中国实现现代化有哪些影响？为了实现现代化，中国应当采取怎样的人口政策和人口发展战略？

本书的基本内容是，全面揭示 1950～2100 年（重点是 2020～2050 年）中国实现现代化的人口条件，包括有利、不利和利弊交织的人口条件，分析其现状与趋势，并通过国际比较揭示其比较特征和相对优劣。

从理论分析和实证分析以及专题分析三个方面，探讨人口条件对中国现代化的影响及其机制。重点深入研究人口城镇化、人口老龄化、人口现代化、人口红利这四个影响实现现代化的重要人口条件对中国现代化的影响和对策。以上述研究为基础，探讨应如何通过优化生育政策优化中国实现现代化的人口条件，提出中国面向现代化的人口对策建议和人口发展战略。

从逻辑框架来看，本书在前言之后，分设人口条件、利弊影响、重点解析和对策方略四篇，共十三章。

第一篇"人口条件"包括两章：第一章"中国实现现代化的人口条件展望"、第二章"中国实现现代化人口条件的国际比较"。

第二篇"利弊影响"包括四章：第三章"理论分析：人口条件对中国现代化的影响"、第四章"实证分析：人口条件在当代中国快速现代化中的作用——以经济现代化为例"、第五章"专题分析：中国现代化进程中人口老龄化对劳动力参与率的影响"、第六章"专题分析：中国现代化进程中若干影响长期粮食安全的重大人口趋势"。

第三篇"重点解析"包括四章：第七章"人口城镇化与中国现代化"、第八章"人口老龄化与中国现代化"、第九章"人口现代化与中国现代化"、第十章"人口红利与中国现代化"。

第四篇"对策方略"包括三章：第十一章"通过优化生育政策优化中国现代化的人口条件"、第十二章"关于应对中国人口老龄化严峻挑战的建议"、第十三章"面向现代化的中国人口发展战略"。

七　研究方法、统计指标和核心数据

本书的主要研究方法包括比较分析法、人口回测法、人口预测法、相关分析法、回归分析法、模型分析法、灰色模型预测法、年龄标准化方法、指数法（如人口现代化指数法、经济现代化指数法、测度和分析人口老龄化经济压力的 AECI 指数法）。

现代化涵盖现代人类发展的所有方面，包括经济、社会、政治、文化、生态、科技、教育、卫生、法制、国防等领域的现代化。迄今学界对采用何种统计指标或统计指标体系反映现代化的水平和进程尚无定论。一种方法是，用人均 GDP 测度现代化的水平和进程。人均 GDP 不能全面反映现代化水平和进程，但这种方法较为简单、实用和可靠，所需数据（包括历史数据）也比较容易获得。为兼顾方法的合理性和数据的可获得性以及数据的国际可比性，我们在本书中主要采用人均 GDP 表征现代化的水平和进程。根据研究需要和数据情况，某些地方采用联合国的人类发展指数，该指数不仅考虑人均 GDP（经济因素），也考虑受教育水平因素和平均预期寿命因素（United Nations，2022b）。此外，某些地方采用中国科学院中国现代化研究中心何传启提出的第一次现代化指数和第二次现代化指数（SMI）（何传启，2018a）。

　　除了上述现代化统计指标，本书还采用一系列人口统计指标。

　　本书将联合国人口司在《世界人口展望》（2022 年版）（United Nations，2022a）中发布的，包括中国在内的世界各国 1950～2100 年人口回测和预测数据作为核心人口数据，[①] 理由如下。（1）联合国关于世界各国（包括中国）人口的回测和预测数据被认为具有国际权威性。不仅整个联合国系统（包括世界银行、国际货币基金组织、联合国开发计划署、世界卫生组织、联合国教科文组织等）都利用该数据作为其工作的基础和审议全球性问题的依据，而且很多国际组织和世界各国政府以及各种非政府组织也采用该数据来制定发展目标、评估政策选择等，该数据的重要性、权威性和影响力不言而喻。（2）联合国关于世界各国（包括中国）人口的回测和预测数据，是基于各国政府（包括中国政府）提供的各国人口普查和人口抽样调查数据，运用人口分析技术加以评估修正而得到的，有良好的科学性和可靠性。（3）联合国关于世界各国（包括中国）人口的回测和预测数据，是基于联合国人口司对世界各国（包括中国）人口变动的长期追踪分析的，每 2～3 年修订一次，具有良好的连续性、一致性和严密性。本书使用的联合国 2022 年世界人口回测和预测数据，是第 28 次修订后的数据。（4）联合国 2022 年对中国人口回测和预测数据的修订，是在中国"单独二孩"政策和"全面二孩"政策以及"三孩生育政策"陆续于 2014 年、2016 年和 2021 年启动实施一段时间后做出的，是在取得中国 2020 年全国人口普查数据后做出的，因而修

---

　　① 2024 年 7 月 11 日（世界人口日），联合国发布了《世界人口展望》（2024 年版），参见 https：//population. un. org/wpp/。

订后数据比以往的回测和预测更合理、更可靠。（5）联合国人口回测和
预测包括可比性好的所有国家的人口回测和预测，这使本书得以更好地
进行中外实现现代化人口条件的国际比较。（6）联合国的中国人口回测
和预测相当于独立的第三方评估，一般来说，数据更具有客观性和准
确性。

参考文献

国家发展改革委，2019，《国家发展改革委负责同志讲述新中国成立 70 年来经
　　济社会发展的巨大变化》，"国家发展改革委" 百家号，https：//baijiahao.
　　baidu. com/s？ id = 1645103221939289033。

国家统计局，2022，《中华人民共和国 2021 年国民经济和社会发展统计公报》，国
　　家 统 计 局 网 站，http：//www. stats. gov. cn/sj/zxfb/202302/t20230203_1901393.
　　html。

国家统计局，2023，《中华人民共和国 2022 年国民经济和社会发展统计公报》，国
　　家 统 计 局 网 站，http：//www. stats. gov. cn/sj/zxfb/202302/t20230228_1919011.
　　html。

郝秉键、陈熙男，2003，《日本现代化的人口条件》，《史学月刊》第 2 期。

何传启，2010，《中国现代化面临的挑战与未来前景》，《理论与现代化》第
　　6 期。

何传启主编，2017，《如何成为一个现代化国家——中国现代化报告概要（2001～
　　2016）》，北京大学出版社。

何传启，2018a，《中国现代化研究的近百年回顾》，《理论与现代化》第 1 期。

何传启主编，2018b，《中国现代化报告 2018——产业结构现代化研究》，北京大
　　学出版社。

何传启主编，2019，《中国现代化报告 2019——生活质量现代化研究》，北京大
　　学出版社。

焦红霞，2004，《我国人口质量将制约经济发展》，《党政干部文摘》第 7 期。

罗荣渠，1993，《现代化新论——世界与中国的现代化进程》，北京大学出版社。

罗兹曼，吉尔伯特主编，1995，《中国的现代化》，国家社会科学基金 "比较现
　　代化" 课题组译，江苏人民出版社。

马敏，2016，《现代化的 "中国道路"——中国现代化历史进程的若干思考》，
　　《中国社会科学》第 9 期。

莫龙，2009，《1980～2050 年中国人口老龄化与经济发展协调性定量研究》，《人口研究》第 3 期。

莫龙、韦宇红，2013，《中国人口：结构与规模的博弈——人口老龄化对中国人口发展战略的制约及对策》，社会科学文献出版社。

欧阳楠、叶青、吴述尧，2011，《1900～2010 年现代化研究的文献计量学分析》，《理论与现代化》第 3 期。

习近平，2017，《决胜全面建成小康社会　夺取新时代中国特色社会主义伟大胜利——在中国共产党第十九次全国代表大会上的报告》，中国网，http://www. china. com. cn/19da/2017 - 10/27/content_41805113. htm。

习近平，2022，《高举中国特色社会主义伟大旗帜　为全面建设社会主义现代化国家而团结奋斗——在中国共产党第二十次全国代表大会上的报告》，新华网，http://www. news. cn/politics/cpc20/2022 - 10/25/c_1129079429. htm。

International Monetary Fund. 2022. "World Economic Outlook Database：April 2022. " https://www. imf. org.

Jackson，R. and N. Howe. 2004. *The Graying of the Middle Kingdom: The Demographics and Economics of Retirement Policy in China*. Washington：Center for Strategic and International Studies（CSIS）and Prudential Foundation.

Leakey，R. 1994. *The Origin of Humankind*. New York：Basic Books.

Ralph，P. L. 1991. *World Civilizations: Their History and Their Culture*. New York：W. W. Norton & Company Inc.

United Nations. 2022a. *World Population Prospects，the 2022 Revision*. Population Division. https://population. un. org/wpp/.

United Nations. 2022b. *Human Development Report 2021/2022*. https://hdr. undp. org/content/human-development-report - 2021 - 22.

第一篇

人口条件

第一章　中国实现现代化的人口条件展望

第一节　问题的提出

中华民族实现国家现代化的理想、探索和奋斗，可以追溯到 19 世纪 60 年代晚清的洋务运动，至今已有大约 160 年（马敏，2016）。2020 年起到 21 世纪中叶，中国已进入关键和决胜的"现代化冲刺三十年"，中国人民将朝着建成现代化强国的宏伟目标奋斗进取，以中国式现代化开辟人类现代化的"中国道路"。

现代化指 18 世纪工业革命以来，人类社会发生巨大、全面和深刻社会变革的历史过程，包括经济、政治、社会、文化、生态、人口、科技、教育、国防、交通等各个领域的现代化。现代化的本质，是现代以来人类文明的革命性进步。

1949 年新中国成立以来，特别是 1978 年改革开放以来，中国共产党领导中国人民开启了社会主义现代化建设的历史进程。早在新中国成立前夕，在 1949 年 3 月举行的中国共产党七届二中全会（史称"西柏坡会议"）上，毛泽东就提出了迅速恢复和发展生产，使中国稳步从农业国转变为工业国的现代化任务（毛泽东，2004）。1954 年召开的第一届全国人民代表大会，首次明确提出要实现工业、农业、交通运输业和国防的"四个现代化"。1978 年召开的党的十一届三中全会，果断地做出把全党工作的重点和全国人民的注意力转移到社会主义现代化建设上来的战略决策。1997 年召开的党的十五大，做出了将建设有中国特色的社会

* 李春华，博士，广西民族大学副教授、硕士研究生导师，中国人口学会理事，广西民族大学经济学院金融系主任，广西民族大学数字经济与人口发展研究中心主任；吴望春，博士，广西民族大学讲师、硕士生导师，现供职于广西民族大学经济学院数字经济系。

主义事业全面推向 21 世纪的重要战略部署。2017 年召开的党的十九大提出的奋斗目标是，中国到 2035 年基本实现社会主义现代化，到 21 世纪中叶建成社会主义现代化强国（习近平，2017）。

　　实现现代化是有条件的。有利条件会推进现代化，不利条件会阻碍现代化。在人类现代化约 260 年的历史上，有的国家（主要是发达国家）早已实现工业化，完成了第一次现代化（从农业社会转变为工业社会）；有的国家（主要是发展中国家）却远未实现工业化，依然处在第一次现代化的进程中，有的国家甚至仍然处于传统农业社会，尚未开始现代化（何传启，2018）。以经济现代化的代表性指标——人均国内生产总值（人均 GDP，按现价计）为例，2018 年，在全球 187 个有该统计数据的国家和地区中，高收入国家该指标平均高达 44714 美元，而低收入国家平均只有 813 美元；最高的卢森堡该指标为 114340 美元，最低的布隆迪仅有 275 美元，中国为 9771 美元。国家间经济现代化水平存在如此巨大差距的重要原因之一，就是实现经济现代化的条件存在巨大差异。在战争频繁、社会动荡、资源匮乏、法治不彰、教育落后、人口素质低下等条件下，国家是难以甚至无法实现现代化的。

　　在实现现代化的各种条件中，人口条件是具有基础性、全局性、长远性和战略性的重要条件。大量的理论研究和中外的经验事实都清楚地表明，人口与发展有紧密关系，人口状况及其变化对人类发展有重大影响，因而其对人类的现代化（一定意义上即人类现代的发展）有重大影响。有利、不利或利弊兼具的人口条件交织在一起，势必深刻影响（推进或者阻碍）现代化。

　　本章致力于通过人口预测，揭示 2020～2050 年中国实现现代化将面临和具备的人口条件。

第二节　文献回顾

一　国外研究

　　国外学者（特别是发达国家的学者）极少单独讨论实现现代化的人口条件有哪些、不同的人口条件达到了何种水平等。但是，通过细致的文献梳理，仍可以在相关议题上找到论述关于实现现代化人口条件的思想脉络以及一些实证研究成果。

（一）早期的思想脉络

从马尔萨斯开始的西方人口理论中，或多或少地都隐含了人口与资源相关联、人口与经济相关联的思想。马尔萨斯（Malthus，1798）认为人口和食物增加的速度是不同的，人口增长率快于生活资料的增长率，为了摆脱贫穷，必须控制人口的增长，以保持人口和生活资料的适当比例。梅多斯等（1984）以地球有限论为理论基础，认为人类应该对自身的增长加以限制。索维（1978）着重研究一个国家在经济变动中最适宜的人口数量、规模、密度和质量。舒尔茨（2002）认为，一个国家的经济发展主要取决于人口的质量而非其他，发达国家由于拥有大量优质人力资本而取得较快的经济增长速度，而发展中国家由于人力资本质量低下，经济增长速度较慢。

（二）近现代的实证研究

有了早期关于人口与资源、人口与经济发展关系的论述作为铺垫，近现代的国外学者多数沿着这一思路探讨人口因素与现代化之间的关系，将人口的发展与现代化进程融为一体进行研究。Okolski（1985）认为，传统社会的人口再生产方式通过人口规模及其结构的改变，转向现代社会人口再生产方式，而人口再生产方式现代化本身就是现代化的一个要素。Trovato（1988）分析了加拿大印第安人、法国人和英国人这三类人群的死亡数据及其变化原因，得到的结论为，随着以农业为主的社会结构向城市复杂的社会系统发展，死亡率都会下降，社会整体死亡率与城市中居于优势地位人群的死亡率的差距会缩小，因为现代化使人们获得了以良好方式保健的机会，提高了其生活质量。Huq-Hussain（1995）分析了孟加拉国贫困女性从农村迁移到城市之后，通过融入城市生活、接受新知识而使自己现代化的过程。Paydarfar 和 Moini（1995）通过对伊朗的研究发现，伊朗各省的现代化分数与各省的生育率成反比，具有现代社会特征的女性更倾向于降低生育率，并就此分析了现代化和生育率之间的关系。

准确地说，这些实证研究揭示的是人口与现代化之间的互相作用和互相依赖关系，而非实现现代化的人口前提条件。这些实证研究表明，人口发展与现代化相辅相成。

二　国内研究

与国外学者极少讨论实现现代化的人口条件形成鲜明对比的是，国内学者在相关领域的研究成果颇丰。梳理起来，这些成果主要集中在以下两方面。

（一）关于人口与发展的研究

在为数不多的对实现现代化人口条件的直接研究中，王渊明（1995）以西欧和当代发展中国家为研究对象，研究了人口与现代化的关系。他认为西欧大致存在着两种类型的现代化道路：一条是英国式"低压人口平衡结构"的道路，另一条是法国式"高压人口平衡结构"的道路。前者指的是人口与经济发展之间基本保持一种低压平衡关系，人口的增加并没有给经济发展造成沉重的压力，而是与经济发展相得益彰，从而率先完成了经济的现代化。后者是指小农经济下人口增长缓慢，其造成的劳动力不足、市场需求动力小等限制了国家的经济增长速度，人口与经济增长不同步，对国家资本主义现代化转型产生了阻碍作用。而对于发展中国家来说，人口增长既是现代化发展的压力也是动力，关键要看人口增长是否与各国的经济发展相匹配。

对于中国人口变动对经济社会发展（在一定意义上也就是对现代化）的影响，中国学者进行了大量的研究。例如，蔡昉和王德文（Cai & Wang，2005）的研究表明，1982～2000年，中国总抚养比下降对同期人均GDP增长的贡献率为25%。王丰等（2006）则发现，人口红利对1982～2000年中国经济增长的贡献率约为15%。左学金和杨晓萍（2009）、左学金（2010）先后研究了人口老龄化和人口增长对中国经济的影响。这方面的研究有两个热点，一是关于开拓中国经济增长源泉的"人口红利"问题的研究（如蔡昉，2009，2013，2014）；二是关于人口变动对劳动力供给影响的"刘易斯拐点"问题的研究（如蔡昉，2010a，2010b）。

童玉芬（2000）在分析了西部大开发的人口条件后认为，西部劳动力资源数量充足但素质较低、人口就业结构比较单一且层次较低、人口和劳动力资源的流动与迁移状况等达不到西部大开发的人口条件，因此需要在各个方面进行调整和优化。

郝秉键和陈熙男（2003）研究了人口条件对日本现代化的影响，认为日本现代化之初的人口有四个基本特征，即高密度、低增长率、低依赖性（人口负担系数低）和高素质。高密度不利于日本现代化，而其他三个特征则是日本经济起飞的重要条件。但在应对不利的人口条件时，日本通过廉价的劳动力节约了劳动成本，使商品更具竞争力，从而将其转化为有利的人口条件。这两位学者论述了日本现代化之初具备的人口条件以及将不利人口条件转化为有利人口条件的举措和方法。

于学军（2003）分析了东亚各国实现经济起飞的经验，指出人口抚养比是一个国家或地区经济增长的重要影响因素。人口总抚养比较低的时期，是非常有利的"人口机会窗口"。中国的"人口机会窗口"大致在 1990～2030 年，需要加以充分利用，因为类似的机遇基本上是一次性的，稍纵即逝。

李建新（2000）和曾毅（2013）认为人口老龄化特别是劳动年龄人口内部老龄化，会对经济发展和劳动生产率的提高产生不利影响，是削弱未来中国国际竞争力的不利人口条件。李惠茹和杨娜（2003）认为人口数量得到适度控制，王学义（2006）认为城市人口占总人口的比重升高，陈友华（2006）认为生育率维持在合理区间，王金营和顾瑶（2011）认为实现人口规模与结构、劳动供给与需求之间的平衡，蔡昉（2018）认为充分利用人口红利，莫龙和韦宇红（2013）认为实现人口规模压力和老龄化压力的战略平衡等，分别都是中国经济增长的必要人口条件。

国内学者展望分析 21 世纪上半叶中国的人口问题及对策，推动了对未来中国实现现代化人口条件的研究。这方面的代表作有：田雪原（1998）的论文《21 世纪中国人口发展趋势与决策选择问题研究》、田雪原等（2007）的专著《21 世纪中国人口发展战略研究》、曾毅等（2006）主编的专著《21 世纪中国人口与经济发展》、彭希哲（Peng，2011）在 Science 发表的论文 "China's Demographic History and Future Challenges"、左学金（2012）的论文《21 世纪中国人口再展望》、莫龙（2009）的论文《1980～2050 年中国人口老龄化与经济发展协调性定量研究》。

（二）关于人口现代化的研究

早在 1987 年，邬沧萍（1987）就在论述人口老化问题时提到了人口现代化的概念。他认为人口老化是我国实现现代化所必然伴随的现象之一，是人口现代化的产物。人口现代化的结果包括人口的低出生率、低死亡率、低增长率、高素质以及合理的年龄结构。随后王维志（1988）从实现人口现代化的条件方面论述了坚持当时实行的计划生育政策的必要性。

此后多名学者都认可人口现代化的内涵应该至少包括两个方面：一是人口再生产类型的现代化，包括人口数量、生育率、死亡率、出生率等的现代化；二是人口素质的现代化，包括平均预期寿命、产业人口构成、城镇人口比例、受教育程度乃至伦理道德等的变化（刘铮，1992；顾宝昌，1992；查瑞传，1994；吕昭河，2001）。

与早期学者们对人口现代化的研究集中在对概念和内涵的讨论上不同，后期一些学者在建立人口现代化指标体系上做出了不懈的努力（伍小兰，2001；王秀银，2002；陈友华，2003；王学义，2006）。这些学者多数在"英格尔斯指标体系"测定现代化水平的 11 项指标的基础上，根据各人的理解，通过增删或替换不同的指标来建立各自的指标体系，测量不同的人口现代化水平及发展程度。随后，多名学者纷纷使用人口现代化的含义和内容对各地人口的现代化状况或现代化水平进行研究（黄淳，1996；刘洪光，1996；郑菲，1998）。

三　评论

通过以上文献回顾，可以看到国外学者在实现现代化的人口条件方面的研究开始得较早，但因所处时代不同，大多数国外学者在研究人口时没有提到"现代化"概念，只从人口与资源、人口与经济发展之间的关系入手进行论述。尽管如此，我们依然能看出他们的研究中隐含了人口条件对经济社会发展的约束和影响。由于发达国家早已完成现代化（严格来说是完成从农业社会转为工业社会的第一次现代化），故当代西方学者没有在实现现代化的人口条件方面做过多的思考，没有强调实现现代化的人口条件，而是在多数情况下将一些人口因素的变化与现代化进程关联起来进行研究。

与西方发达国家不同，中国属于发展中国家，还在现代化的道路上跋涉，在实现现代化的过程中遭遇这样那样的人口问题，因此关于人口与发展（某种意义上即人口与现代化）以及人口自身现代化的问题引起了中国学者们的关注与思考。一些中国学者试图通过剖析西欧和日本等发达国家现代化实现过程中的人口条件，来为实现中国现代化提供重要的参考，或者试图通过建构各种测量指标体系衡量当下中国实现现代化的现实人口条件，考察与现代化的实现还有多大的差距，等等。其中，在对人口自身现代化的研究中，甚至有学者认为"人口现代化"一词是为中国学者所首创的（张开敏，1994；陈友华，1998），中国学者有关人口现代化的开拓性研究为人口理论研究做出了原创性贡献。

无论是国外的研究还是国内的研究，无论是直接的研究还是间接的研究，无论是理论研究还是实证研究，上述研究都为本章揭示和研究2020～2050年中国实现现代化的人口条件奠定了基础。与此同时，我们通过文献回顾发现，无论是走完了第一次现代化历程的发达国家，还是尚走在第一次现代化道路上的发展中国家，无论是否认识到了人口条件的重要性，在现代化的实现过程中都需要一定的人口条件支撑，或者说必须具备一定的人口条件，人口条件对实现现代化具有重要影响。因此，对于仍在现代化道路上奋进，力图在 21 世纪中叶建成现代化强国的中国来说，揭示和研究中国实现现代化的人口条件显得尤为必要。

第三节　预测和假设

一　主要预测数据的来源

为了揭示 2020～2050 年中国实现现代化将面临和具备的人口条件，本章将联合国人口司在《世界人口展望》（2022 年版）（United Nations, 2022a）中发布的 2020～2050 年中国人口回测预测数据（其中 2020～2021 年为回测数据，2022～2050 年为预测数据）作为本章的基础和核心数据。联合国人口回测预测数据是基于中国政府提供的人口普查和人口抽样调查数据，运用人口分析技术加以评估修正而成的，具有良好的科学性、可靠性、可比性和权威性。联合国的中国人口回测预测相当于独立的第三方评估，客观性和准确性较好。对联合国人口回测预测的评价详见本书前言。

联合国的中国人口预测包括多个方案，我们主要采用中方案。除另有说明，本章的中国人口预测数据均为联合国的中方案预测数据。

基于统计的原因，联合国的中国人口回测预测数据不包含中国台湾地区、香港特别行政区和澳门特别行政区的人口回测预测数据。

另外，本章还采用了联合国人口司的《世界城市化展望》（2018 年版）中关于中国人口城市化的预测数据（United Nations，2018），以及联合国《人类发展报告（2021/2022）》中关于人口受教育水平的数据（United Nations，2022b）。

二　预测的假设方案

人口预测的质量在很大程度上取决于预测中对生育率、预期寿命和迁移率等人口基本要素未来变动所做假设的合理性。在这个意义上，本章所做的中国实现现代化人口条件展望的合理性，取决于隐藏在所采用的联合国人口司人口预测数据中的假设的合理性。

表 1-1 呈现了联合国《世界人口展望》（2022 年版）对中国 2020～2050 年部分年份的总和生育率、平均预期寿命和净迁入率的假设。

表 1-1　联合国《世界人口展望》（2022 年版）对中国 2020～2050 年部分年份总和生育率、平均预期寿命、净迁入率的假设

项目	2020 年	2021 年	2022 年	2025 年	2030 年	2035 年	2040 年	2045 年	2050 年
中方案									
总和生育率（孩）	1.28	1.16	1.18	1.21	1.27	1.31	1.34	1.36	1.39
平均预期寿命（岁）									
男	75.3	75.5	76.0	76.6	77.7	78.9	80.0	81.0	82.0
女	81.1	81.2	81.3	81.9	82.7	83.5	84.2	84.9	85.6
净迁入率（‰）	-0.0	-0.1	-0.2	-0.2	-0.2	-0.2	-0.2	-0.2	-0.2
高方案									
总和生育率（孩）	1.28	1.16	1.43	1.46	1.67	1.81	1.84	1.86	1.89
平均预期寿命（岁）	与中方案的假设相同								
净迁入率（‰）	与中方案的假设相同								

续表

项目	2020 年	2021 年	2022 年	2025 年	2030 年	2035 年	2040 年	2045 年	2050 年
	低方案								
总和生育率（孩）	1.28	1.16	0.93	0.96	0.87	0.81	0.84	0.86	0.89
平均预期寿命（岁）	与中方案的假设相同								
净迁入率（‰）	-0.0	-0.1	-0.2	-0.2	-0.2	-0.2	-0.2	-0.2	-0.3

资料来源：United Nations（2022a）。

第四节　中国实现现代化的人口条件展望
（2020～2050 年）

一　实现现代化的人口数量条件

（一）条件一：人口规模巨大

纵观 1950～2050 年中国人口增长率变化历程发现，在经历两次人口增长率高峰（峰值分别为 1963 年的 3.26%、1968 年的 2.74%）之后，1968～2050 年，人口增长率总体呈下降趋势（见图 1-1），从 1968 年的 2.74% 下降为 2021 年的零增长，人口过快增长早已得到有效控制。2022～2050 年，人口增长率开始变为负数，且继续逐年下降（United Nations，2022a）。

1949 年新中国成立以来，粮食产量增加，医疗水平提升，生产力提高，有利于人类的繁衍，人口增长加快。但中国自 1959 年开始发生自然灾害，1960 年的人口死亡率突增，同时出生率锐减，造成人口负增长。三年困难时期过后，经济发展状况逐渐好转，高强度的补偿性生育使人口出生率迅速回升，人口增长进入了新中国成立以来前所未有的高峰期，人口增长率出现 1963 年的峰值 3.26% 和 1968 年的次峰值 2.74%。

1990 年是分水岭。除了 1959～1961 年的三年困难时期以外，1950～1990 年，人口增长率都在 1.32% 以上，年平均增长率为 2.00%。1991～2021 年，人口增长率都在 1.32% 以下，年平均增长率为 0.66%。从 1991 年起，人口过快增长已经得到不可逆的有效控制，20 世纪 70 年代起实行计划生育的目的已经达到。2022～2050 年，中国人口将维持负增长的基本态势，现代化将在一个与以往完全不同的人口数量条件下推进（见图 1-1）。

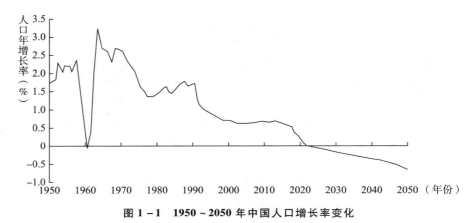

图 1 - 1　1950～2050 年中国人口增长率变化

资料来源：笔者根据 United Nations（2022a）数据绘制。

2022～2050 年，按联合国中方案预测，中国人口规模各年都超过 13 亿人，维持在 13.13 亿～14.26 亿人，在 2022 年达到峰值。从 2036 年起，中国进入"13 亿人口时代"（United Nations，2022a）。

按高方案预测，中国人口规模最大值将达到 14.40 亿人（2035 年达到）。即使按低方案预测，人口规模也将于 2022 年达到最大值 14.25 亿人（United Nations，2022a）（见图 1 - 2）。

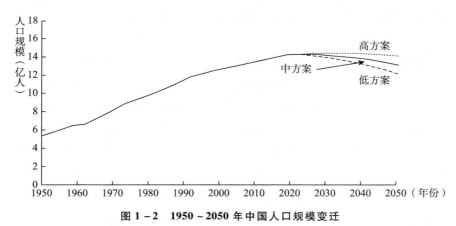

图 1 - 2　1950～2050 年中国人口规模变迁

资料来源：笔者根据 United Nations（2022a）数据绘制。

直到 2022 年，中国依旧是世界上人口最多的国家。从 2023 年开始，印度将历史性地取代中国，成为世界上人口最多的国家（United Nations，2022a）。

简言之，2020～2050 年，中国人口规模之大前所未有，前期现代化将面临趋于缓解的人口规模压力，后期现代化将面临人力资源总量巨大的优异禀赋趋于折损的情况。

（二）条件二：人口快速长期负增长

中国人口长期正增长的趋势，已经在 2022 年发生逆转，这一年中国历史性地步入了人口长期负增长的新常态。按联合国人口司中方案预测，中国人口负增长新常态将持续至少 79 年，从 2022 年开始持续到 21 世纪末。2100 年中国人口数量将减少到 7.71 亿人，经过 130 余年演变，重回1968 年的人口规模（United Nations，2022a）。

2020～2050 年，中国人口转向负增长是不可避免的。即使按高方案预测，中国人口也将于 2035 年开始负增长。按低方案预测，中国人口转向负增长的时间起点为 2022 年（United Nations，2022a）（见图 1-1、图 1-2）。

中国人口负增长具有两个特点。一是出现早。一般认为，发达国家是现代人口负增长的先行者。把所有发达国家作为一个整体，其除 2021～2022 年短暂出现人口负增长外，人口长期负增长出现在 2035～2100 年。中国人口负增长从 2022 年开始，将一直持续到 2100 年，人口负增长出现比发达国家总体平均早 13 年。二是速度快。在人口负增长的最初 25年，中国人口负增长的速度（2022～2047 年人口年平均减少 0.27%）是发达国家平均速度（2035～2060 年人口年平均减少 0.13%）的两倍多（United Nations，2022a）。

人口负增长对现代化的影响利弊兼具（王丰，2010；Lee & Mason，2014；陆杰华，2019）。中国实现现代化将面临人口长期快速负增长这一新的人口条件。

二　实现现代化的人口素质条件

（一）条件三：人口平均预期寿命继续提高，人口身体素质将接近发达国家总体水平

优良的人口素质是实现现代化至关重要的人口条件，提高人口素质是 2020～2050 年中国建成现代化强国"必须做、能做好"的"关键一招和制胜法宝"。

一个国家人口的寿命水平，综合反映出这个国家政治、经济、社会、文化、生态、环境的发展水平，以及这个国家国民的身体素质。人口寿命水平的提高，既是现代化的结果，也是现代化的条件。联合国采用寿命、教育和收入三类统计指标构建人类发展指数（HDI），可见寿命水平对当代人类发展（某种意义上即现代化）的重要性。

联合国构建人类发展指数时，采用平均预期寿命（全称为"出生平均预期寿命"，即 life expectancy at birth）反映人口的寿命水平。我们也采用这个指标。

新中国成立以来，中国人口的平均预期寿命已经从 1950 年的 43.7 岁，提高到 1980 年的 64.4 岁，再到 2019 年的 78.0 岁。1950 年时，中国人口的平均预期寿命比世界平均水平（46.5 岁）低 2.8 岁。到 2019 年时，中国人口的平均预期寿命反比世界平均水平（72.8 岁）高 5.2 岁。也就是说，1950～2019 年，中国人口寿命水平提高的速度显著快于世界的平均速度（United Nations，2022a）。

2020～2050 年，中国人口的平均预期寿命将继续提高，从 2020 年的 78.1 岁，提高到 2035 年的 81.1 岁，再到 2050 年的 83.8 岁（United Nations，2022a）。这一时期，中国人口的平均预期寿命远高于中国以外发展中国家总体的水平，接近发达国家总体的水平（见图 1-3）。这反映出 2020～2050 年中国人口的身体素质将在高位上继续提高，这是中国实现现代化的有利人口条件。

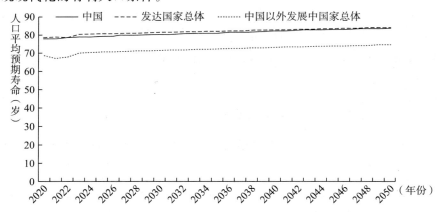

图 1-3　2020～2050 年中国、发达国家总体、中国以外发展中国家
总体人口平均预期寿命

资料来源：笔者根据 United Nations（2022a）数据绘制。

（二）条件四：人口科学文化素质继续提高，但仍需超常规跨越式根本性高质量大力提高

人口科学文化素质是人口素质的重要组成部分，是国家发展和国际竞争中重要的软实力，是实现现代化的重要人口条件。正因如此，我国宪法规定："国家发展社会主义的教育事业，提高全国人民的科学文化水平。"联合国采用寿命、教育和收入三类统计指标构建人类发展指数，可见教育对当代人类发展（某种意义上即现代化）的重要性。人口受教育水平是人口科学文化素质的重要体现。

1990～2021年，中国人口受教育水平迅速提高。据联合国评估，中国25岁及以上人口的平均受教育年限，已经从1990年的4.8年，提高到2000年的6.5年，再到2010年的7.3年，进而到2021年的7.6年。2021年，中国该指标已显著高于发展中国家平均水平（6.9年）（United Nations，2022b）。

尽管如此，通过国际比较发现，当前中国人口的平均受教育水平相对还很低。据联合国评估，2021年，中国25岁及以上人口的平均受教育年限为7.6年，依然低于世界平均水平（8.6年），不仅远远低于德国（14.1年）、加拿大（13.8年）、美国（13.7年）、日本（13.4年）这样的发达国家，甚至低于古巴（12.5年）、斯里兰卡（10.8年）、伊朗（10.6年）、墨西哥（9.2年）、越南（8.4年）这样的发展中国家（United Nations，2022b）。

2020～2050年，中国人口的平均受教育水平有望继续提高。据我们测算，如果保持1990～2021年的增长趋势，到2035年，中国25岁及以上人口的平均受教育年限将提高到9.3年。有理由相信，该指标在2035～2050年仍将继续提高。

必须警醒的是，如果只是保持1990～2021年的增长趋势，2022～2050年中国人口的科学文化素质仍不能满足建成现代化强国的要求，人口的科学文化素质不优仍将构成制约现代化的突出不利人口条件。

为敲响警钟，我们不妨再从国家竞争力的角度做一国际比较分析。我们比较中国、美国、俄罗斯和印度这四个国家1990～2035年25岁及以上人口平均受教育年限。其中，美国和中国分别是世界第一、第二大经济体，美国和俄罗斯分别是世界第一、第二军事强国，中国和印度分别是世界第一、第二人口大国。如果 2020～2035 年保持 1990～2020 年的增长趋势，到 2035 年，中国 25 岁及以上人口的平均受教育年限将提高到 9.3 年，虽显著高于印度（8.4 年），但明显低于美国（14.1 年）和俄罗斯（13.8 年）。实际上，不仅在 2035 年如此，在 1990～2035 年整个时期都如此（见图 1-4）。

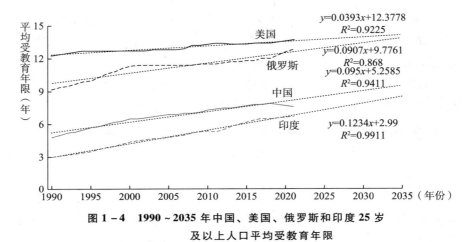

图 1-4　1990～2035 年中国、美国、俄罗斯和印度 25 岁及以上人口平均受教育年限

资料来源：笔者根据 United Nations（2022b）数据计算绘制。

（三）条件五：劳动年龄人口的平均预期余寿增加，身体素质有望进一步提高

现代化建设主要由劳动年龄人口承担。劳动年龄人口的数量、素质（包括身体素质和教育素质）及结构，是现代化的重要人口条件。

某年某岁人口的平均预期余寿，反映该岁人口（同期群）如果按该年的年龄别死亡率度过余生，平均还可以存活多少年。生命表中，该指标从死亡水平这一侧面，反映各年龄人口的身体素质和寿命水平。

从表 1-2 可以看出，2020～2050 年，随着时间推移，中国各年龄的劳动年龄人口的平均预期余寿都呈提高态势，反映出其身体素质都将有所提高。例如，15 岁人口平均预期余寿从 2020 年的 63.8 年提高至 2050 年的 69.1 年，提高 5.3 年；同期，35 岁人群该指标从 44.5 年提高至 49.5 年，提高 5 年；55 岁人群该指标从 25.9 年提高至 30.3 年，提高 4.4 年。

表 1-2　2020~2050 年中国劳动年龄人口平均预期余寿及其与中国
以外发展中国家总体和发达国家总体间的差距

单位：年

年份		15 岁	20 岁	25 岁	30 岁	35 岁	40 岁	45 岁	50 岁	55 岁	60 岁
2020	中国	63.8	59.0	54.1	49.3	44.5	39.7	35.0	30.4	25.9	21.6
	中国比中国以外发展中国家总体高	6.3	6.2	5.9	5.6	5.4	5.1	4.7	4.4	3.9	3.3
	中国比发达国家总体低	0.2	0.1	0.2	0.3	0.3	0.5	0.7	0.8	1.0	1.2
2025	中国	64.9	60.0	55.1	50.3	45.5	40.7	35.9	31.3	26.8	22.5
	中国比中国以外发展中国家总体高	5.5	5.3	5.0	4.8	4.5	4.2	3.8	3.5	3.1	2.6
	中国比发达国家总体低	1.3	1.3	1.3	1.3	1.3	1.4	1.5	1.6	1.7	1.8
2030	中国	65.8	60.9	56.0	51.2	46.3	41.5	36.7	32.1	27.5	23.1
	中国比中国以外发展中国家总体高	5.8	5.6	5.3	5.0	4.7	4.4	4.1	3.7	3.4	2.9
	中国比发达国家总体低	1.1	1.1	1.1	1.1	1.2	1.3	1.4	1.5	1.6	1.7
2035	中国	66.7	61.7	56.9	52.0	47.1	42.3	37.5	32.8	28.3	23.8
	中国比中国以外发展中国家总体高	6.1	5.8	5.6	5.3	5.0	4.7	4.4	4.0	3.6	3.1
	中国比发达国家总体低	0.9	0.9	0.9	0.9	1.0	1.1	1.2	1.3	1.4	1.6
2040	中国	67.5	62.6	57.7	52.8	47.9	43.1	38.3	33.6	29.0	24.5
	中国比中国以外发展中国家总体高	6.4	6.1	5.8	5.6	5.3	5.0	4.6	4.3	3.9	3.4
	中国比发达国家总体低	0.7	0.7	0.7	0.8	0.8	0.9	1.0	1.1	1.2	1.4

续表

年份		15 岁	20 岁	25 岁	30 岁	35 岁	40 岁	45 岁	50 岁	55 岁	60 岁
2045	中国	68.3	63.4	58.5	53.6	48.7	43.9	39.0	34.3	29.7	25.1
	中国比中国以外发展中国家总体高	6.6	6.4	6.1	5.9	5.6	5.2	4.9	4.5	4.1	3.6
	中国比发达国家总体低	0.5	0.5	0.6	0.6	0.7	0.8	0.9	1.0	1.1	1.3
2050	中国	69.1	64.2	59.3	54.4	49.5	44.6	39.7	35.0	30.3	25.8
	中国比中国以外发展中国家总体高	6.9	6.7	6.4	6.1	5.8	5.5	5.2	4.8	4.4	3.9
	中国比发达国家总体低	0.4	0.4	0.5	0.5	0.6	0.7	0.8	0.9	1.0	1.1

资料来源：United Nations（2022a）。

从表1-2还可以看出，2020~2050年，中国各年龄劳动年龄人口的平均预期余寿，都显著高于中国以外发展中国家总体的水平，且2025~2050年越来越接近发达国家总体的水平。

对于中国2020~2050年的现代化来说，劳动年龄人口身体素质较好且日益提高，是一个有利的人口条件。

（四）条件六：教育事业有望达到发达国家平均水平，劳动力受教育程度将进一步提高，接近并有可能达到高收入国家平均水平

当前学生的受教育水平，可以从一个侧面反映出未来劳动力的受教育水平。经济合作与发展组织（OECD）的"国际学生评估项目"（PISA）于2019年12月发布了其在2018年对世界各个国家和地区15岁学生进行的测试的结果。共77个国家和地区的学生参加了测试，中国（指中国大陆，下同）15岁学生在所测试的全部三个领域（阅读、数学和科学）都位居第一，中国三项测试总得分比美国高17%，比法国高17%，比英国高15%，比日本高11%，比巴西高43%，比菲律宾高65%。尽管在中国只在北京、上海、江苏和浙江等四个发达省市进行了测试，测试对象不能代表整个中国，但测试结果还是有一定参考价值的（OECD，2019）。

值得一提的是，在 2012 年的"国际学生评估项目"测试中，中国学生的阅读、数学和科学三科的成绩，和 2018 年一样，也都名列各国各地区第一。该年在中国只测试了上海学生（OECD，2013）。

当前教育事业的发展水平，可以从另一个侧面反映出未来劳动力的受教育水平。2018 年，中国教育科学研究院的研究人员预测，到 2020 年，我国 15~24 岁青少年人口的受教育水平将赶超美国；2030 年，中国教育事业将基本达到发达国家平均水平。这项前瞻性研究基于联合国教科文组织、世界银行、OECD 等国际组织和机构的数据，梳理出国际可比的 15 类 34 项教育指标，综合采用人口多状态模型、系统动力学模型和统计预测模型等方法，得到 2020 年、2030 年各指标预测数值，并将发达国家中的 OECD 成员国、欧盟成员国、高收入国家、极高人类发展指数国家、G7 成员国等分别看作整体进行分析。此外，还对 G20 国家和美国进行对比分析（中国教育科学研究院教育信息与数据统计研究所，2018）。

教育将为现代化提供具备优良科学文化素质的劳动力。上述研究进行的模拟分析表明，2030 年，中国 15~64 岁人口平均受教育年限将增长到 11.8 年，接近高收入国家均值，我国当年新增劳动力中受过高中及以上教育的比例将超过 95%，平均受教育年限将达 14.3 年（中国教育科学研究院教育信息与数据统计研究所，2018）。

三 实现现代化的人口结构条件

（一）条件七：人口老龄化速度非常快、程度非常高，广义人口老龄化特征非常突出

按照人口学的定义，人口老龄化是指"人口中老年人口的比重增长"（Pressat，1979）。根据此定义和联合国人口司 1950~2100 年人口回测和预测数据，我们发现中国人口老龄化在 1969 年启动，1969~2050 年人口持续老龄化。判定上述中国人口老龄化时间起点的根据是，1969~2050 年，人口中 60 岁及以上老年人口的比重逐年增长，从 1969 年的 6.1% 增长到 2050 年的 38.8%（United Nations，2022a）。

人口老龄化是 2020~2050 年中国实现现代化面临的最大人口挑战。国内外大量的研究和文献都佐证了类似的判断："人口老龄化对经济运行全领域、社会建设各环节、社会文化多方面乃至国家综合实力和国际竞争力，都具有深远影响，挑战与机遇并存"①、"人口老龄化将对 21 世纪中国的发展构成巨大挑战"（OECD，2005）、"中国如何应对老龄化挑战，将决定它能否变成一个繁荣和稳定的发达国家"（Jackson & Howe，2004）。

为应对 2020 ~ 2050 年人口老龄化的重大挑战，中共中央和国务院于 2019 年 11 月出台《国家积极应对人口老龄化中长期规划》，规划期为 2020 ~ 2050 年，恰好涵盖本章研究的时期。该规划明确了我国积极应对人口老龄化的战略目标，就是到 21 世纪中叶，"与社会主义现代化强国相适应的应对人口老龄化制度安排成熟完备"，在人口老龄化条件下，"顺利建成社会主义现代化强国，实现中华民族伟大复兴的中国梦"。② 2021 年，国家把积极应对人口老龄化提升为国家战略。③

根据联合国人口司的预测和回测，2020 ~ 2050 年，中国人口将继续老龄化，老龄化程度将达到中国历史上前所未有的高度。人口中 60 岁及以上老年人口的占比，从 2020 年的 17.8%，提高到 2035 年的 30.3%，再攀升到 2050 年的 38.8%（见图 1 - 5）。届时中国将进入"超老龄社会"，平均每 5 人中，就有将近 2 人年龄在 60 岁及以上。到 2050 年，中国人口老龄化程度（60 岁及以上老年人口占比）不仅将远远高于发展中国家平均水平（20.1%），还将高于被称为"老龄化先锋"的发达国家的平均水平（34.3%）。

2020 ~ 2050 年，中国人口老龄化年平均速度（2.63%）将远高于发达国家平均水平（0.97%），也高于发展中国家平均水平（1.97%）。此处人口老龄化年平均速度定义为老龄化程度（60 岁及以上老年人口占比）的年平均增长速度（下同）。

2020 ~ 2050 年，中国人口老龄化速度非常快，但除 2023 ~ 2026 年之外，将低于以往峰值，且不是同期世界最快。2020 ~ 2050 年，老龄化速度前高后低，2020 ~ 2030 年年平均速度为 3.9%，2030 ~ 2050 年年平均

---

① 《中共中央　国务院印发〈国家积极应对人口老龄化中长期规划〉》，中国政府网，https://www.gov.cn/xinwen/2019 - 11/21/content_5454347.htm。

② 《中共中央　国务院印发〈国家积极应对人口老龄化中长期规划〉》，中国政府网，https://www.gov.cn/xinwen/2019 - 11/21/content_5454347.htm。

③ 《中华人民共和国国民经济和社会发展第十四个五年规划和 2035 年远景目标纲要》，中国政府网，https://www.gov.cn/xinwen/2021 - 03/13/content_5592681.htm。

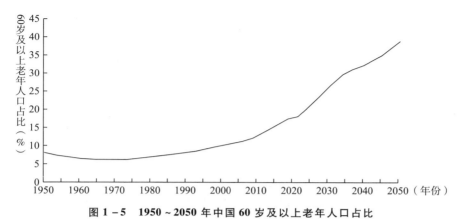

图 1 - 5　1950 ~ 2050 年中国 60 岁及以上老年人口占比

资料来源：笔者根据 United Nations（2022a）数据绘制。

速度为 2.0% 。2020 ~ 2050 年，老龄化速度的峰值（2024 年的 5.26%）高于以往已经出现过的峰值（2013 年的 4.23%）。和同期世界各国相比，在 2020 ~ 2050 年人口老龄化的年平均速度方面，中国（2.63%）既高于发达国家平均水平（0.97%），高于美国（0.91%）和日本（0.70%）等，也高于除中国以外的发展中国家平均水平（1.97%），高于越南（2.38%）和印尼（2.25%）等（United Nations，2022a）。

关于未来中国人口老龄化，上文中我们一直把焦点聚集在人口中老年人口比例的变化上，实际上，这指的是狭义的人口老龄化。莫龙曾于 2003 年在博士学位论文中提出和研究广义人口老龄化，它指随着老年人口比重上升，人口内部年龄结构所发生的全面性系统性的转变。正是这种年龄结构全面性系统性的变化，使得老龄化成为一个重要的人口现象，对人口本身乃至经济社会产生广泛而深刻的影响（Mo，2003）。

2020 ~ 2050 年中国广义人口老龄化的最主要特征，是人口中少儿人口的比重降低、劳动年龄人口的比重降低以及老年人口的比重提高。中国人口中 0 ~ 14 岁少儿人口的比重将从 2020 年的 18.0% 降低为 2050 年的 11.4%，同期 15 ~ 59 岁劳动年龄人口的比重将从 64.1% 降为 49.7%，60 岁及以上老年人口的比重将从 17.8% 提高为 38.8%。具有这三个特征的广义人口老龄化，即随着人口老龄化，人口内部年龄结构所发生的全面性系统性的转变，可以通过 1965 ~ 2050 年中国人口年龄结构的三维变化图（见图 1 - 6）以及这一时期不同年份中国人口年龄金字塔的变化

（见图 1 - 7），直观形象地观察到。

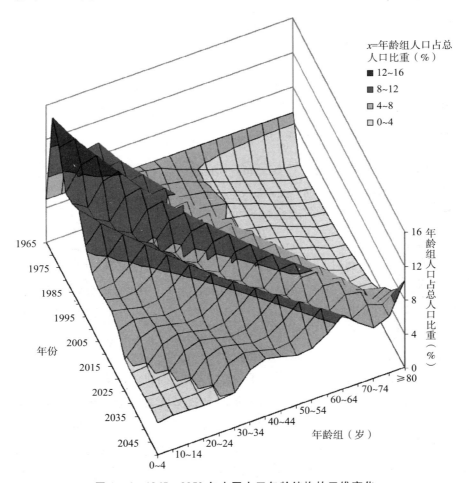

图 1 - 6　1965 ~ 2050 年中国人口年龄结构的三维变化

资料来源：笔者根据 United Nations（2022a）数据绘制。

更进一步，尹文耀等（2017）的研究发现，中国人口年龄结构已进入广义高龄化进程。主要表现为：随着人口老龄化，不仅总人口中高龄组人口（老年人口）占比升高，整个人口系统具有不同社会经济意义的各大年龄组人口中，也出现高龄组人口占比升高的情况。尹文耀等人所研究的具有不同社会经济意义的各大年龄组，包括总人口、老年人口、劳动年龄人口、高龄老人、育龄妇女、学龄人口等年龄组。这项研究揭示，2011 ~ 2060 年（涵盖本章研究的 2020 ~ 2050 年），是广义高龄化高速发展阶段，各大年龄组人口规模及其增长速度和内部结构也将处于波动震荡之中。我国如能适应这种以高龄化为取向的大趋势，将会赢得长期发展的主动权。实际上，广义高龄化是广义老龄化的表现之一。

2020～2050年，中国将迎来人口老龄化经济压力高峰。莫龙于2009年在《人口研究》发表的一篇论文提出了AECI指数，该指数使人口老龄化经济压力变得可量化、可比较（莫龙，2009）。莫龙和韦宇红运用

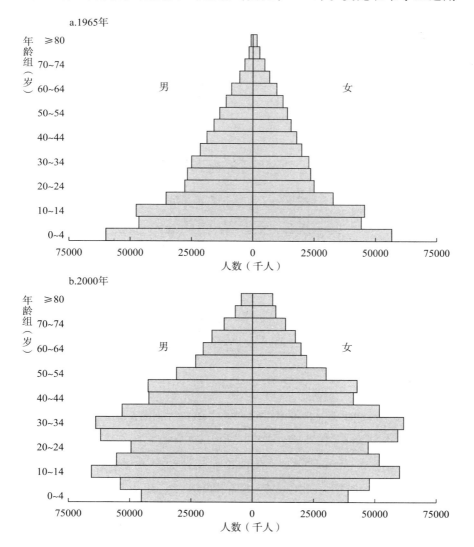

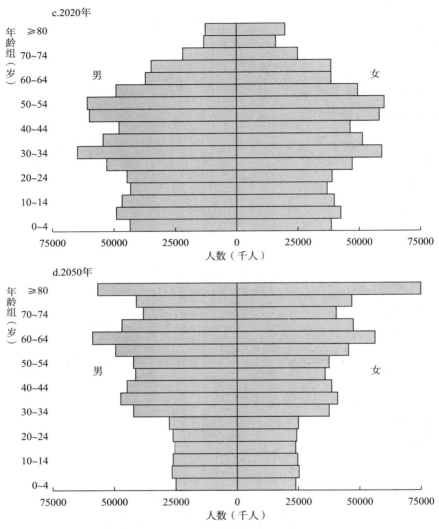

图 1－7　1965 年、2000 年、2020 年、2050 年中国的人口年龄金字塔

资料来源：笔者根据 United Nations（2022a）数据绘制。

AECI 指数揭示，2020～2050 年中国将面临较大的人口老龄化经济压力，压力增大最快的时期可能出现在 2025～2040 年，压力高峰很可能出现在 2040 年前后，高峰时的压力将可能达到 2010 年压力的 3～4 倍（莫龙、韦宇红，2013）。

（二）条件八：劳动年龄人口规模巨大、趋于减少、占比下降

劳动力充沛是现代化的必要条件。2020～2050 年，中国劳动年龄人口有三个显著特点（见表 1-3）。一是规模巨大。2020～2050 年，15～59 岁劳动年龄人口的数量在 6.53 亿～9.14 亿人。仅仅是 15～59 岁劳动年龄人口的数量，就是美国总人口数量的 1.7 倍（2050 年）到 2.7 倍（2020 年）。二是趋于减少。15～59 岁劳动年龄人口数量从 2020 年的 9.14 亿人持续显著减少至 2050 年的 6.53 亿人，共减少 2.61 亿人，平均每年减少 870 万人，年均减少率为 1.11%。三是占比下降。15～59 岁劳动年龄人口占总人口的比重，从 2020 年的 64.1% 持续显著下降至 2050 年的 49.7%。2035～2050 年 15～59 岁劳动年龄人口占总人口的低比重（49%～59%），与 1985～2015 年经济高速增长时期的高比重（61%～69%）形成鲜明对比（United Nations，2022a）。

如果以 15～64 岁为劳动年龄，2020～2050 年中国劳动年龄人口也具有上述特点（见表 1-3）。

表 1-3　2020～2050 年中国劳动年龄人口数量及占比

单位：亿人，%

年份	总人口	15～59 岁劳动年龄人口		15～64 岁劳动年龄人口	
		数量	占总人口比重	数量	占总人口比重
2020	14.24	9.14	64.1	9.89	69.4
2025	14.24	8.94	62.7	9.87	69.3
2030	14.16	8.60	60.7	9.72	68.7
2035	14.00	8.22	58.7	9.31	66.5
2040	13.78	7.80	56.6	8.67	62.9
2045	13.50	7.25	53.7	8.22	60.9
2050	13.13	6.53	49.7	7.67	58.5

资料来源：United Nations（2022a）。

（三）条件九：老年人口内部老龄化速度快、程度高

2020～2050 年，在人口老龄化的同时，中国老年人口本身也出现老龄化，人口学称之为老年人口内部老龄化，也称老年人口高龄化。其表现为：60 岁及以上老年人口中，80 岁及以上高龄人口的占比迅速上升，

从 2025 年的 12.3% 开始波动上升，2040 年达到 18.9%，2050 年更高达 26.6%。2020～2050 年中国老年人口内部老龄化的速度和程度都是前所未有的（见图 1-8）。

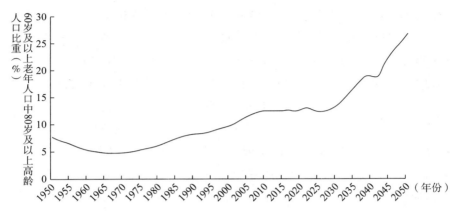

图 1-8　1950～2050 年中国 60 岁及以上人口中 80 岁及以上人口比重

资料来源：笔者根据 United Nations（2022a）数据绘制。

一般来说，比起低龄老人，高龄老人的健康状况、自理能力和劳动参与能力都更差，因此，通过阻碍健康老龄化和积极老龄化，老年人口高龄化将加大应对人口老龄化的难度，对现代化产生不利影响。

（四）条件十：人口长寿化的程度和速度前所未有，长寿老人的数量激增，长寿女性大大多于长寿男性

2020～2050 年，中国将进入前所未有的人民日益长寿的时代。人民长寿既是现代化的终极目标之一，也是现代化的终极结果之一。人口长寿化既意味着福祉，也意味着挑战。

人口长寿化程度（长寿水平）通常用人口中 80 岁及以上长寿人口的比重来测度。2020～2050 年，中国人口中平均每百人拥有的 80 岁及以上长寿老人数量，将以加速度逐年快速递增，从 2020 年的 2.3 人，增加到 2035 年的 5.1 人，2050 年将高达 10.3 人（见图 1-9）。

按上述指标，2050 年中国人的长寿水平，将是 2020 年的 4.6 倍、2000 年的 10.5 倍、1950 年的 16.9 倍；2050 年中国人的长寿水平，将是世界平均水平的 2.2 倍，与发达国家的差距也将大大缩小——2020 年比发达国家低 3.03%，2050 年仅低 0.16%（United Nations，2022a）。

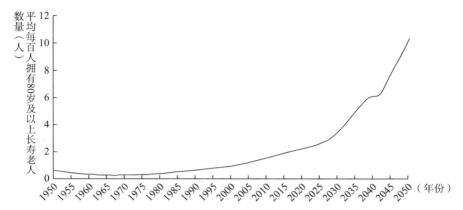

图1-9　1950~2050年中国人口中平均每百人拥有80岁及以上长寿老人数量

资料来源：笔者根据United Nations（2022a）数据绘制。

2020~2050年，中国人口长寿化有四个特征。一是80岁及以上长寿老人的数量激增。从2020年的0.32亿人，增长到2050年的1.35亿人，增长3.2倍（见图1-10）。二是百岁及以上老人的数量增长更快。从2020年的3.6万人，增长到2050年的48.8万人，增长12.6倍（见图1-11）。三是平均每百万人口中百岁及以上老人的数量激增。从2020年的25人，增长到2050年的372人（见图1-12）。四是女性长寿老人的数量多于男性。80岁及以上女性的数量，2020年为1963万人，是男性的1.6倍；2050年将增长到7900万人，是男性的1.4倍（United Nations，2022a）。

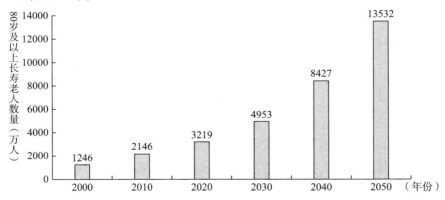

图1-10　2000~2050年中国80岁及以上长寿老人数量

资料来源：笔者根据United Nations（2022a）数据绘制。

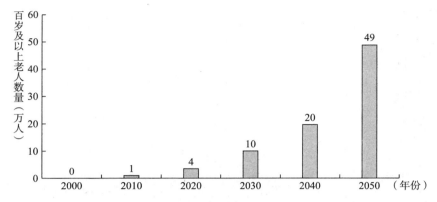

图 1 - 11　2000 ~ 2050 年中国百岁及以上老人数量

说明：为统计方便，图中百岁及以上老人数量四舍五入后取整数。

资料来源：笔者根据 United Nations（2022a）数据绘制。

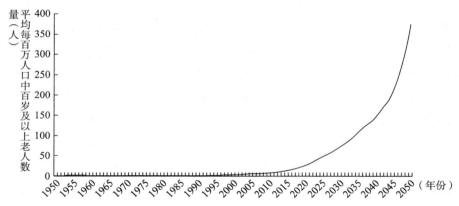

图 1 - 12　1950 ~ 2050 年中国平均每百万人口中百岁及以上老人数量

资料来源：笔者根据 United Nations（2022a）数据绘制。

（五）条件十一：老年抚养比和总抚养比急剧上升到高位，少年儿童人口抚养比较低

抚养比是用来表示特定部分或全部非劳动年龄人口加之于劳动年龄人口的抚养负担量的指标，反映潜在的（不一定是实际的）劳动年龄人口的养老养小负担。抚养比是现代化人口条件的关键指标之一。

本章将评估三种抚养比：少儿抚养比，即 0 ~ 14 岁人口数除以 15 ~ 59 岁人口数，乘以 100%；老年抚养比，即 60 岁及以上人口数除以 15 ~

59 岁人口数，乘以 100% ；总抚养比，即上述两个抚养比之和。

据联合国预测和回测，中国 2020～2050 年的总抚养比将不断攀升，从 2020 年的 56% 急速上升到 2050 年的 101% 。也就是说，2020 年平均每 100 个处于劳动年龄的人需要抚养 56 个老人或小孩，到 2050 年将变成可能需要抚养 101 个老人或小孩（见图 1 - 13）。

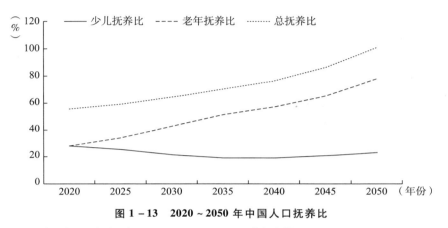

图 1 - 13　2020～2050 年中国人口抚养比

资料来源：笔者根据 United Nations（2022a）数据绘制。

图 1 - 13 还表明，少儿抚养比在 2020～2050 年总体变化不大，在数值上处于 18%～28% 的低位，但老年抚养比增长很快，从 2020 年的 28% 升至 2050 年的 78% ，意味着 2020～2050 年劳动年龄人口抚养老年人口的潜在压力将迅速加大到高位（United Nations，2022a）。

（六）条件十二：劳动年龄人口将"比较老"

2020～2050 年，中国劳动年龄人口的年龄结构小幅波动，没有出现持续的老龄化。其间，15～59 岁劳动年龄人口中，15～24 岁的年轻人口占比在 14%～21% 区间内波动；25～44 岁青壮年人口的占比在 41%～47% 区间内波动；45～59 岁中年人口的占比在 35%～41% 区间内波动。

值得注意的是，2020～2050 年，和其他国家相比，中国劳动年龄人口将长期保持"比较老"的年龄结构。劳动年龄人口中，中年人口的占比既远高于中国以外发展中国家总体的水平，也略高于发达国家总体的水平。2020～2050 年，中国劳动年龄人口（15～59 岁）中中年人口（45～59 岁）占比平均为 37.9% ，中国以外发展中国家总体为 25.8% ，发达国家总体为 35.8% （见图 1 – 14）。

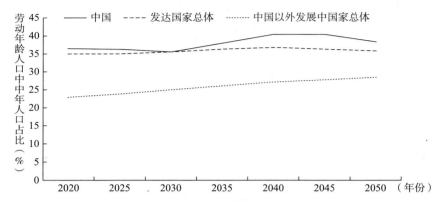

图 1 – 14　2020～2050 年中国、发达国家总体、中国以外发展中国家
总体劳动年龄人口中中年人口占比

资料来源：笔者根据 United Nations （2022a） 数据绘制。

一般认为，劳动年龄人口的年龄结构 "比较老"，不利于经济社会活动中的创新，且会削弱经济社会发展活力。

（七）条件十三：长期保持低生育率，老年人口将多于少儿人口，步入少子社会，超少子化成为常态

有研究表明，中国面临的主要人口风险是过低生育率和过度少子老龄化（郭志刚等，2014）。作为基础和关键人口变量，生育率的水平及其变动，通过影响包括人口数量和年龄结构在内的人口情势，影响实现现代化的人口条件。

从 1950～2050 年育龄妇女总和生育率的百年大势看，中国已经在 20世纪 90 年代初告别高生育率时代，进入总和生育率低于更替水平的低生育率时代 （见图 1 – 15）。许多研究证实了这一点 （例如，郭志刚等，2014）。联合国人口司的生育率回测数据也印证了这一历史性转折。据联合国人口司回测，1950～1990 年，中国的总和生育率长期处于更替水平 2.1 以上，其中 1950～1976 年更是处于 3.20～7.51 的高水平。1991 年，总和生育率历史性地降至更替水平之下 （1.93），随后继续下降，2019年下降到 1.50 （United Nations，2022a）。

2020～2050 年，中国仍将保持低生育率，这一时期的低生育率有两个特征。一是期内总和生育率水平将保持在 1.1～1.4；二是期内总和生育率变动将很小，最高值与最低值差距仅为 0.3（United Nations，2022a）。

少子化是发达国家及经济高速增长的发展中国家面临的一个重要课题，严重的少子化将对社会结构和经济模式产生重大影响（施锦芳，2012），从而对现代化产生深刻影响。

少子化一词源自日语。根据日本人口学研究会编纂的《现代人口辞典》（2010 年版），少子化指"（总和）生育率持续低于人口更替水平"；总和生育率低于人口更替水平（2.1）但在 1.5 及以上的少子化为"缓少子化"，低于 1.5 的少子化为"超少子化"。更进一步，2004 年日本内阁府发布的《少子化社会白皮书》提出，总和生育率显著低于人口更替水平，且 0～14 岁少儿人口数量少于 65 岁及以上老年人口数量的社会为"少子社会"（王伟，2019）。

按照上述定义，中国从 1991 年开始出现少子化，从那时起总和生育率持续低于人口更替水平（见图 1-15）。

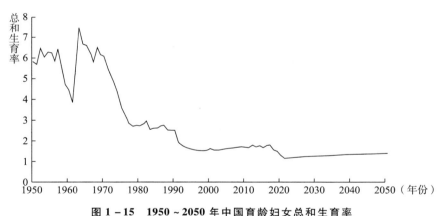

图 1-15　1950～2050 年中国育龄妇女总和生育率

资料来源：笔者根据 United Nations（2022a）数据绘制。

2020～2050 年，中国的总和生育率将保持在 1.1～1.4，少子化属超少子化。2027 年将出现历史性转折，0～14 岁少儿人口的数量开始少于65 岁及以上老年人口的数量，步入少子社会。到 2050 年，少儿人口数量更是只有老年人口数量的 38%（United Nations，2022a）。

（八）条件十四：出生性别比和总人口性别比趋于正常

出生性别比（平均每百个活产女婴对应的活产男婴数）是决定人口

性别结构的重要因素。出生性别比主要由生物因素决定，正常范围是 102 ~ 107（查瑞传等，1996）。出生性别比持续超出正常范围，不利于社会的和谐稳定与现代化。

从以往情况看，1950 ~ 1981 年，中国的出生性别比一直稳定在正常范围的上限（107）左右。1982 ~ 2019 年，出生性别比大大超出正常范围，在 107 ~ 118（United Nations，2022a）（见图 1 - 16）。

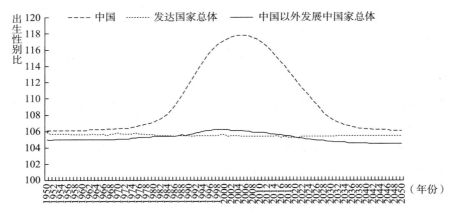

图 1 - 16　1950 ~ 2050 年中国、发达国家总体、中国以外发展中国家总体出生性别比

资料来源：笔者根据 United Nations（2022a）数据绘制。

2020 ~ 2050 年，中国的出生性别比将从偏高转向正常。2020 ~ 2030 年，出生性别比在 108 ~ 112，仍超出正常范围。2031 ~ 2050 年，将重新稳定在正常范围的上限（107）左右（United Nations，2022a）。

1950 ~ 2050 年，中国的出生性别比既高于中国以外发展中国家总体水平，也高于发达国家总体水平（见图 1 - 16）。

受出生性别比长期偏高的影响，中国总人口性别比（总人口中平均每百名女性对应的男性人数）长期偏高。1950 ~ 2019 年，总人口性别比在 103 ~ 107。2020 ~ 2050 年，预计总人口性别比将趋于下降，在 102 ~ 105（United Nations，2022a）。

1950 ~ 2050 年，中国总人口性别比不仅一直显著高于中国以外发展中国家总体水平，也高于发达国家总体水平（见图 1 - 17）。

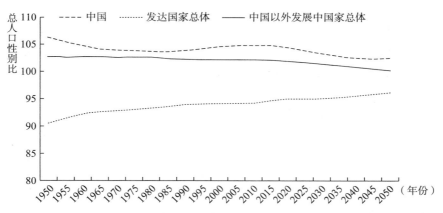

图 1－17 1950～2050 年中国、发达国家总体、中国以外发展中国家
总体总人口性别比

资料来源：笔者根据 United Nations （2022a） 数据绘制。

四 实现现代化的人口分布条件

（一）条件十五：人口继续城镇化，城镇化速度放缓，城镇化程度显著高于中国以外发展中国家总体，趋近发达国家总体水平

按照现代化理论，人类的第一次现代化，是从传统的农业社会向现代的工业社会转变的过程。从这个意义上说，人口城镇化意味着人口中居住在农村的人口比重下降、居住在城镇的人口比重上升。人口城镇化是现代化的重要标志，是现代化的人口动力，是现代化的必由之路。

据联合国人口司回测，中国的人口城镇化率在新中国成立之初的 1950 年仅为 11.8%，也就是说，仅有 11.8% 的人口居住在城镇。在改革开放之初的 1980 年，人口城镇化率也只有 19.4%。此后，随着现代化加快，人口城镇化率持续迅速攀升，2000 年达到 35.9%。2011 年，人口城镇化率首次突破 50%，实现居住在城镇的人口数量开始超过居住在农村的人口数量这一历史性转变。联合国人口司还于 2018 年预测，2019 年，中国人口城镇化率将达到 60.3%（United Nations，2018）。

2020～2050 年，中国人口将继续城镇化。据联合国人口司预测（United Nations，2018），中国人口城镇化率将从 2020 年的 61.4% 上升到 2035 年的 73.9%，2050 年将达到 80.0%（见图 1－18）。

不过，2020～2050 年中国人口城镇化的速度将放缓。1980～2020年，人口城镇化率的年平均增长率为 2.93%，2020～2050 年将降低为0.89%（United Nations，2018）。

中国的城镇人口将从 2020 年的 8.75 亿人增加到 2035 年的 10.60 亿人，再到 2050 年的 10.92 亿人，2020～2050 年年平均增加 723 万人（见图 1－18）。

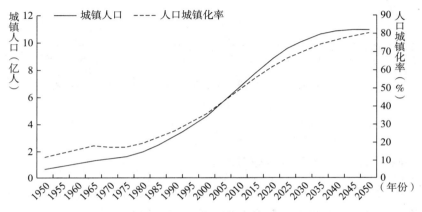

图 1－18　1950～2050 年中国城镇人口及人口城镇化率

资料来源：笔者根据 United Nations（2018）数据绘制。

2020～2050 年中国人口城镇化的程度，显著高于中国以外发展中国家总体水平，趋近发达国家总体水平。2020 年，中国人口城镇化率、中国以外的发展中国家总体的人口城镇化率、发达国家总体的人口城镇化率，依次分别为 61.4%、48.8% 和 79.1%。到 2050 年，依次分别为80.0%、62.7% 和 86.6%（United Nations，2018）。

简言之，2020～2050 年，中国的现代化将在具有上述特征的人口城镇化条件下推进。

（二）条件十六：国际人口迁出多于迁入，净国际迁出率低，净国际迁出规模趋于小幅缩小

借鉴发达国家的经验，结合中国国情，通过有选择地适量引入国际技术移民，破解现代化进程中经济社会科技高质量发展所需高端人才和优质劳动力不足的问题，助推全面提升人力资源的质量，是探索 2020～2050 年优化中国实现现代化人口条件的新方向。

表 1-4 列出了联合国中方案预测的，中国、中国以外发展中国家总体以及发达国家总体 2020~2050 年国际人口迁移的情况（其中 2020 年数据为回测数据）。其中，净国际迁入移民数量等于从国外迁入本国的移民数量减去从本国迁出国外的移民数量（迁入减迁出）。净国际迁入移民数量为正数说明迁入的多，为负数说明迁出的多，当其为负数时，其绝对值可表示净国际迁出移民数量。

从表 1-4 中可见，2020~2050 年，中国的国际人口迁出一直多于迁入，净国际迁出移民数量除了 2020 年为 3.4 万人以外，其余年份都在 31 万人左右。

从净国际迁出率看，2020~2050 年，除 2020 年几乎为 0 以外，其余时段中国的净国际迁出率（净国际迁出移民数量占总人口的比例，可用净国际迁入率的相反数表示）稳定在 0.2‰左右（表 1-4 中数据已经过四舍五入）。和庞大的总人口相比，中国的国际人口迁移规模相对很小。

2020~2050 年，从净国际迁入移民数量和净国际迁入率看，中国的国际人口迁移模式与中国以外发展中国家总体相近，明显不同于发达国家总体（见表 1-4）。

表 1-4　2020~2050 年中国、中国以外发展中国家总体、
发达国家总体国际人口迁移情况

单位：‰，千人

	项　目	2020 年	2025 年	2030 年	2035 年	2040 年	2045 年	2050 年
中国	净国际迁入率	-0.0	-0.2	-0.2	-0.2	-0.2	-0.2	-0.2
	净国际迁入移民数量	-34	-310	-311	-311	-311	-310	-310
中国以外发展中国家总体	净国际迁入率	-0.5	-0.4	-0.4	-0.3	-0.3	-0.3	-0.3
	净国际迁入移民数量	-2552	-2039	-2094	-2098	-2090	-2083	-2082
发达国家总体	净国际迁入率	2.0	1.8	1.8	1.8	1.8	1.8	1.9
	净国际迁入移民数量	2551	2301	2356	2360	2352	2344	2343

资料来源：United Nations（2022a）。

庞丽华（2018）的研究表明，1990~2017 年，中国国际人口迁入规模和迁出规模都呈现增长态势，但国际迁出规模的增长远远超过国际迁入，也即净迁出规模呈现增长的趋势，其结果印证了 Martin 和 Taylor

（1996）的发现，即多数发展中国家随着经济发展都会经历人口加速迁出的过程。不过本章发现，2020～2050 年中国净国际迁出规模将小幅缩小，表明期内中国国际人口迁移将接近 Olesen（2002）所说的倒 U 形曲线的拐点——描述人口国际迁移和经济发展关系的倒 U 形曲线的拐点。Olesen 认为，发展中国家在发展初期人口外迁的速度会加快，但随着经济社会的进一步发展，国际人口迁移模式将发生转变，表现为外迁减少、移民回流。

作为实现现代化的人口条件之一，未来中国国际人口迁移的取向和力度以及政策，值得关注和研究。

五　实现现代化的人口红利条件

条件十七：数量型人口红利机会之窗将逐步关小直至关闭，质量型人口红利有望替代数量型人口红利

2020 年左右，中国数量型人口红利窗口开始关小，未来经济高质量发展想要从中获取动力将十分困难。如图 1-13 所示，根据联合国人口司的数据（United Nations，2022a），按 15～59 岁人口为劳动年龄人口计算，2020 年后，中国人口总抚养比将不断上升，且上升速度将明显加快。2030 年、2040 年总抚养比分别接近 65% 和 77%，2050 年将达到 101%。其中，2020～2050 年，少儿抚养比将维持在 18%～28%，老年抚养比则会一路上升，2025 年达到 34%，2030 年达到 43%，2040 年达到 57%，2050 年将达到 78%。

此外，表 1-3 显示，2020～2050 年，人口中 15～59 岁劳动年龄人口占比持续下降，2025 年的占比（约 63%）将相当于 1990 年的水平，2035 年的占比（约 59%）将相当于改革开放初期的水平。

不仅如此，如图 1-19 所示，虽然劳动年龄人口（15～59 岁）中，青壮年人口（15～44 岁）和中年人口（45～59 岁）所占比重变化不大，分别维持在 60% 和 40% 左右，但二者绝对数量大大减少。和 2020 年相比，2050 年劳动年龄人口总量将减少约 2.6 亿人。劳动力特别是青壮年劳动力不足问题将凸显，数量型人口红利的优势将不复存在。

质量型人口红利有望替代数量型人口红利，成为现代化新的强大动力。面对现代化进程中的这一人口条件，大力提高劳动者素质，提升全员劳动生产效率，挖掘和提升质量型人口红利，变得尤为重要。这一重大战略问题已经引起高度重视。2019 年 10 月召开的党的十九届四中全会强调，要"提高人口质量"。

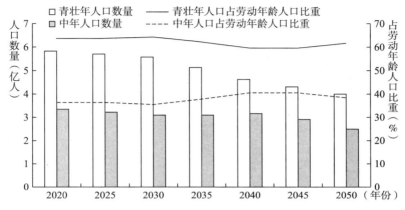

图 1-19　2020~2050 年中国青壮年、中年人口数量及占劳动年龄人口比重

资料来源：笔者根据 United Nations（2022a）数据绘制。

小　结

一　主要内容

本章主要采用联合国人口司在《世界人口展望》（2022 年版）中发布的回测预测数据（United Nations，2022a），对中国 2020~2050 年实现现代化的人口数量条件、人口素质条件、人口结构条件、人口分布条件和人口红利条件进行了量化展望，定量揭示了 2020~2050 年中国实现现代化将面临和具备的十七个人口条件。

在实现现代化的人口数量条件方面，本章指出，2020~2050 年，中国人口规模巨大，从 2022 年起转为快速长期负增长。

在实现现代化的人口素质条件方面，本章指出，2020~2050 年，中国人口平均预期寿命将继续提高，身体素质将接近发达国家水平；中国人口的平均受教育水平有望继续提高，但未来仍有大幅低于美国、俄罗斯等国家的风险；劳动年龄人口的平均预期余寿增加，身体素质有望进一步提高；教育事业有望达到发达国家平均水平，劳动力受教育程度将进一步提高，接近并有可能达到高收入国家平均水平。

在实现现代化的人口结构条件方面，本章指出，2020～2050 年，中国人口将继续老龄化，人口老龄化程度之高前所未有，人口老龄化速度非常之快但将转趋放缓，广义高龄化影响深刻，老龄化经济压力大并将在 2040 年前后达到高峰；劳动年龄人口规模巨大、趋于减少、占比下降；老年人口内部老龄化速度快、程度高；人口长寿化的程度和速度前所未有，长寿老人的数量以空前速度激增，长寿女性大大多于长寿男性；老年抚养比和总抚养比将急剧上升到高位，少儿抚养比则较低；劳动年龄人口将"比较老"；将长期维持低生育率，步入少子社会，超少子化成为常态；出生人口性别比和总人口性别比将继续趋于正常。

在实现现代化的人口分布条件方面，中国人口将继续城镇化，城镇化速度将放缓，城镇化程度将显著高于中国以外发展中国家总体水平，趋近发达国家总体水平；国际人口迁出将多于迁入，净国际迁出率低，净国际迁出规模将小幅缩小。

在实现现代化的人口红利条件方面，数量型人口红利机会之窗将逐步关小直至关闭，质量型人口红利有望替代数量型人口红利，成为现代化新的强大动力。

二　简要讨论

综观本章揭示的 2020～2050 年中国实现现代化的人口条件，有三点需要引起重视。

一是中国人口数量嬗变正在迎来百年未有之大变局，将深刻影响未来中国的现代化。一方面，2020～2050 年中国人口数量达到峰值，中国式现代化将是人口规模巨大的现代化。另一方面，中国人口数量将快速长期负增长。20 世纪 70 年代以来，中国通过实行限制生育数量的计划生育，有效控制了人口过快增长。2020～2050 年，中国是否需要通过实行鼓励生育的计划生育，有效控制人口过快负增长？党的十九届四中全会首次提出，要"优化生育政策"。因此，我们亟须针对怎样通过优化生育政策有效提高生育率，使人口规模趋于适度，为实现现代化创造较好的人口数量条件这一问题开展研究和提出对策。

二是亟待通过超常规提高人口质量，为超常规实现现代化创造必要的人口素质条件。优良的人口素质是实现现代化至关重要的人口条件。

本章的预测表明，一方面，2020 ~ 2050 年，以往支撑高速经济现代化的数量型人口红利将消失；另一方面，尽管以往人口受教育水平得到了很大提升，且未来其仍将继续提高，但和发达国家的比较显示，2020 ~ 2050 年，中国人口受教育水平以及以此为基础的人口科学文化素质，将有可能达不到超常规实现现代化的要求。中国必须从战略的高度，超常规地发展面向现代化的教育事业并加大对其的投入，根本性地扭转现代化进程中人口科学文化素质的比较劣势，跨越式地追赶发达国家的人口素质软实力，实现"两个根本转变"——从依靠数量型人口红利驱动发展到依靠质量型人口红利驱动发展的根本转变、从人力资源大国到人力资源强国的根本转变。唯有如此，才有可能实现既定的宏伟目标，即从2020 年到 21 世纪中叶，以中国式现代化全面推进中华民族伟大复兴，建成社会主义现代化强国。

三是实现人口规模压力和人口老龄化压力的战略均衡，是中国保障人口长期均衡发展的重中之重，有利于优化实现现代化的人口条件。一方面，人口迅速、高度老龄化，是 2020 ~ 2050 年中国现代化面临的最大不利人口条件之一。另一方面，2020 ~ 2050 年中国人口规模巨大。人口规模压力和人口老龄化巨大压力并存，是未来中国实现现代化不得不面对的不利人口条件。应对这个在人口发展战略中举足轻重的不利人口条件，困难在于缓解"人口太老"问题与缓解"人口太多"问题，两者是相互矛盾和此消彼长的——"按下葫芦浮起瓢"。在这方面，改善中国现代化的人口条件面临典型的"人口两难"。其破解之道在于优化生育政策，建设生育友好型社会，适度鼓励生育，努力提高生育率并形成适度生育水平。这一政策建议的核心理据在于，本章的展望性研究发现，2020 ~ 2050 年，即使大力鼓励生育，人口总量也不会超过 15 亿，而 15亿左右是 2006 年制定的中国人口发展战略划定的"人口总量红线"。而唯有鼓励按政策生育，提高生育率并形成适度生育水平，才能在缓解人口规模压力的同时缓解人口老龄化压力，实现两种人口压力的战略均衡。

参考文献

蔡昉，2010a，《人口转变、人口红利与刘易斯转折点》，《经济研究》第 4 期。

蔡昉，2010b，《刘易斯转折点与公共政策方向的转变——关于中国社会保护的若干特征性事实》，《中国社会科学》第 6 期。

蔡昉，2014，《破解中国经济发展之谜》，中国社会科学出版社。

蔡昉，2009，《未来的人口红利——中国经济增长源泉的开拓》，《中国人口科学》第 1 期。

蔡昉，2013，《中国经济发展的人口视角》，中国社会科学出版社。

蔡昉，2018，《中国经济增长的必要条件是人口红利》，《财经界》第 1 期。

查瑞传，1994，《人口现代化问题》，《人口与计划生育》第 3 期。

查瑞传、曾毅、郭志刚主编，1996，《中国第四次全国人口普查资料分析（上）》，高等教育出版社。

陈友华，1998，《关于人口现代化几个问题的理论探讨》，《人口研究》第 6 期。

陈友华，2003，《人口现代化评价指标体系研究》，《中国人口科学》第 3 期。

陈友华，2006，《中国可持续发展人口条件综论》，《市场与人口分析》第 3 期。

顾宝昌，1992，《论生育和生育转变：数量、时间和性别》，《人口研究》第 6 期。

郭志刚、王丰、蔡泳，2014，《中国的低生育率与人口可持续发展》，中国社会科学出版社。

郝秉键、陈熙男，2003，《日本现代化的人口条件》，《史学月刊》第 2 期。

何传启主编，2018，《中国现代化报告 2018——产业结构现代化研究》，北京大学出版社。

黄淳，1996，《路南县人口发展的现代化历程》，《云南社会科学》第 1 期。

李惠茹、杨娜，2003，《营造步入全面小康社会的基本保障条件，继续实施紧缩的人口政策》，《人口与经济》第 S1 期。

李建新，2000，《论生育政策与中国人口老龄化》，《人口研究》第 2 期。

刘洪光，1996，《苏南地区人口的现代化》，《江苏统计》第 8 期。

刘铮，1992，《人口现代化与优先发展教育》，《人口研究》第 2 期。

陆杰华，2019，《人口负增长时代：特征、风险及其应对策略》，《社会发展研究》第 1 期。

吕昭河，2001，《马尔萨斯"两种抑制"的观点及解脱"人口陷阱"的制度条件》，《人口学刊》第 2 期。

马敏，2016，《现代化的"中国道路"——中国现代化历史进程的若干思考》，《中国社会科学》第 9 期。

毛泽东，2004，《在中国共产党第七届中央委员会第二次全体会议上的报告》，人民出版社。

梅多斯等，1984，《增长的极限》，于树生译，商务印书馆。

莫龙，2009，《1980～2050 年中国人口老龄化与经济发展协调性定量研究》，《人口研究》第 3 期。

莫龙、韦宇红，2013，《中国人口：结构与规模的博弈——人口老龄化对中国人口发展战略的制约及对策》，社会科学文献出版社。

庞丽华，2018，《国际人口迁移的概念和测量——兼论中国国际人口迁移趋势》，《人口与发展》第 1 期。

施锦芳，2012，《日本人口少子化问题研究》，《日本研究》第 1 期。

舒尔茨，西奥多，2002，《对人进行投资——人口质量经济学》，吴珠华译，首都经济贸易大学出版社。

索维，阿尔弗雷，1978，《人口通论》（上册），北京经济学院经济研究所人口研究室译，商务印书馆。

田雪原，1998，《21 世纪中国人口发展趋势与决策选择问题研究》，《中国人口科学》第 1 期。

田雪原等，2007，《21 世纪中国人口发展战略研究》，社会科学文献出版社。

童玉芬，2000，《西部大开发的人口条件初探》，《西北人口》第 3 期。

王丰、安德鲁·梅森、沈可，2006，《中国经济转型过程中的人口因素》，《中国人口科学》第 3 期。

王丰，2010，《负增长危机》，《中国改革》第 1 期。

王金营、顾瑶，2011，《建设人口均衡型社会：条件、问题及对策》，《人口研究》第 1 期。

王维志，1988，《稳定政策，逐步实现人口现代化》，《中国人口科学》第 6 期。

王伟，2019，《日本少子化进程与政策应对评析》，《日本学刊》第 1 期。

王秀银，2002，《关于人口现代化的几点思考》，《人口研究》第 4 期。

王学义，2006，《人口现代化的测度指标体系构建问题研究》，《人口学刊》第 4 期。

王学义，2001，《中国人口现代化的指标确定与主要指标考察》，《四川行政学院学报》第 4 期。

王渊明，1995，《历史视野中的人口与现代化》，浙江人民出版社。

邬沧萍，1987，《计划生育与人口现代化》，《大众医学》第 1 期。

伍小兰，2001，《中国生育现代化问题的定量研究》，《人口与经济》第 3 期。

习近平，2017，《决胜全面建成小康社会　夺取新时代中国特色社会主义伟大胜利——在中国共产党第十九次全国代表大会上的报告》，http://www.china.com.cn/19da/2017－10/27/content_41805113.htm。

谢立中，2003，《关于所谓"英格尔斯现代化指标体系"的几点讨论》，《江苏行政学院学报》第 3 期。

尹文耀、李芬、姚引妹、颜卉，2017，《中国人口的广义高龄化——基于分省模拟的全国层面分析》，《中国社会科学》第 9 期。

于学军，2003，《中国人口转变与"战略机遇期"》，《中国人口科学》第 1 期。

曾毅，2013，《生育政策不变，危及复兴大业》，《上海经济》第 8 期。

曾毅等主编，2006，《21 世纪中国人口与经济发展》，社会科学文献出版社。

张开敏，1994，《社会主义市场经济与人口现代化》，《社会科学》第 5 期。

郑菲，1998，《试论南京市人口现代化与经济的可持续发展》，《江苏统计》第 10 期。

中国教育科学研究院教育信息与数据统计研究所，2018，《2030 年中国教育展望》，人民出版社。

左学金、杨晓萍，2009，《人口老龄化对中国经济的长期影响》（英文），《Social Sciences in China》第 1 期。

左学金，2010，《人口增长对经济发展的影响》，《国际经济评论》第 6 期。

左学金，2012，《21 世纪中国人口再展望》，《北京大学学报》（哲学社会科学版）第 5 期。

Cai, F. and D. Wang. 2005. "China's Demographic Transition: Implications for Growth." In Garnaut and Song, eds. *The China Boom and Its Discontents*. Asia Pacific Press.

Huq-Hussain, Shahnaz, 1995. "Modernization of the Migrant Women in Dhaka, Bangladesh: Analysis of Some Demographic Variables." *GeoJournal* 35.

Jackson, R. and N. Howe. 2004. *The Graying of the Middle Kingdom: The Demographics and Economics of Retirement Policy in China*. Washington: Center for Strategic and International Studies (CSIS) and Prudential Foundation.

Lee, R. and A. Mason. 2014. "Is Low Fertility Really a Problem? Population Aging, Dependency, and Consumption." *Science* 346.

Lee, R. and A. Mason. 2006. "What Is the Demographic Dividend?" *Finance & Development* 43.

Mo, Long. 2003. "Le vieillissement de la population en Chine et au Canada: deuxvoies pour une même destination?" Thèse de doctorat, Université de Montréal, Département de démographie.

Malthus, Thomas. 1798. *An Essay on the Principle of Population*. London, http://www.doc88.com/p-584798749573.html.

Martin, Philip L. and J. Edward Taylor. 1996. "The Anatomy of a Migration Hump." In J. Edward Taylor, ed. *Development Strategy, Employment, and Migration: Insights from Models*. Organization for Economic Cooperation and Development.

OECD. 2005. *OECD Economic Surveys, China, 2005*.

OECD. 2019. PISA 2018 Database.

OECD. 2013. PISA 2012 Database.

Okolski, M. 1985. "Reproduction of Population and Modernization of Society." *Studia Demogr* 82.

Olesen, H. 2002. "Migration, Return, and Development: An Institutional Perspective." *International Migration* 40.

Paydarfar, Ali A. and Reza Moini. 1995. "Modernization Process and Fertility Change in Pre-and Post-Islamic Revolution of Iran: A Cross-provincial Analysis, 1966 – 1986." *Population Research and Policy Review* 14.

Peng, Xizhe. 2011. "China's Demographic History and Future Challenges." *Science* 333.

Pressat, Roland. 1979. *Dictionnaire de démographie*. Presses Universitaires de France.

Trovato, Frank. 1988. "Mortality Differentials in Canada, 1951 – 1971: French, British, and Indians." *Culture, Medicine and Psychiatry* 4.

United Nations. 2022a. *World Population Prospects, the 2022 Revision*. Population Division. https://www.un.org.

United Nations. 2022b. *Human Development Report 2021/2022—Uncertain Times, Unsettled Lives: Shaping Our Future in a Transforming World*.

United Nations. 2018. *World Urbanization Prospects, the 2018 Revision*. New York: United Nations, Population Division.

第二章　中国实现现代化人口条件的
国际比较

李春华　吴望春[*]

第一节　问题的提出

第一章以时间为维度，对中国自身实现现代化的人口条件进行了纵向分析，从人口数量条件、人口素质条件、人口结构条件和人口分布条件以及人口红利条件五个方面，对 2020~2050 年中国实现现代化的十七个人口条件进行了详尽的展望分析。

有比较才有鉴别，本章从国际比较的维度对中国与其他国家实现现代化的人口条件进行横向比较分析。不但与当今世界现代化程度高的发达国家总体进行比较分析，也与现代化程度较低的不含中国的发展中国家总体进行比较分析，旨在揭示中国在 2020~2050 年实现现代化人口条件的比较特征和相对优劣。此外，我们选取若干个有典型代表性的国家，从国家竞争力的视角进行中外实现现代化人口条件的比较分析。

第二节　文献回顾

关于实现现代化人口条件国际比较的研究文献较少，而单独对人口现象进行国际比较的文献较多。归纳起来，与本章相关的文献主要包括以下两类。

* 李春华，博士，广西民族大学副教授、硕士研究生导师，中国人口学会理事，广西民族大学经济学院金融系主任，广西民族大学数字经济与人口发展研究中心主任；吴望春，经济学博士，广西民族大学讲师、硕士生导师，现供职于广西民族大学经济学院数字经济系。

一 实现现代化人口条件的国际比较

王渊明（1995）认为人口数量或者人口增长，无论是对于老牌的资本主义国家还是对于发展中国家来说，都既是现代化发展的压力也是动力，关键要看人口增长是否与各国的经济发展相匹配。英国在走上现代化道路之初的人口增长促进了现代化的发展，而法国人口增长缓慢从而导致了劳动力不足，阻碍了现代化的发展。

于学军（2003）认为，人口数量多、增长速度快、密度高是经济发展、实现现代化的不利条件，而人口密度高的日本、韩国以及中国的台湾和香港地区却创造了经济增长的奇迹，令人深思。其中日本在第二次世界大战以后经济腾飞的人口条件有三点：一是出生率迅速下降和老龄化相对缓慢，使日本的人口负担系数较低；二是日本二战后的"婴儿潮"给其经济高速增长期提供了丰富的劳动力资源；三是日本在现代化过程中高度注重提升国民素质，形成了丰富的人力资源储备。而韩国、新加坡以及中国的台湾和香港地区利用人口转变的机遇期，获得了经济的腾飞。与此相反，拉丁美洲的发展中国家，因忽视政府的宏观调控作用，过于强调市场对人口的自由调节，在人口转变的机遇期，没能及时做出战略和政策反应，从而错失了经济快速增长的战略机遇期。

雷丽平（2004）认为苏联虽然是个超级大国，但并不是最发达的现代化国家。苏联人口虽然自1917年的十月革命后有所增长，但到1970年为止增长缓慢，加上国内战争、农业集体化等进一步抑制了苏联的人口增长，对于缺乏劳动力的苏联来说，人口不足成为制约经济发展的重要因素。因此，与西方其他国家相比，苏联的现代化要落后。

总的来看，学者对人口因素与现代化发展之间关系的分析结果可以归纳为：人口要素与现代化紧密相关；人口数量或人口增长既是现代化发展的压力也是动力，不能简单地归纳为人口数量多或少就对现代化不利或者有利，关键要看人口增长是否与经济社会发展相匹配；人口素质特别是受教育程度是影响国家竞争力的重要因素之一；不同的经济社会发展背景下会产生不同的老龄化类型；人口老龄化是实现现代化的不利人口条件。

二　人口条件与国家竞争力研究

当今世界范围内具有最大影响力的国家竞争力研究组织是瑞士洛桑国际管理发展学院（IMD）和世界经济论坛（WEF）。WEF 从 1979 年就开始对每个国家的竞争力进行评判，并每年推出一期《全球竞争力报告》。IMD 从 1989 年开始与 WEF 合作，并以 IMD 名义来编制世界竞争力报告，但是这种合作关系于 1995 年结束。自 1996 年起，WEF 与 IMD 各自出版《全球竞争力报告》与《世界竞争力年报》（袁建文，1999）。

关于国家竞争力的指标选取，无论是 WEF 还是 IMD 评价体系，都认为人口因素是重要的评价因素之一（魏海燕，2013）。而在人口因素方面，随着时间的推移，指标选取特别表现出从重视人口数量向强调人口素质，如人的健康、教育和科学技术实力等方面的转变，体现了人口因素特别是人口质量在一国国家竞争力提升中的重要地位和作用。Cho 和 Moon（2001）甚至提出，国家竞争力理论模型需要改进。模型由“物质”要素和“人力”要素组成，“人力”要素的作用应被突出和放大，以提高其在竞争力测量和形成中的重要性。

在其他研究人口因素与国家竞争力之间关系的文献中，舒尔茨（1990）认为人口质量和知识投资在很大程度上决定了人类未来的前景。Sabadie 和 Johansen（2010）认为，人力资本是国民经济竞争力重要的决定因素，一些国家的竞争力排名比较靠后，主要是因为其人力资本质量偏低。李娟（2012）通过对美国、日本和韩国等多个国家在提高国家竞争力方面的经验的分析，认为这些国家的竞争力之所以比较强，主要的原因是这些国家致力于加大教育投入、增加人力资本存量，重视科技产业发展，将科技创新作为国家竞争的关键。周及真（2014）基于影响健康状况的八项指标（如肺结核、艾滋病等）进行中印两国对比，认为中国国民健康状况优于印度，并从高等教育指数等方面进行衡量，认为中国的高等教育入学率、整体教育的普及率和教育质量都高于印度。龙玫和赵中建（2015）认为美国的国家竞争力能够长期名列前茅，其多年来大力推行的 STEM（Science，Technology，Engineering and Mathematics）教育功不可没。STEM 教育的主要特征是采取各学科融合的方式，结合项目加以开展，以研究性学习为主，注重培养学生的探究能力。总的来看，学者们普遍认为，包含健康状况和受教育状况等在内的人口素质对一个国家的竞争力具有极大的影响。

Dimian 和 Danciu（2011）指出，随着时间的推移、经济理论的深化发展，人力资本逐渐成为影响国家竞争力的关键因素。另外，国家竞争力还取决于创新能力、研发投资、教育水平及知识传播的有效性。

Mihaiu 和 Opreana（2012）认为，虽然决定国家竞争力强弱的因素既有宏观因素也有微观因素，但一国竞争力的恢复和复兴必须建立在对区域经济采取战略举措并实现区域协调发展的基础之上。Lagumdzija 等（2012）进一步指出，在国家发展的不同阶段，决定国家竞争力强弱的要素可分为基本要素（制度、宏观经济稳定性、基础设施、卫生与初等教育等）、实力提升要素（市场的规模与有效性、高等教育、技术等）和创新与精密要素。

总之，人口是国家竞争力中最基础、最活跃的战略因素。人口各要素，尤其是人口素质与经济社会发展形成的交互的能动关系，在国家发展的不同阶段能动性变化较大。

本章综合考虑数据的可及性和可靠性，将从人口数量、素质、结构、分布等各维度进行实现现代化人口条件的国际比较。

第三节 基础数据

本章所使用的人口数据主要来源于联合国发布的相关数据，这些数据的质量得到世界各国际组织、统计机构和学者的广泛认可（Bocquier，2005；王志刚等，2015；熊健益、叶祥凤，2017；盛亦男、顾大男，2020；McGrace & Deneulin，2021；张许颖等，2022；蔡昉，2022）。具体包括如下三类。

一 联合国人口司《世界人口展望》（2022 年版）数据

本章主要使用联合国人口司在《世界人口展望》（2022 年版）（United Nations，2022a）中发布的 2020～2050 年各国人口回测预测数据（其中 2020～2021 年为回测数据，2022～2050 年为预测数据），主要将其用于人口总量、人口增长率、总和生育率、预期寿命、人口年龄结构、抚养指数和人口迁移等方面的比较分析。

　　联合国对各国的人口预测包括多个方案，我们主要采用中方案（对人口参数的中方案假设见表 2-1）。除另有说明，本章的人口预测数据均为联合国的中方案预测数据。基于统计的原因，联合国的中国人口预测数据不包含中国台湾地区、香港特别行政区和澳门特别行政区的数据。

表 2-1　联合国《世界人口展望》（2022 年版）对部分国家/国家群体
2020～2050 年部分年份人口参数的中方案假设

项目	2020 年	2021 年	2022 年	2025 年	2030 年	2035 年	2040 年	2045 年	2050 年
发达国家总体									
总和生育率（孩）	1.51	1.52	1.53	1.55	1.58	1.61	1.61	1.63	1.64
平均预期寿命（岁）									
男	75.4	74.9	75.4	77.9	78.8	79.6	80.4	81.2	82.0
女	81.7	81.3	81.7	83.6	84.2	84.8	85.4	86.0	86.6
净迁入率（‰）	2.0	1.9	1.8	1.8	1.8	1.8	1.8	1.8	1.9
不含中国的发展中国家总体									
总和生育率（孩）	2.75	2.72	1.18	1.21	1.27	1.31	1.34	1.36	1.39
平均预期寿命（岁）									
男	66.3	64.9	65.8	68.3	69.1	69.9	70.6	71.4	72.1
女	71.0	69.6	70.3	73.0	74.0	74.9	75.7	76.5	77.2
净迁入率（‰）	-0.0	-0.1	-0.4	-0.4	-0.4	-0.3	-0.3	-0.3	-0.3
高收入国家总体									
总和生育率（孩）	1.55	1.56	1.56	1.57	1.59	1.61	1.62	1.63	1.64
平均预期寿命（岁）									
男	77.6	77.5	78.3	79.6	80.4	81.2	82.0	82.7	83.4
女	83.2	83.1	83.6	84.6	85.2	85.8	86.4	87.0	87.6
净迁入率（‰）	0.6	1.7	6.2	1.3	1.9	1.9	1.9	1.9	1.9
美国									
总和生育率（孩）	1.64	1.66	1.66	1.66	1.68	1.69	1.68	1.69	1.70
平均预期寿命（岁）									
男	74.6	74.3	75.5	77.6	78.5	79.4	80.3	81.1	81.9
女	80.3	80.2	81.0	82.5	83.1	83.7	84.4	84.9	85.5
净迁入率（‰）	2.0	1.7	3.0	2.9	3.0	2.9	2.8	2.8	2.7

续表

项目	2020 年	2021 年	2022 年	2025 年	2030 年	2035 年	2040 年	2045 年	2050 年
日本									
总和生育率（孩）	1.29	1.30	1.31	1.33	1.37	1.40	1.43	1.45	1.47
平均预期寿命（岁）									
男	81.6	81.8	81.8	82.2	82.8	83.5	84.1	84.7	85.3
女	87.7	87.7	87.8	88.2	88.9	89.5	90.1	90.8	91.4
净迁入率（‰）	0.7	0.7	0.8	0.8	0.8	0.9	0.9	0.9	1.0
印度									
总和生育率（孩）	2.05	2.03	2.01	1.97	1.91	1.86	1.83	1.81	1.78
平均预期寿命（岁）									
男	68.6	65.8	66.3	71.0	72.0	73.1	74.0	75.0	76.0
女	71.8	68.9	69.4	74.2	75.6	76.8	77.9	78.9	79.9
净迁入率（‰）	-0.0	-0.2	-0.3	-0.3	-0.3	-0.3	-0.3	-0.3	-0.3

注：由于第一章已经列出中国的中方案预测假设，这里不再列出。

资料来源：United Nations（2022a）。

二　笔者基于联合国《人类发展报告》进行预测获得的数据

截至本章撰写时，最近的联合国《人类发展报告》是 2021 年/2022 年版的（United Nations，2022b），公布的是 2021 年的数据，此前的 2020 年版公布的是 2019 年的数据，也就意味着截至本章撰写时，联合国并没有公布 2020 年的相关数据。在本章需要使用到的各国 25 岁及以上人口的平均受教育年限这一指标方面，从公布的数据情况来看，2021 年与 2019 年数据间的跳跃幅度较大，特别是中国的数据不太合理。例如，美国的这一数值从 2019 年的 13.4 年升至 2021 年的 13.7 年，而美国 2017~2018 年的数值都是 13.4 年；日本的这一数值从 2019 年的 12.9 年升至 2021 年的 13.4 年，而日本 2017~2018 年的数值都是 12.8 年。2019 年中国的这一数值为 8.1 年，2021 年突然降为 7.6 年（与 2014 年持平），而 2017 年和 2018 年分别为 7.8 年和 7.9 年；如果通过对 2019 年和 2021 年的两个数值取平均值来计算 2020 年数值，就会得到 2020 年应为 7.85 年，而这与中国相关部门近几年对教育事业的重视和客观事实不符。《中国教育现代化 2035》提到，"到 2020 年，全面实现'十三五'发展目标，教育总体实力和国际影响力显著增强，劳动年龄人口平均受教育年限明显增加……再经过 15 年努力，到 2035 年，总体实现教育现代化，迈入教育强国行列"①。此外，7.85 年这一数值与 2020 年第七次全国人口普查的结果也不相符，第七次全国人口普查公报的数据显示，全国人口中 15 岁及以上人口的平均受教育年限由第六次普查的 9.08 年提高至 9.91 年②；其与 2022 年 9 月教育部发展规划司发布的数据同样不符，该数据表明 2021 年劳动年龄人口平均受教育年限达 10.9 年，比 2012 年提高了 1 年③。因此，中国 25 岁及以上人口的平均受教育年限这一指标应该呈上升而非下降的趋势。

因此，笔者仍以较为合理的联合国《人类发展报告（2019）》（United Nations，2019）以及 2015 年、2016 年、2018 年联合国《人类发展报告》里，各国 25 岁及以上人口的平均受教育年限为基础，采用在人口学界得到广泛应用的灰色模型（黄健元、刘洋，2008；夏恩君等，2015；唐菁菁、肖峰，2016；王宁等，2017；叶知远、罗仁福，2018），对 2020～2050 年各国 25 岁及以上人口平均受教育年限进行预测。预测结果用于中国实现现代化人口素质条件的国际比较。

预测以《人类发展报告》中 2014～2018 年 25 岁及以上人口的平均受教育年限数据作为切入口，算出这五年的平均值作为对往后年份数据进行预测的基础数据。通过灰色单数列预测，得到 2015～2050 年的预测数据。通过对 2015～2018 年的实际数据和预测数据进行对比发现，相对误差绝对值大多小于 1%，拟合效果较好（见表 2-2）。该结果表明，后期的预测数据比较可靠。

需要说明的是，第一章的图 1-4 在预测时使用的是从 1990 年开始的数据，其假设 2020～2035 年保持 1990～2020 年的增长趋势，预测到 2035 年中国 25 岁及以上人口的平均受教育年限将提高到 9.3 年，同时也以这种方式计算出了美国、俄罗斯和印度 25 岁及以上人口到 2035 年的平均受教育年限。然而，考虑到前期的受教育年限增长较快，而在 2020

① 《中共中央、国务院印发〈中国教育现代化 2035〉》，中华人民共和国教育部网站，http://www.moe.gov.cn/jyb_xwfb/s6052/moe_838/201902/t20190223_370857.html。
② 《第七次全国人口普查公报（第六号）——人口受教育情况》，国家统计局网站，http://www.stats.gov.cn/sj/pcsj/rkpc/7rp/zk/html/fu03f.pdf。
③ 《数说"教育这十年"》，中华人民共和国教育部网站，http://www.moe.gov.cn/fbh/live/2022/54875/sfcl/202209/t20220927_665124.html。

表 2 - 2　部分国家/国家群体 2015 ~ 2018 年 25 岁及以上人口平均受教育年限
预测误差及 2014 年 25 岁及以上人口平均受教育年限实际数据

单位：年，%

国家/国家群体	项目	2014 年	2015 年	2016 年	2017 年	2018 年
中国	实际数据	7.6	7.7	7.8	7.8	7.9
	预测数据	—	7.8	7.9	7.9	8
	绝对误差	—	- 0.1	- 0.05	- 0.1	- 0.06
	相对误差	—	- 1.3	- 0.66	- 1.32	- 0.7
发达国家总体	实际数据	11.7	11.8	11.9	11.9	11.9
	预测数据	—	11.9	11.9	11.9	12
	绝对误差	—	- 0.06	- 0.01	- 0.04	- 0.05
	相对误差	—	- 0.48	- 0.09	- 0.32	- 0.4
不含中国的发展中国家总体	实际数据	7.3	7.4	7.5	7.5	7.6
	预测数据	—	7.4	7.5	7.5	7.6
	绝对误差	—	- 0.06	- 0.04	- 0.07	- 0.05
	相对误差	—	- 0.79	- 0.59	- 0.88	- 0.69
美国	实际数据	13.3	13.3	13.4	13.4	13.4
	预测数据	—	13.4	13.4	13.4	13.5
	绝对误差	—	- 0.06	0.01	- 0.02	- 0.05
	相对误差	—	- 0.45	0.08	- 0.15	- 0.37
日本	实际数据	12.5	12.5	12.7	12.8	12.8
	预测数据	—	12.6	12.7	12.8	13
	绝对误差	—	- 0.15	- 0.05	- 0.05	- 0.15
	相对误差	—	- 1.2	- 0.39	- 0.39	- 1.18
印度	实际数据	6.1	6.3	6.4	6.4	6.5
	预测数据	—	6.4	6.4	6.5	6.6
	绝对误差	—	- 0.07	- 0.03	- 0.09	- 0.05
	相对误差	—	- 1.11	- 0.46	- 1.41	- 0.79

注：由于每年公布的数据为截至上年的数据，因此虽然标明资料来源为 2015 年、2016 年、2018 年、2019 年发布的报告，实际上得到的是 2014 ~ 2018 年的数据，下同。

资料来源：2015 年、2016 年、2018 年、2019 年《人类发展报告》（United Nations，2015，2016，2018a，2019）。

年后其增长空间比较有限，且基于最近几年的数据对未来的预测较为准确，本章将使用通过灰色单数列预测得到的数据进行相关分析。

三　联合国人口司《世界城市化展望》（2018 年版）数据

在人口城镇化数据方面，联合国人口司的《世界城市化展望》（2018 年版）（United Nations，2018b）提供了各国大量城市化预测数据。

第四节　中国实现现代化的人口条件国际比较（2020～2050 年）

为了刻画在世界坐标系下中国实现现代化人口条件的情势和特点，本节对 2020～2050 年中国实现现代化的人口条件与发达国家总体（more developed regions）和不含中国的发展中国家总体（less developed regions，excluding China）实现现代化的人口条件进行同期对比研究。

一　实现现代化的人口数量条件

（一）和其他国家比较，中国的现代化依然具备人口规模巨大的禀赋优势

在 2020～2050 年，不含中国的发展中国家总体人口规模由 51 亿人增至 71 亿人。中国和发达国家总体人口规模先增后减，变动幅度较小，中国和发达国家总体分别维持在 13 亿～15 亿人和 13 亿人左右（见图 2－1）。

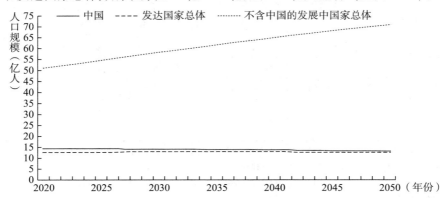

图 2－1　2020～2050 年中国与发达国家总体、不含中国的发展
中国家总体人口规模

资料来源：笔者根据 United Nations（2022a）数据绘制。

（二）不含中国的发展中国家总体的总人口大幅增长，而中国已出现人口负增长

据联合国测算，中国人口由 2020 年的 14.25 亿人增长到 2021 年的约 14.26 亿人，随后进入负增长阶段。2020～2050 年，人口年增长率不断下降，年均增长率由 2020～2025 年的 -0.01% 降至 2045～2050 年的 -0.55%，即最后五年时间内平均降速较最前五年时间内更快，2020～2050 年的年均增长率为 -0.27%。至 2050 年，总人口规模将降至 13.13 亿人。

发达国家总体 2020 年的总人口约为 12.76 亿人，2021 年和 2022 年出现微弱的人口负增长，从 2023 年开始到 2035 年都出现人口正增长，从 2036 年开始又出现人口负增长，总体上降速较低，2020～2050 年的年均增长率为 -0.02%，2050 年的总人口约为 12.7 亿人；2020 年，不含中国的发展中国家总体的总人口约为 51 亿人，随后虽然人口增长率逐步下降，年均增长率由 2020～2025 年的 1.37% 降至 2045～2050 年的 0.84%，但增长势头依旧强劲，到 2050 年总人口将达 71 亿人，2020～2050 年总人口年均增加 0.7 亿人。

（三）中国将长期处于很低的生育水平，总和生育率不仅显著低于发达国家总体，更远远低于不含中国的发展中国家总体

目前中国的生育水平比发达国家总体的还要低。按照联合国中方案预测，2020～2050 年中国的总和生育率在 1.16～1.39，发达国家总体为 1.51～1.64，均远低于更替水平；但从变化的方向来看，无论是中国还是发达国家总体，总和生育率整体上都表现出缓慢上升的趋势，其中发达国家总体总和生育率的上升速度稍快一点，从 2020 年的 1.51 上升到 2050 年的 1.64，上升了 0.13，而中国的总和生育率从 2020 年的 1.28 上升到 2050 年的 1.39，只上升了 0.11。不含中国的发展中国家总体总和生育率仍高于更替水平，但不断下降，从 2020 年的 2.75 下降到 2050 年的 2.29（见图 2-2）。

二 实现现代化的人口素质条件

中国人口素质处于发达国家总体和不含中国的发展中国家总体之间，

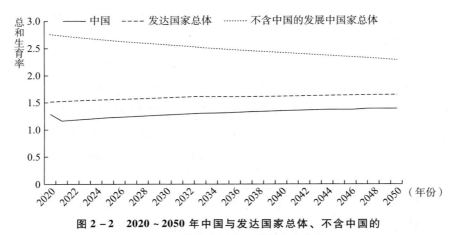

**图 2 - 2　2020～2050 年中国与发达国家总体、不含中国的
发展中国家总体总和生育率**

资料来源：笔者根据 United Nations（2022a）数据绘制。

且与发达国家总体的差距不断缩小。在健康素质方面更接近发达国家总
体，在文化素质方面更接近不含中国的发展中国家总体。

**（一）中国人口平均预期寿命继续提高，与发达国家总体的差距基
本不变，大大高于不含中国的发展中国家总体**

中国人口平均预期寿命从 2020 年的 78.1 岁升至 2050 年的 83.8 岁，
上升 5.7 岁。同期发达国家总体人口平均预期寿命由 78.6 岁升至 84.3
岁，也上升了 5.7 岁。中国人口平均预期寿命与发达国家总体的差值保
持在 0.5 岁左右。不含中国的发展中国家总体人口平均预期寿命的增长
速度与中国相近，2020～2050 年将上升 6 岁，但因基础差距较大，故其
平均预期寿命均低于中国同期 9 岁左右。

**（二）中国人口文化素质与发达国家总体差距较大，略高于不含中
国的发展中国家总体**

2020 年，中国 25 岁及以上人口平均受教育年限为 8 年，发达国家
总体为 12 年，相差 4 年。由于 2020～2050 年高等教育大众化的进一
步发展和低教育水平老年人口的减少，2050 年中国 25 岁及以上人口平
均受教育年限与发达国家总体之间的差距将显著缩小，并略高于不含
中国的发展中国家总体。

三 现代化的人口结构条件

（一） 中国和不含中国的发展中国家总体的男性人口规模大于女性，发达国家总体的女性人口规模大于男性

2020～2050年，中国和不含中国的发展中国家总体的总人口性别比均大于100，发达国家总体总人口性别比小于100。从变动趋势看，中国总人口性别比由2020年的104.5降至2050年的102.5，不含中国的发展中国家总体的总人口性别比由101.9降至100.2，发达国家总体则由95升至96.1。

（二） 从出生性别比看，中国将缓慢进入合理区间

2020～2050年，中国出生性别比趋于下降，从2020年的112下降到2050年的106，且2039～2050年都稳定在106左右。同期，不含中国的发展中国家总体的出生性别比一直都是105，发达国家总体的出生性别比则一直稳定在105～106，处于正常水平。

（三） 中国和发达国家总体劳动年龄人口数量持续减少，中国减少的速度更快，而不含中国的发展中国家总体劳动年龄人口数量持续增加

2020～2050年，中国与发达国家总体劳动年龄人口（15～59岁）的变动趋势基本相同，劳动年龄人口数量和在总人口中的占比均下降，但中国下降的速度是发达国家总体的两倍多。在劳动年龄人口数量方面，中国将由2020年的9.14亿人减少到2050年的6.53亿人，共减少2.61亿人，年均约减少870万人；而发达国家总体的劳动年龄人口数量从2020年的7.41亿人减少到2050年的6.52亿人，共减少0.89亿人，年均约减少300万人。在人口中劳动年龄人口占比方面，中国由2020年的64.1%降至2050年的49.7%，减少了14.4个百分点；而发达国家总体由58.1%降至51.5%，减少了6.6个百分点。

不含中国的发展中国家总体的变动趋势表现为劳动年龄人口数量上升，但其占比略有下降。数量从2020年的30.91亿人增加到2050年的42.47亿人，30年间增加了11.56亿人，年均增加近4000万人。从占比来看，不含中国的发展中国家总体的劳动年龄人口占总人口的比例，从2020年的60.5%缓慢降至2050年的59.8%，30年间下降了0.7个百分点，年均下降 0.02 个百分点。

（四）2020～2050 年，中国的劳动年龄人口将持续老龄化，老龄化程度不仅高于发达国家总体，也高于不含中国的发展中国家总体

以下将劳动年龄人口（15～59 岁）划分为 15～24 岁、25～44 岁和 45～59 岁三个年龄组，根据这三个年龄组的人口占总劳动年龄人口的比例，即可比较分析 2020～2050 年中国与发达国家总体、不含中国的发展中国家总体的劳动年龄人口老龄化状况。

2020～2050 年，对于中国与发达国家总体，15～24 岁年轻劳动年龄人口在 15～59 岁劳动年龄人口中的占比都相对稳定，保持在 14%～22%；25～44 岁青壮年劳动年龄人口占比也相对稳定，在 41%～47%，都呈先缓慢下降再缓慢上升的态势，中国从 2020 年的 45.84% 降至 2036 年的 41.14%，再升至 2050 年的 46.46%，发达国家总体从 45.82% 降至 2036 年的 43.84%，再升至 2050 年的 45.17%；45～59 岁中年劳动年龄人口在 15～59 岁劳动年龄人口中的占比表现为中国高于发达国家总体，到 2050 年，发达国家总体占比为 35.80%，而中国则为 38.33%，中国劳动年龄人口的老龄化水平略高于发达国家总体。

2020～2050 年，中国 15～24 岁年轻劳动年龄人口在 15～59 岁劳动年龄人口中的占比，大大低于不含中国的发展中国家总体。不含中国的发展中国家总体 15～24 岁年轻劳动年龄人口在 15～59 岁劳动年龄人口中的占比虽然由 2020 年的 29.45% 降至 2050 年的 25.28%，但仍高于中国。2020～2050 年，中国 25～44 岁青壮年劳动年龄人口在 15～59 岁劳动年龄人口中的占比在绝大多数时间都低于不含中国的发展中国家总体，相差 1～5 个百分点；只有在 2050 年中国 25～44 岁青壮年劳动年龄人口在 15～59 岁劳动年龄人口中的占比高于不含中国的发展中国家总体 0.04 个百分点。2020～2050 年，中国 45～59 岁中年劳动年龄人口在 15～59 岁劳动年龄人口中的占比在 35%～41%，比不含中国的发展中国家总体高 10～14 个百分点。

（五）中国人口老龄化程度远高于不含中国的发展中国家总体，并将超过发达国家总体；中国人口高龄化的速度较快

2020～2050 年，世界 60 岁及以上老年人口占总人口的比例呈上升态势，但中国上升较快，而发达国家总体、不含中国的发展中国家总体上升趋势较为平缓。

中国总人口中 60 岁及以上老年人口占比由 2020 年的 17.8% 升至 2050 年的 38.8%，发达国家总体由 25.7% 升至 34.3%，不含中国的发展中国家总体由 9.2% 升至 16.6%；同期中国人口年龄中位数由 37.4 岁升至 50.7 岁，发达国家总体由 41.0 岁升至 46.3 岁，不含中国的发展中国家总体由 25.2 岁升至 31.8 岁。

在高龄化方面，发达国家总体高龄化程度比中国高，但中国高龄化的速度较快。从数量看，中国 80 岁及以上的老人数量从 2020 年的 3200 万人增至 2050 年的 1.35 亿人，增加近 1.03 亿人，年均约增加 343 万人；而发达国家总体由 2020 年的 6746 万人增至 2050 年的 1.33 亿人，增加了 6513 万人，年均增加 217 万人；不含中国的发展中国家总体由 2020 年的 5091 万人增至 1.87 亿人，增加了 1.36 亿人，年均增加 454 万人。从比例看，在 60 岁及以上的老年人口中 80 岁及以上人口所占比例方面，中国处于发达国家总体和不含中国的发展中国家总体之间，2020 年发达国家总体高出中国约 8 个百分点，2050 年仍高出中国 4 个百分点；2050 年中国高出不含中国的发展中国家总体约 11 个百分点。

（六）中国的总抚养比将不断上升到高位，老年抚养比将很高且提升很快，少儿抚养比则处于低位且变化不大

从总抚养比的情况来看，2020～2050 年，中国总抚养比不断攀升到高位，从 2020 年的 56% 上升到 2050 年的 101%；发达国家总体的总抚养比从 2020 年的 72.2% 上升到 2050 年的 94.1%。2050 年中国总抚养比将超过发达国家总体的水平。从总抚养比增长的速度来看，中国 2020～2050 年年均增速为 2.0%，而发达国家总体年均增长 0.9%，说明 2020～2050 年中国劳动年龄人口的潜在抚养负担要比发达国家总体增加得更快，前者增速是后者的两倍以上，这不利于中国现代化的实现。而不含中国的发展中国家总体的总抚养比呈现缓慢上升的趋势，从 2020 年的 65.26% 升至 2050 年的 67.17%。2030 年左右，中国总抚养比将超过不含中国的发展中国家总体的总抚养比；2050 年，前者将比后者高出 33.86 个百分点。到 2050 年，中国平均每 100 个处于劳动年龄的人要比不含中国的发展中国家总体多抚养 34 人。

从老年抚养比（老年人口指 60 岁及以上人口）来看，2020～2050年，中国老年抚养比增长很快，从 27.8% 升至 78.0%，而发达国家总体则从 44.2% 上升至 66.6%，到 2050 年，中国老年人口抚养问题将比发达国家总体更严重。不含中国的发展中国家总体的老年抚养比在同一时期从 15.3% 上升至 27.7%，远远低于中国的水平。

无论是中国还是发达国家总体，少儿抚养比在 2020～2050 年变化都不大，基本上处于 18%～28% 的低位。2020～2050 年，除了 2020 年中国的少儿抚养比比发达国家总体高 0.12 个百分点以外，2021～2050 年中国的少儿抚养比都比发达国家总体要低，二者差距在 0.39 个百分点到 7.02 个百分点，说明在相同的劳动年龄人口数量条件下，中国劳动年龄人口需要抚养的孩子可能更少。而不含中国的发展中国家总体在 2020～2050 年少儿抚养比呈现明显的下降趋势，从 50% 下降到 39.5%。虽然处于下降通道，但其少儿抚养比远远高于中国，在 2020 年高出中国 21.9 个百分点，到 2050 年仍高出中国 16.5 个百分点。中国少儿抚养比处于低位说明，与不含中国的发展中国家总体相比，中国劳动年龄人口需要抚养的少儿很可能更少，但日后将很可能面临劳动力供应减少的问题。

四　现代化的人口分布条件

（一）中国的人口密度将高于发达国家总体和不含中国的发展中国家总体

中国人口密度虽然总体呈现缓慢下降的趋势，从 2020 年的 148 人/公里² 下降到 2050 年的 137 人/公里²，但仍远高于发达国家总体和不含中国的发展中国家总体。2020～2050 年，发达国家总体人口密度一直比较平稳，维持在 26 人/公里²；而不含中国的发展中国家总体人口密度呈上升趋势，从 2020 年的 71 人/公里² 上升到 2050 年的 99 人/公里²。

（二）中国人口城镇化水平将继续提高，日益接近发达国家总体的高水平，高于不含中国的发展中国家总体

城镇化是现代化的发动机，一个国家或地区的城镇化率在某种程度上反映了其现代化的程度。2020～2050 年，中国城镇化率从 61.4% 上升到 80.0%，年均上升 0.62 个百分点；发达国家总体的城镇化率从 79.1% 提高到 86.6%，年均上升 0.25 个百分点。中国与发达国家总体的

城镇化率差距由约 18 个百分点减少至约 7 个百分点。中国 2020～2050 年的城镇化水平都明显高于不含中国的发展中国家总体。不含中国的发展中国家总体城镇化率从 2020 年的 48.8% 提高到 2050 年的 62.7%。

（三）中国的国际人口迁移将继续保持较小规模

2020～2050 年，中国和不含中国的发展中国家总体人口净迁入率为 -0.5‰～-0.2‰，中国略高于不含中国的发展中国家总体；而发达国家总体的国际人口迁移相对较为活跃，人口净迁入率维持在 1.82‰～2.0‰。

第五节　中国实现现代化的人口条件与若干典型国家比较：基于国家竞争力视角

为了进一步深入了解中国实现现代化的人口条件，本节基于国家竞争力视角，从人口数量、人口增长率、劳动年龄人口数量、人口质量、人口老龄化和人口城镇化等方面入手，将中国与若干典型的国家进行比较。

我们选择最大（指人口数量最多，下同）的发达国家——美国、与中国同属亚洲的发达国家——日本，以及最大并与中国同属亚洲的发展中国家——印度这三个国家，对其与中国进行比较分析。选择这三个国家作为与中国比较的对象，除了基于上述理由以外，还因为美国、中国和日本是当今世界上前三大经济体，而印度和中国是当今世界第一和第二人口大国。

将中国与这些国家进行比较，将有助于中国从国家竞争力的角度，对自身实现现代化人口条件相对于这些国家的优势和劣势形成正确认识。

一　中国与美国比较

（一）中国的人口总量大大多于美国

2020 年，中国人口总量接近 14.3 亿人，而到了 2050 年，中国人口总量下降到 13.1 亿人左右，30 年的时间里约减少了 1.1 亿人，年均约减少 374 万人。美国 2020 年的人口总量约为 3.4 亿人，2050 年的人口总量约为 3.8 亿人，30 年的时间里人口总量呈缓慢上升的态势，年均增加 133 万人。从中美的人口总量差距来看，2020 年中国约比美国多 11 亿人，而 2050 年中国仍比美国多 9 亿人左右（见图 2-3）。

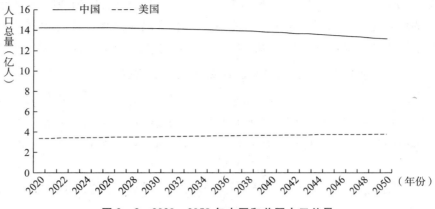

图 2 - 3   2020 ~ 2050 年中国和美国人口总量

资料来源：笔者根据 United Nations（2022a）数据绘制。

（二）中国人口将快速负增长，而美国人口持续增长

根据联合国的预测，中国人口于 2022 年开始出现负增长，而美国虽然也出现人口增长率降低的趋势，但人口持续增长，2050 年的人口增长率仍为 0.16%（见图 2 - 4）。

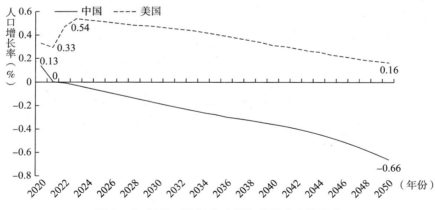

图 2 - 4   2020 ~ 2050 年中国和美国人口增长率

资料来源：笔者根据 United Nations（2022a）数据绘制。

（三）中国劳动年龄人口虽然总数比较大，但占总人口的比例急剧下降，到 2050 年比美国还低

2020 ~ 2050 年，中国 15 ~ 59 岁的劳动年龄人口数量呈现减少的态势，

从 2020 年的 9.14 亿人下降到 2050 年的 6.53 亿人；而美国劳动年龄人口数量则从 2020 年的 1.98 亿人上升到 2050 年的 2.06 亿人（见表 2-3）。

表 2-3　2020～2050 年中国和美国 15～59 岁劳动年龄人口数量及占比

单位：亿人，%

年份	中国		美国	
	数量	占比	数量	占比
2020	9.14	64.14	1.98	58.96
2025	8.94	62.73	2.00	58.07
2030	8.60	60.74	2.02	57.35
2035	8.22	58.70	2.04	56.74
2040	7.80	56.61	2.06	56.08
2045	7.25	53.72	2.06	55.41
2050	6.53	49.74	2.06	54.80

资料来源：United Nations（2022a）。

从劳动年龄人口占总人口的比例来看，虽然 2020～2050 年中国和美国劳动年龄人口的占比都处于下降态势，但中国下降了 14.4 个百分点，而美国只下降了 4.16 个百分点。不仅如此，中美两国劳动年龄人口占比的高低关系发生逆转，2020 年中国劳动年龄人口占比比美国高 5.18 个百分点，到 2050 年则比美国低 5.06 个百分点。美国劳动年龄人口占比从 2042 年开始反超中国。

（四）中国 25 岁及以上人口平均受教育年限与美国差距缩小，但差距依然较大

无论是中国还是美国，2020～2050 年 25 岁及以上人口平均受教育年限都呈现上升的趋势。中国这一数据从 2020 年的 8.06 年升至 2050 年的 9.82 年，上升 1.76 年，年均提高 0.06 年；而美国这一数据则从 2020 年的 13.51 年上升至 2050 年的 14.45 年，上升 0.94 年，年均提高 0.03 年，说明中国 25 岁及以上人口平均受教育年限提高速度大约是美国的两倍。与此同时，该指标的中美差距在 2020 年表现为中国较美国少 5.45 年，而到了 2050 年，差距减少为 4.63 年，差距仍然较大（见图 2-5）。

（五）中国人口迅速老龄化，老龄化强度超过美国

在年龄中位数方面，2020 年中国人口年龄中位数为 37.4 岁，而这一

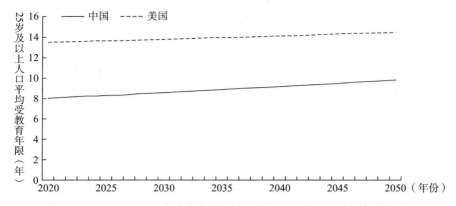

图 2 - 5　2020 ~ 2050 年中国和美国 25 岁及以上人口平均受教育年限

资料来源：笔者根据 United Nations（2015，2016，2018a，2019）数据绘制。

年美国人口的年龄中位数跟中国的相差不大，为 37.5 岁。在 2020 ~ 2050 年，无论是中国还是美国，人口年龄中位数都呈现不断上升的态势，说明人口的老龄化程度越来越高，到 2050 年中国人口年龄中位数为 50.7 岁，而这一年美国的数值为 43.1 岁。2020 ~ 2050 年，中美两国人口年龄中位数的差值越来越大。在 2020 年，中国人口年龄中位数低于美国不到 0.1 岁（四舍五入后为 0 岁），2050 年，中国人口年龄中位数比美国高出 7.6 岁左右。这说明，2020 ~ 2050 年，中国人口老龄化的程度不断提高且在大部分时间比美国高（见表 2 - 4）。

表 2 - 4　2020 ~ 2050 年中国和美国人口年龄中位数及二者之差

单位：岁

国家	2020 年	2025 年	2030 年	2035 年	2040 年	2045 年	2050 年
中国	37.4	40.0	42.7	45.4	48.0	49.6	50.7
美国	37.5	38.6	39.7	40.7	41.5	42.3	43.1
中国 - 美国	0.0	1.4	3.0	4.7	6.5	7.3	7.6

注：因四舍五入，"中国 - 美国"的数值与表中中国和美国数据相减的结果有些许微小的出入，如 2020 年中国的 37.4 岁减去美国的 37.5 岁应该为 -0.1 岁，但实际数值减出来后四舍五入为 0.0 岁，我们按照实际数值减出来的结果进行描述。表 2 - 5、表 2 - 7、表 2 - 8、表 2 - 10 同理。

资料来源：United Nations（2022a）。

　　在老年人口占比方面，2020 ~ 2050 年，中美两国 60 岁及以上老年人口占总人口的比例都呈上升的态势，但中国该指标上升较快而美国该指标的上升较平缓。2020 年中国 60 岁及以上老年人口占总人口的比例为17.8% 左右，美国这一比例为 22.5% 左右，中国比美国低约 5 个百分点，但到了 2050 年，中国 60 岁及以上老年人口占总人口的比例高达约 38.8%，反而比美国的要高出大约 9.2 个百分点。这再次说明，2020～2050 年，中国人口老龄化的速度快于美国，最终老龄化程度也将较美国高得多（见图 2 - 6）。

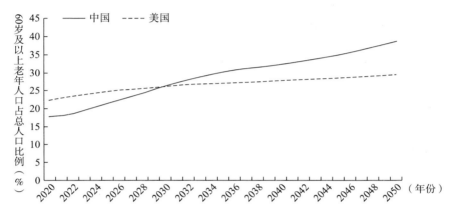

图 2 - 6　2020～2050 年中国和美国 60 岁及以上老年人口占总人口比例

资料来源：笔者根据 United Nations（2022a）数据绘制。

（六）中国城镇化率不断提高，但仍低于美国，差距趋于缩小

在 2020 年，中国的城镇化率为 61.4%，而美国为 82.7%；到 2050年，中国的城镇化率为 80.0%，而同年美国为 89.2%。从数值上看，2020～2050 年，中国的城镇化率一直低于美国。如果从城镇化速度来看，2020～2050 年，中国城镇化率年均提高 0.62 个百分点，美国城镇化率年均提高 0.22 个百分点，说明这一时期中国的城镇化速度快于美国（见表 2 - 5）。

表 2 - 5　2020～2050 年中国和美国城镇化率及二者之差

单位：%

国家	2020 年	2025 年	2030 年	2035 年	2040 年	2045 年	2050 年
中国	61.4	66.5	70.6	73.9	76.4	78.3	80

国家	2020 年	2025 年	2030 年	2035 年	2040 年	2045 年	2050 年
美国	82.7	83.7	84.9	86	87.1	88.2	89.2
中国－美国	－21.2	－17.3	－14.2	－12.1	－10.7	－9.9	－9.1

资料来源：United Nations（2018b）。

然而，从中美差距来看，2020 年中国的城镇化率低于美国21.2 个百分点，到 2050 年仍低于美国 9.1 个百分点。

二 中国与日本比较

（一）人口总量变化趋势的差异

2020～2050 年，中日两国人口总量都呈下降的态势。2020 年中国人口总量接近 14.3 亿人，而到 2050 年将下降到 13.1 亿人左右，减少了约1.1 亿人，年均约减少 374 万人。日本 2020 年的人口总量约为 1.3 亿人，而到 2050 年人口总量约为 1.0 亿人，2020～2050 年人口总量呈缓慢下降的态势，年均约减少 72 万人（见图 2 - 7）。

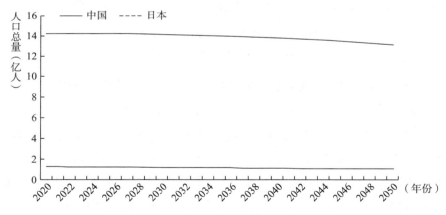

图 2 - 7   2020～2050 年中国和日本人口总量

资料来源：笔者根据 United Nations（2022a）数据绘制。

（二）中国人口负增长迅速，人口减少速度逐渐接近日本

2020～2050 年日本人口持续快速负增长，中国 2022 年起出现人口负增长，中日两国都将面临人口快速负增长的情况，且 2020～2050 年中国人口增长率不断降低，逐渐接近但仍高于日本（见图 2 - 8）。

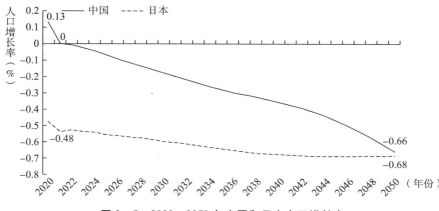

图 2-8　2020~2050 年中国和日本人口增长率

资料来源：笔者根据 United Nations（2022a）数据绘制。

（三）中国劳动年龄人口的数量远比日本多，在人口中的占比也比日本高，但占比下降比日本更快

2020~2050 年，中国 15~59 岁的劳动年龄人口数量呈现减少的态势，从 2020 年的 9.14 亿人减少到 2050 年的 6.53 亿人，下降幅度达 28.6%；日本劳动年龄人口数量从 2020 年的 0.66 亿人下降到 2050 年的 0.47 亿人，下降幅度为 28.8%（见表 2-6）。

表 2-6　2020~2050 年中国和日本 15~59 岁劳动年龄人口数量及占比

单位：亿人，%

年份	中国		日本	
	数量	占比	数量	占比
2020	9.14	64.14	0.66	52.64
2025	8.94	62.73	0.64	52.14
2030	8.60	60.74	0.60	50.99
2035	8.22	58.70	0.56	48.38
2040	7.80	56.61	0.52	46.53
2045	7.25	53.72	0.49	45.64
2050	6.53	49.74	0.47	45.21

资料来源：United Nations（2022a）。

从劳动年龄人口占总人口的比例来看，2020~2050 年，中国和日本劳动年龄人口的占比都处于下降态势，中国从 2020 年的 64.14% 下降到 2050 年的 49.74%，下降了 14.4 个百分点；日本从 2020 年的 52.64% 下降到 2050 年的 45.21%，下降了 7.43 个百分点。中国的劳动年龄人口占总人口的比例下降得更多，下降量接近日本的两倍。

（四）中国 25 岁及以上人口平均受教育年限有所提高，但远低于日本且差距扩大

从总体上看，2020～2050 年中国和日本 25 岁及以上人口平均受教育年限都呈上升的趋势，但日本上升得更快（见图 2-9）。

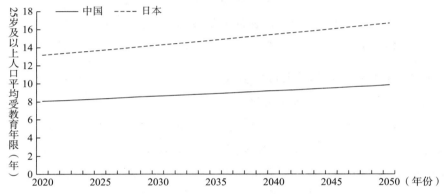

图 2-9　2020～2050 年中国和日本 25 岁及以上人口平均受教育年限

资料来源：笔者根据 United Nations（2015，2016，2018a，2019）数据绘制。

中国 25 岁及以上人口平均受教育年限在 2020 年大约为 8 年，到 2050 年为将近 10 年，在 2020～2050 年将上升 1.76 年，年均提高 0.06 年。同期日本该指标上升 3.49 年，年均提高 0.12 年左右，大约是中国的两倍（见图 2-9）。这一结果与日本自明治维新以来的"文化立国"理念高度相关（吴忠魁，2001）。日本早在二战结束以后就开始实行九年制的义务教育了（李文英、史景轩，2010），比中国开始实行九年制的义务教育早了将近 40 年。

2020～2050 年，中国 25 岁及以上人口平均受教育年限与日本的差距，从 2020 年的中国比日本低 5.10 年，扩大至 2050 年的中国比日本低 6.83 年，中国与日本的差距扩大。

（五）中国人口老龄化的速度将高于日本，强度低于日本，强度差距缩小

在年龄中位数方面，2020～2050 年，日本人口年龄中位数一直高于中国，且日本与中国人口年龄中位数都呈增长的态势。2020 年，中国人口年龄中位数为 37.4 岁，而日本为 48.0 岁，中国比日本低 10.5 岁；2050 年，中国人口年龄中位数为 50.7 岁，而日本为 53.6 岁，中国仍比日本低 2.9 岁（见表 2-7）。

表 2-7 2020～2050 年中国和日本人口年龄中位数及二者之差

单位：岁

国家	2020 年	2025 年	2030 年	2035 年	2040 年	2045 年	2050 年
中国	37.4	40.0	42.7	45.4	48.0	49.6	50.7
日本	48.0	49.9	51.5	52.5	53.0	53.3	53.6
中国 - 日本	-10.5	-9.9	-8.8	-7.1	-5.1	-3.7	-2.9

资料来源：United Nations（2022a）。

在人口中老年人口占比方面，2020～2050 年，中日两国 60 岁及以上老年人口占总人口的比例都呈上升的态势，且日本的老龄化程度高于中国。中国的老年人口所占比例上升较快而日本上升相对比较平缓。2020 年中国 60 岁及以上老年人口占总人口的比例约为 17.8%，而日本这一比例约为 35.5%，几乎为中国的两倍。到了 2050 年，中国该指标将高达 38.8%，而日本约为 43.7%（见图 2-10）。

（六）中国城镇化率不断提高，但低于日本

2020～2050 年，中国和日本的城镇化率都在不断提高，其中中国从 2020 年的 61.4% 提高到 2050 年的 80%，而日本一直都在 90% 以上，且在 2050 年达到约 95%，城镇化率相当高，到 2050 年，中国的城镇化率仍远低于日本。如果从城镇化率的提高速度来看，2020～2050 年中国城镇化率年均提高 0.6 个百分点，日本年均提高 0.1 个百分点，说明 2020～2050 年中国的城镇化速度快于日本（见表 2-8）。

从中日差距来看，2020 年中国的城镇化率低于日本 30.4 个百分点，到 2050 年仍低于日本 14.7 个百分点，说明 2020～2050 年中国人口城镇化迅速，但中国城镇化水平仍将显著低于日本（见表 2-8）。

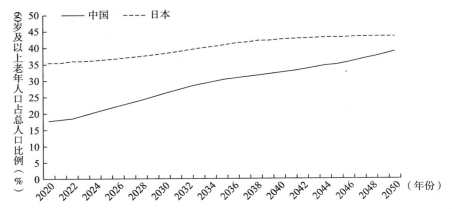

图 2 - 10　2020～2050 年中国和日本 60 岁及以上老年人口占总人口比例

资料来源：笔者根据 United Nations（2022a）数据绘制。

表 2 - 8　2020～2050 年中国和日本城镇化率及二者之差

单位：%

国家	2020 年	2025 年	2030 年	2035 年	2040 年	2045 年	2050 年
中国	61.4	66.5	70.6	73.9	76.4	78.3	80.0
日本	91.8	92.2	92.7	93.2	93.7	94.2	94.7
中国－日本	－30.4	－25.7	－22.1	－19.3	－17.3	－15.9	－14.7

资料来源：United Nations（2018b）。

三　中国与印度比较

（一）2023 年开始印度人口总量将历史性地超过中国，成为世界第一人口大国

2020～2050 年中国的人口总量总体呈减少的趋势，而印度的人口总量则表现出急剧增加的趋势。2020 年中国人口总量接近 14.3 亿人，而到了 2050 年，中国人口总量将减少到 13.1 亿人左右，约减少 1.1 亿人，年均约减少 374 万人。而印度 2020 年的人口总量约为 14.0 亿人，到 2023 年超过中国，成为世界第一人口大国，到 2050 年达到 16.7 亿人，2020～2050 年年均约增加 914 万人。从中印的人口总量差距来看，2020 年中国人口总量比印度多 3000 万人左右，而到 2050 年中国人口总量反过来比印度少 3.6 亿人左右（见图 2 - 11）。

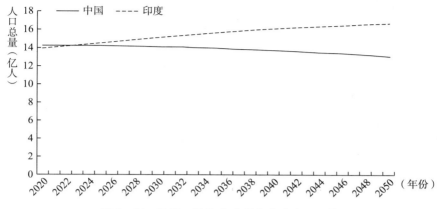

图 2－11　2020～2050 年中国和印度人口总量

资料来源：笔者根据 United Nations（2022a）数据绘制。

（二）中国人口将长期负增长，印度人口则持续正增长

2020～2050 年，印度的人口增长率虽然几乎一直在下降，但到 2050 年也不会出现人口负增长。而中国在 2022 年已经进入人口负增长阶段（见图 2－12）。

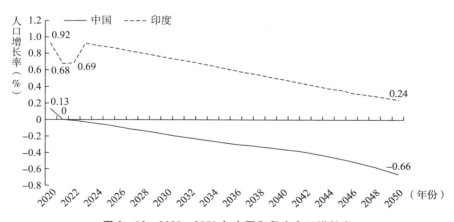

图 2－12　2020～2050 年中国和印度人口增长率

资料来源：笔者根据 United Nations（2022a）数据绘制。

（三）中国劳动年龄人口的数量将逐渐减少，占总人口的比重下降，占比将显著低于印度

相比较来看，2020～2050 年中国的劳动年龄人口数量呈减少趋势，

而印度呈增加趋势。2020～2050 年，中国 15～59 岁的劳动年龄人口数量，从 2020 年的 9.14 亿人下降到 2050 年的 6.53 亿人；而印度则从 2020 年的 8.89 亿人上升到 2050 年的 10.22 亿人（见表 2 - 9）。

从劳动年龄人口占总人口的比重来看，中国的 15～59 岁劳动年龄人口占比在 2020～2050 年呈急剧下降态势，而印度的占比总体呈缓慢下降的态势。中国在 2020～2050 年下降了 14.4 个百分点，而印度下降了 2.55 个百分点。总体而言，2020～2050 年印度的劳动年龄人口占比保持在 60% 以上，而中国的这一比例不断下降，一直下降到 50% 以下（见表 2 - 9）。

表 2 - 9　2020～2050 年中国和印度 15～59 岁劳动年龄人口数量及占比

单位：亿人，%

年份	中国		印度	
	数量	占比	数量	占比
2020	9.14	64.14	8.89	63.70
2025	8.94	62.73	9.40	64.61
2030	8.60	60.74	9.82	64.80
2035	8.22	58.70	10.09	64.37
2040	7.80	56.61	10.24	63.56
2045	7.25	53.72	10.28	62.47
2050	6.53	49.74	10.22	61.15

资料来源：United Nations（2022a）。

（四）中国 25 岁及以上人口平均受教育年限高于印度但差距缩小

总体上看，2020～2050 年中国和印度 25 岁及以上人口平均受教育年限都呈上升趋势，中国的平均受教育年限高于印度。2020～2050 年，中国 25 岁及以上人口平均受教育年限年均提高 0.06 年，而印度则年均提高 0.07 年，略比中国的提高速度快一点，因此印度 25 岁及以上人口平均受教育年限虽然在 2020 年比中国少 1.39 年，但到 2050 年与中国的差距缩小到 0.97 年（见图 2 - 13）。

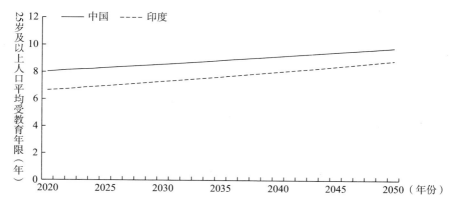

图 2 – 13　2020～2050 年中国和印度 25 岁及以上人口平均受教育年限

资料来源：笔者根据 United Nations（2015，2016，2018a，2019）数据绘制。

（五）中国人口老龄化强度将远高于印度，印度人口将显著比中国人口"年轻"

2020～2050 年，虽然中印两国人口年龄中位数都呈上升趋势，但印度该指标值一直低于中国。中国在 2020～2050 年人口年龄中位数增加 13.3 岁，而同期印度增加 10.8 岁。从差值来看，2020 年中国人口年龄中位数为 37.4 岁，而印度为 27.3 岁，印度人口比中国人口约"年轻" 10.1 岁；2050 年中国人口年龄中位数为 50.7 岁，而印度为 38.1 岁，印度人口平均比中国人口"年轻" 12.6 岁（见表 2 – 10）。

表 2 – 10　2020～2050 年中国和印度人口年龄中位数及二者之差

单位：岁

国家	2020 年	2025 年	2030 年	2035 年	2040 年	2045 年	2050 年
中国	37.4	40.0	42.7	45.4	48.0	49.6	50.7
印度	27.3	29.0	30.9	32.8	34.6	36.4	38.1
中国 – 印度	10.1	11.0	11.8	12.6	13.4	13.2	12.6

资料来源：United Nations（2022a）。

在老年人口占比方面，2020～2050 年，中印两国 60 岁及以上的老年人口占总人口的比例都呈上升的态势，但印度的人口老龄化程度远远低于中国。中国的老龄化较快而印度的老龄化较慢。2020 年，中国 60 岁及以上的老年人口占总人口的比例在 17.8% 左右，印度这一比例在 10.2%

左右；2050 年，中国这一比例高达 38.8%，印度这一比例在 20.8% 左右，远低于中国（见图 2 - 14）。

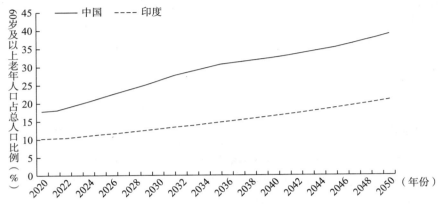

图 2 - 14　2020 ~ 2050 年中国和印度 60 岁及以上老年人口占总人口比例

资料来源：笔者根据 United Nations（2022a）数据绘制。

综合来看，2020 ~ 2050 年中国人口老龄化的程度远较印度高，老龄化速度也比印度更快。

（六）中国人口城镇化水平不断提高，远高于印度

2020 ~ 2050 年，中国和印度的城镇化率都在不断提高，中国从 2020 年的 61.4% 提高到 2050 年的 80%，而印度从 2020 年的 34.9% 提高到 2050 年的 52.8%，印度的城镇化率远低于中国。从城镇化率的增长速度来看，2020 ~ 2050 中国城镇化率年均提高 0.62 个百分点，印度城镇化率年均提高 0.6 个百分点，两国的城镇化速度大体相当（见表 2 - 11）。

表 2 - 11　2020 ~ 2050 年中国和印度城镇化率及二者之差

单位：%

国家	2020 年	2025 年	2030 年	2035 年	2040 年	2045 年	2050 年
中国	61.4	66.5	70.6	73.9	76.4	78.3	80.0
印度	34.9	37.4	40.1	43.2	46.4	49.6	52.8
中国 - 印度	26.5	29.1	30.5	30.7	30.1	28.7	27.2

资料来源：United Nations（2018b）。

从中印差距来看，2020 年中国的城镇化率高出印度 26.5 个百分点，

到 2050 年仍高出印度 27.2 个百分点（见表 2 - 11）。

小 结

本章通过国际比较，揭示和其他国家相比，2020～2050 年中国实现现代化人口条件的比较特征和相对优劣。通过对中国与同期发达国家总体、不含中国的发展中国家总体，以及与美国、日本和印度三个典型国家的比较分析，获得诸多发现。

首先是中国与其他国家群体的比较。在人口数量条件方面，与不含中国的发展中国家总体相比，中国人口的总量巨大，将减少且快速负增长，而不含中国的发展中国家总体人口数量呈增加趋势。中国的人口密度，无论是与发达国家总体还是与不含中国的发展中国家总体相比，都很大。与此同时，与发达国家总体和不含中国的发展中国家总体相比，中国劳动年龄人口规模巨大，但将迅速缩小。

在人口素质条件方面，中国人口平均预期寿命将继续提高，国民健康水平和寿命水平与发达国家总体的差距基本不变，高于不含中国的发展中国家总体。中国 25 岁及以上人口平均受教育年限与发达国家总体之间差距缩小但仍有一定的距离，较不含中国的发展中国家总体高。

在人口结构条件方面，无论是与发达国家总体还是与不含中国的发展中国家总体相比，中国的总人口性别比都较高，但未来随着出生性别比趋于正常，中国总人口性别比将会与发达国家总体和其他发展中国家总体的总人口性别比趋同，将回归合理区间。中国已处于低生育率时代，少子化愈显突出。人口老龄化迅速，而且老龄化程度将非常高。老年人尤其是高龄老人的数量和比重上升将更快。老年抚养比和总抚养比急剧上升。劳动年龄人口内部老龄化程度较高。

在人口分布条件方面，中国的人口密度仍将高于发达国家总体和不含中国的发展中国家总体。中国人口城镇化较不含中国的发展中国家总体水平更高且更快，但与发达国家总体相比，中国城镇化率仍较低。中国的国际人口迁移规模仍将很小，小于不含中国的发展中国家总体，也小于发达国家总体。

其次是中国与典型国家的国际比较。2020～2050 年，中国人口总量仍远远多于美国。中国人口将长期快速负增长，而美国人口仍然正增长。中国的劳动年龄人口虽然总数比较大，但在总人口中的占比急剧下降。中国25岁及以上人口平均受教育年限显著低于美国和日本。中国人口老龄化程度将超过美国，但低于日本。中国人口城镇化率不断提高，但仍低于美国和日本的城镇化率。从2023年开始，印度人口总量将历史性地超过中国，成为世界第一人口大国。中国劳动年龄人口总量逐渐减少且在总人口中的占比下降，占比显著低于印度。中国25岁及以上人口平均受教育年限高于印度。中国人口老龄化强度远远高于印度，印度人口远比中国人口"年轻"。中国人口城镇化水平远高于印度。

参考文献

蔡昉，2022，《谦虚使人类进步——从〈人类发展报告〉看发展理念的变化》，《读书》第11期。

黄健元、刘洋，2008，《流动人口预测模型构建及其应用》，《统计与决策》第23期。

雷丽平，2004，《从苏联人口结构的变化透视苏联的现代化》，《西伯利亚研究》第2期。

李娟，2012，《世界主要国家竞争力战略的比较与启示》，《创新》第1期。

李文英、史景轩，2010，《日本义务教育均衡发展的实现途径》，《比较教育研究》第9期。

刘思峰等，2004，《灰色系统理论及其应用》，科学出版社。

龙玫、赵中建，2015，《美国国家竞争力：STEM教育的贡献》，《现代大学教育》第2期。

盛亦男、顾大男，2020，《概率人口预测方法及其应用——〈世界人口展望〉概率人口预测方法简介》，《人口学刊》第5期。

舒尔茨，西奥多·W.，1990，《人力投资——人口质量经济学》，贾湛等译，华夏出版社。

唐菁菁、肖峰，2016，《基于灰色GM（1，1）模型的区域城镇化水平预测分析——以长株潭为例》，《经济研究导刊》第36期。

王宁、张爽、曾庆均，2017，《基于新陈代谢GM（1，1）模型的重庆市人口老龄化预测研究》，《西北人口》第1期。

王渊明，1995，《历史视野中的人口与现代化》，浙江人民出版社。

王志刚、张汝飞、王君，2015，《人口老龄化描述指标体系的构建》，《统计与决策》第 16 期。

魏海燕，2013，《〈世界竞争力年鉴〉评价体系研究及其思考》，《科技管理研究》第 5 期。

吴忠魁，2001，《日本文化立国战略与基础教育改革的新发展》，《比较教育研究》第 4 期。

夏恩君、李森、赵轩维，2015，《北京市流动人口发展趋势预测研究》，《科技和产业》第 5 期。

熊健益、叶祥凤，2017，《中国教育发展与国际水平差多远——基于 2014 年和 2013 年〈人类发展报告〉的再分析》，《教育理论与实践》第 28 期。

叶知远、罗仁福，2018，《"全面二孩"政策下的北京人口预测》，《中国市场》第 3 期。

于学军，2003，《中国人口转变与"战略机遇期"》，《中国人口科学》第 1 期。

袁建文，1999，《国家竞争力及其评估方法》，《统计与信息》第 2 期。

张许颖、李月、王永安，2022，《14 亿人国家：迈向高质量发展的未来——中国人口中长期预测（2022）》，《人口与健康》第 8 期。

周及真，2014，《中印国家竞争力比较研究》，《南亚研究季刊》第 4 期。

Bocquier, Philippe. 2005. "World Urbanization Prospects: An Alternative to the UN Model of Projection Compatible with the Mobility Transition Theory." *Demographic Research* 12.

Cho, Dong-Sung and Hwy-Chang Moon. 2001. *From Adam Smith to Michael Porter: Evolution of Competitiveness Theory*. Singapore: World Scientific Pub.

Dimian, Gina Cristina and Aniela Danciu. 2011. "National and Regional Competitiveness in the Crisis Context." *Successful Examples Theoretical & Applied Economics* 18.

Lagumdzija, Zlatko, Jasmina Selimovic, Mirza Krso, and Emir Kurtic. 2012. "Factors of Country's Competitiveness with Special Reflection on Bosnia and Herzegovna." Conference Proceedings: International Conference of the Faculty of Economics Sarajevo (ICES).

McGrath, Simon and Séverine Deneulin. 2021. "Education for Just Transitions: Life-long Learning and the 30th Anniversary Human Development Report." *International Review of Education* 67.

Mihaiu, Diana and Alin Opreana. 2012. "European Union's Competitiveness in Terms of Country Risk and Fiscal Discipline." *Studies in Business & Economics* 7.

Sabadie, Jesus Alquezar and Jens Johansen. 2010. "How Do National Economic Competitiveness Indices View Human Capital?" *European Journal of Education* 45.

United Nations. 2015. *Human Development Report 2015*. https://hdr. undp. org/content/ human-development-report-2015.

United Nations. 2016. *Human Development Report 2016*. https://hdr. undp. org/content/ human-development-report-2016.

United Nations. 2018a. *Statistical Update 2018: Human Development Indices and Indicators*. https://hdr. undp. org/content/statistical-update-2018.

United Nations. 2018b. *World Urbanization Prospects, the 2018 Revision*. New York: United Nations, Population Division.

United Nations. 2019. *Human Development Report 2019*. https://hdr. undp. org/content/ human-development-report-2019.

United Nations. 2022a. *World Population Prospects, the 2022 Revision*. Population Division. population. un. org/wpp

United Nations. 2022b. *Human Development Report 2021/2022*. https://hdr. undp. org/ content/human-development-report-2021 – 2022.

第二篇

利弊影响

第三章 理论分析：人口条件对中国现代化的影响

李建民 刘 宇[*]

现代化是一个传统性不断削弱、现代性不断增强、人的福利水平不断提高的历史过程。时至今日，现代化已经发展成为全球趋势，世界上绝大多数国家进入了现代化过程，一些国家进入了后现代社会。

在现代化的历史进程中，人口扮演了非常重要的角色。一方面，人口现代化本身就是现代化的重要组成部分，现代化带来的思想观念、生活方式、工作和收入获取方式的转变，以及社会经济发展和技术进步等，直接促进了人口的健康行为、生育行为、迁移行为和人力资本投资行为的现代化，进而带来了人口的全面现代化；另一方面，人口是影响现代化的关键因素，其中，人口现代化是现代化不可或缺的重要力量。对于中国这样一个人口大国而言，人口因素对现代化的影响更为突出。由此，本章在对中国人口与现代化关系进行理论分析的基础上，基于 2020～2050 年中国人口变化趋势，对其对现代化影响的方向和程度等方面做出分析和判断。

第一节 人口现代化与现代化的时序关系

一 现代化的时序关系结构

经典现代化理论认为现代化包括从传统经济向工业经济、从传统社会向工业社会、从传统政治向现代政治、从传统文明向工业文明转变的

---

[*] 李建民，经济学博士，南开大学经济学院教授、博士生导师，2009 年获第六届中华人口奖（科学技术奖），曾任南开大学人口与发展研究所所长、中国人口学会副会长；刘宇，应用统计学硕士，现就职于北京市海淀区统计局。

历史进程（Parsons，1951；Rostow，1960；Huntington，1968）。现代化涵盖了经济、社会、政治、文化等各个方面，不同方面的现代化并不同步，它们彼此之间的因果关系或相关关系，形成了一个时序结构。从现代化先驱国家的现代化历史看，现代化起源于文艺复兴和启蒙运动，思想的解放带来了政治变革和技术革命，进而催生了工业革命，以工业革命为核心的经济现代化带来了社会结构和个体思想与行为的一系列变化，人口现代化也包含在这个现代化发展历史逻辑之中。

现代化的时序关系结构取决于现代化的动力结构。现代化动力因素分为两类，一类是本源性的（如技术现代化、经济现代化），另一类是引致性的（如社会现代化、人口现代化），引致性的现代化也会直接反过来影响到本源性的现代化。现代化先驱和先行国家的历史经验表明，科学技术现代化和工业化是人类社会物质生产基础的现代化，其他方面的现代化都是由这个物质生产基础的革命性变化所引发和推动的，至少在现代化的前期和中期阶段是如此。但是，对于后来者而言，它们可以通过外生力量使现代化的时序结构出现变形，例如，后进国家可以通过直接引进技术（如医疗卫生技术）和制度安排（如高等教育等），提前启动某个方面的现代化进程。现代化的时序关系结构非常重要，因为现代化是社会的基础性、全面性、系统性的变化，是一个包含许多子系统的巨系统，因而这个巨系统内部的均衡直接影响到系统运行的当期效率和长期效率。

经济现代化是现代化的核心内容（张仁慧、丁文锋，2004）。从核心意义上讲，现代化是一个基于工业化和科学技术发展的社会变迁过程，或者说，是实现以经济增长和科学技术发展为基础的现代化，以及在此基础上更全面的社会发展的过程（李路路，2019）。现代化是从传统社会向现代社会转型的动态过程，因而更强调器物、技术、制度层面的转型与建构（邹平林、杜早华，2012）。因此，在现代化时序关系结构中，经济现代化可以作为锚定某个方面现代化在时序关系中位置的标杆。

二 现代化时序关系格局中的人口现代化

从现代化时序关系的视角观察人口现代化进程及其所处的时序位置，有助于我们深入理解人口与现代化的关系，同时也可以帮助我们正确认识人口因素在中国现代化中的地位和作用。

　　人口现代化是一个具有丰富内涵的概念，包括了人口再生产现代化、人口素质现代化、人口城镇化和劳动力产业结构现代化。我们将从三个方面分析人口现代化与整体现代化的时序关系。

　　为了研判人口因素对未来中国现代化的影响，我们选择美国、英国、法国、西班牙、意大利和德国等六个国家作为参照对象。选择这六个国家主要基于两个理由，其一，它们都是现代化的先驱国家或先行国家，并且都已经进入了后现代社会；其二，它们都是人口规模较大的国家，1950 年美国人口达 15880 万人，英国人口达 5012 万人，法国人口达 4183 万人，德国人口达 6997 万人，意大利人口达 4660 万人，西班牙人口达 2807 万人，合计 40539 万人，占世界人口的 16%。相对而言，在这样人口规模的国家所发生的现代化更具有代表性。

　　除上述六个国家以外，我们还选取日本和韩国作为参照对象。日本是现代化第二梯队国家，也是亚洲第一个启动和实现现代化的国家。与现代化先驱国家和先行国家相比，日本现代化在时序关系上呈现出"颠倒"和"压缩"特征（富永健一，2004），这两个特征在后发现代化国家（包括中国）中都比较普遍。韩国是新兴工业化国家，20 世纪 50 年代初韩国与中国几乎处于同一起跑线上，但其现代化发力时间和起跑速度超过了中国，其现代化具有时间高度压缩的特征。对于中国而言，日本、韩国的人口与现代化关系也具有重要的参考价值。

　　限于我们可以获得的数据，上述八个国家中只有美国、英国和意大利的经济增长数据可以追溯到 18 世纪末或 19 世纪，其他国家的经济增长数据起点基本上是 1950 年。人口数据主要来自联合国，并以 1950 年为起点。普遍流行的观点认为，欧美发达国家的现代化是在 20 世纪 60 年代完成的（何传启，2003），它们从 70 年代起陆续进入了后现代社会（Bell，1973）。由此，我们可以根据这个时间轴线，对人口现代化与整体现代化的时序关系做出分析和判断。

　　图 3 - 1 和图 3 - 2 分别展示了英国 1830 ~ 2017 年和美国 1790 ~ 2016 年的人均 GDP 及其指数，可以为我们提供一个更长的历史观察视角。图 3 - 3 和图 3 - 4 呈现了六个现代化先驱和先行国家 1900 ~ 1970 年[①]的人

---

　　①　法国、德国和西班牙只有部分年份的数据。

均 GDP 及其指数。我们从中可以得到两个基本判断：其一，在 1900 ～ 1970 年，美国经济发展水平一直处在第一位，英国在 1951 年之前一直处于第二位，到 1970 年，除美国和西班牙之外，其他国家的经济发展水平都非常接近；其二，1900 ～ 1970 年有三个经济增长台阶，第一个台阶是第一次世界大战之前，第二个台阶是第一次世界大战结束后到第二次世界大战爆发，第三个台阶是第二次世界大战结束之后，第三个台阶的各国经济增长速度远远高于前两个台阶。

图 3 - 1　1830 ～ 2017 年英国人均 GDP 及其指数

说明：人均 GDP 指数以 1952 年水平为 100，图 3 - 2、图 3 - 4 同此。

资料来源：《英国历年 GDP 及人均 GDP 一览》，360doc 个人图书馆网，http://www. 360doc. com/content/18/0916/22/502486_787227619. shtml。

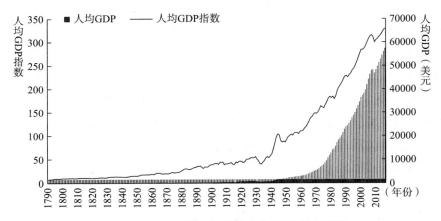

图 3 - 2　1790 ～ 2016 年美国人均 GDP 及其指数

资料来源：《美国历年 GDP 及人均 GDP 一览 （1790 ～ 2017）》，360doc 个人图书馆网，http://www. 360doc. com/content/18/0201/12/502486_726906096. shtml。

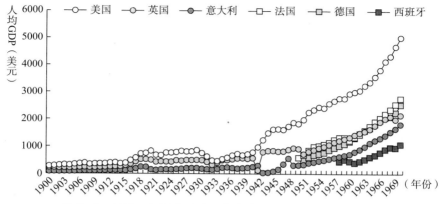

图 3 - 3 1900～1970 年六个现代化先驱和先行国家人均 GDP

说明：（1）人均 GDP 按当年价格计算，图 3 - 5 同此。（2）1900～1970 年德国经历过德国、民主德国和联邦德国，本图中德国历年数据的统计口径是否一致不详。一般来说，国际机构发布历年德国的数据都进行过统计口径一致化调整，或加以说明。下同。

资料来源：《美国历年 GDP 及人均 GDP 一览（1790～2017）》，360doc 个人图书馆网，http://www.360doc.com/content/18/0201/12/502486_726906096.shtml；《英国历年 GDP 及人均 GDP 一览》，360doc 个人图书馆网，http://www.360doc.com/content/18/0916/22/502486_787227619.shtml；《意大利历年 GDP 及人均 GDP 一览》，360doc 个人图书馆网，http://www.360doc.com/content/18/0916/22/502486_787227663.shtml；《法国历年 GDP 及人均 GDP 一览（1949～2017）》，360doc 个人图书馆网，http://www.360doc.com/content/18/0206/15/502486_728137986.shtml；《德国历年 GDP 及人均 GDP 一览（1950～2017）》，360doc 个人图书馆网，http://www.360doc.com/content/18/0201/12/502486_726911848.shtml；《西班牙历年 GDP 及人均 GDP 一览》，360doc 个人图书馆网，http://www.360doc.com/content/18/0916/22/502486_787227792.shtml。

由于经济现代化是现代化的核心过程，1900～1970 年的经济现代化对于人口现代化具有重要的影响。有研究显示，19 世纪前半叶，欧洲和美国人口的平均预期寿命因收入增加、营养水平提高、卫生条件改善而提高到 40 岁左右，19 世纪后半叶出现了更大程度的提高，例如，英国男女的平均预期寿命从 1851 年的 40 岁和 44 岁提高到 20 世纪初的 45 岁和 49 岁（蔡泳，2012）。进入 20 世纪以后，人口转变和人口现代化的其他方面（如人口城市化）开始加速，虽然第二次世界大战一度打断了这个进程，但战争结束后其立即回到正常的发展轨道，到 1950 年，上述六个现代化先驱和先行国家的人口现代化水平已经达到了一个空前的高度（见表 3 - 1）。

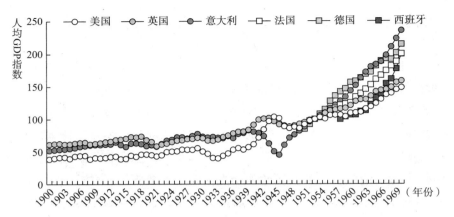

图 3 - 4　1900～1970 年六个现代化先驱和先行国家人均 GDP 指数

说明：西班牙人均 GDP 指数以 1957 年水平为 100。

资料来源：《美国历年 GDP 及人均 GDP 一览（1790～2017）》，360doc 个人图书馆网，http://www.360doc.com/content/18/0201/12/502486_726906096.shtml；《英国历年 GDP 及人均 GDP 一览》，360doc 个人图书馆网，http://www.360doc.com/content/18/0916/22/502486_787227619.shtml；《意大利历年 GDP 及人均 GDP 一览》，360doc 个人图书馆网，http://www.360doc.com/content/18/0916/22/502486_787227663.shtml；《法国历年 GDP 及人均 GDP 一览（1949～2017）》，360doc 个人图书馆网，http://www.360doc.com/content/18/0206/15/502486_728137986.shtml；《德国历年 GDP 及人均 GDP 一览（1950～2017）》，360doc 个人图书馆网，http://www.360doc.com/content/18/0201/12/502486_726911848.shtml；《西班牙历年 GDP 及人均 GDP 一览》，360doc 个人图书馆网，http://www.360doc.com/content/18/0916/22/502486_787227792.shtml。

表 3 - 1　1950 年六个现代化先驱和先行国家与日本的经济和人口现代化水平

现代化水平指标	美国	英国	法国	德国	意大利	西班牙	日本
人均 GDP（美元）	1979	720	685	494	333	446	131
人口平均预期寿命（岁）	68.2	68.7	66.2	66.9	65.7	63.1	61.2
婴儿死亡率（‰）	31.6	30.5	49.9	49.4	64.4	68.2	52.3
总和生育率	3.05	2.08	2.85	2.09	2.46	2.45	3.44
人口城镇化水平（%）	64.2	79.0	55.2	67.9	54.1	51.1	53.4
20～24 岁受过高等教育的人占比（%）	34.80	10.53	5.48	11.06	3.82	3.99	10.56
15～19 岁人口平均受教育年限（年）	11.60	8.20	5.95	8.93	5.45	4.73	8.06

资料来源：United Nations（2019）；World Bank. "Data Bank：Education Statistics." https://databank.worldbank.org/source/education-statistics。

注：（1）人均 GDP 为当年价格；（2）西班牙人均 GDP 是 1957 年数据，同年意大利人均 GDP 为 627 美元；（3）表中的两个教育指标是根据 1990 年分年龄的数据推算的，没有考虑死亡率和迁移的影响。

现代化先驱和先行国家的人口变化表明，人口转变是经济现代化引致人口变化的过程。作为工业革命发源地的英国和自19世纪70年代末以来一直处于世界经济领头羊地位的美国，到1950年时人口现代化水平也处于世界前列，尤其是英国基本上已经全面实现了人口现代化。表3-1还显示，这六个国家的人口现代化水平与经济发展水平呈高度正相关，它们现代化步伐虽有快慢之分，但在人口现代化与整体现代化的时序关系格局上呈现出高度的一致性。现代化对人口现代化的影响首先表现为人口转变。20世纪20年代就有学者注意到现代化对人口死亡率和生育率的影响（Thompson，1929），后来的人口转变理论（Davis，1944；Notestein，1945）也在"现代化—人口转变"框架下解释人口转变的原因（蔡泳，2012）。考虑到本章的研究任务，我们只分析人口现代化的状态，但实际上，人口状态是每一个人的人口行为的聚合结果，而个人的人口行为的变化是现代化引致的结果，因为现代化是复杂的过程，它实际上包含着人类思想和行为一切领域的变化（Huntington，1968）。

日本的现代化是由外部输入的，与欧美现代化先驱和先行国家相比，其现代化进程具有时间压缩特征，经济增长速度（可用人均GDP的增速来测量，见图3-5）和人口现代化的步伐明显快于这些国家。在日本现代化进程中，技术与经济领域的变化是促进整个社会发生变化的主导力量（十时严周，1989），人口现代化与整体现代化的时序关系并没有发生根本性改变，只是压缩了人口现代化的时间进程。1950年日本人均GDP为131美元，仅相当于美国的7%，意大利的39%，但人口平均预期寿命达到61.2岁，婴儿死亡率为52.3‰，人口城镇化水平达到53.4%，总和生育率为3.44。这些指标水平已经非常接近欧美现代化先驱和先行国家，教育水平甚至在某些方面超过了英国。

综上，欧美现代化先驱和先行国家的人口现代化是以经济现代化为动力和前提的。举例来说，其人口转变是在经济发展到相对较高水平后发生的，例如，英国1900年的人均GDP已达到223美元（当年价格），高于日本20世纪50年代初的水平，但其人口平均预期寿命要比1950年的日本低十几岁。与欧美现代化先驱和先行国家相比，日本人口现代化与整体现代化的时序关系虽然基本结构没有改变，但呈现了两个重要的

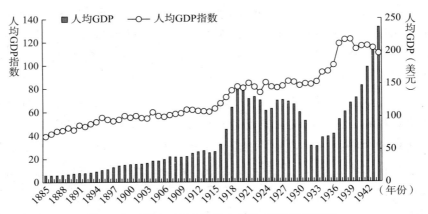

图 3 - 5　1885~1944 年日本人均 GDP 及其指数

说明：日本人均 GDP 指数以 1936 年水平为 100。

资料来源：《【资料汇集】日本历年 GDP 及人均 GDP 一览》，360doc 个人图书馆网，http://www.360doc.com/content/15/0706/17/9073112_483151476.shtml。

新特点，一是人口现代化可以在经济现代化处于较低水平时实现较高程度的发展，二是人口现代化历时大大缩短。

三　中国人口现代化在现代化时序关系中的位置的特点

（一）人口转变的超前性

中国现代化发端于鸦片战争和洋务运动（周前程，2018），在民国时期也有一定的发展，但直到中华人民共和国成立时，现代化仍处于低级阶段，20 世纪 50 年代初，人均 GDP 只有 54 美元，人口平均预期寿命不到 43 岁，人口城镇化水平不到 12%。虽然新中国成立之后，经济开始增长，但因为 1958 年的"大跃进"、1959~1961 年的三年困难时期和 60~70 年代的"文化大革命"造成的三次经济倒退，到改革开放的 1978 年，人均 GDP 仅比 1953 年增加了 1.8 倍（按不变价格算），年平均增长率只有 4.2%。这表明，在改革开放之前，中国经济尚未真正起飞，仍陷在"马尔萨斯均衡陷阱"中。但是，中国的人口转变在这个时期已经发生，1978 年，人口平均预期寿命达到 65.36 岁，婴儿死亡率下降到 53.4‰，总和生育率下降到 2.94，这已达到了现代化先驱和先行国家 1950 年的水平，甚至超过了其中一些国家（见表 3 - 1），而 1978 年中国人均 GDP 只有 222 美元（当年价格），远远低于 1950 年欧美发达国家的水平。这表明中国的人口现代化是在经济现代化低级阶段发生的。1991年是中国人口转变的里程碑，总和生育率降到更替水平以下，标志着人口转变结束。而当时中国的人均 GDP 只有 419 美元（当年价格），即使不考虑通货膨胀因素，这个收入水平也仍大大低于 1950 年尚未结束人口转变的欧美发达国家水平。这意味着中国的人口转变是在低收入经济环境中完成的。

（二）生育率转变的高度压缩性

中国人口转变的另一个特点是时间高度压缩，人口平均预期寿命从43 岁提高到 70 岁用了 46 年，比英国用时缩短了一半以上。生育率转变更为迅速，总和生育率从 1968 年的 6.18 降到 1991 年的 1.93 仅仅用了23 年。就生育率转变速度而言，世界上唯一能和中国比肩的国家是韩国，其总和生育率从 1960 年的 6.1 下降到 1984 年的 1.97，用了 24 年。中韩之间不同的是生育率快速转变的经济现代化背景，虽然相对于经济发展水平而言，韩国的生育率转变也具有超前性——1960 年韩国的人均GDP 只有 79 美元（当年价格），但是，在总和生育率下降到更替水平以下时韩国人均 GDP 已达到 2390 美元（当年价格）。

（三）人口现代化的非均衡性

人口现代化包括人口不同方面的变化，其中最核心的是人口转变、人口城镇化和人口素质现代化。中国人口现代化的一个突出特征是非均衡性，这种非均衡性主要体现在以下两个方面。

其一，人口转变与人口城镇化之间的非均衡性。从欧美国家经验看，人口转变与人口城镇化几乎是同步进行的，例如，表 3－1 中的数据显示，欧美现代化先驱和先行国家在人口转变完成或接近完成时，人口城镇化也已完成（如英国）或已进入最后阶段。日本的生育率转变是在 20世纪 50 年代末结束的，当时的人口城镇化水平也超过了 62%。而中国在生育率转变结束时，人口城镇化水平只有 28.2%，在生育率转变的整个过程中，人口城镇化水平仅仅提高了 10.5 个百分点。与中国形成鲜明对照的是韩国，虽然韩国人口转变的速度甚至比中国还快一些，但当 1984年人口转变完成时，其人口城镇化水平已经达到了 63.3%。中国的生育率转变是在 70% 以上人口生活在农村的情况下完成的，这可以说明中国的生育率转变不仅大大超前于经济现代化水平，还大大超前于社会现代化水平。

其二，人口素质现代化严重滞后。在生育率转变开始时，中国的教育还非常落后。根据世界银行的数据推算，1970 年，中国 15 ~ 19 岁人口平均受教育年限不到 5.35 年①，20 ~ 24 岁人口中接受过高等教育的人占比低于 1.9%。在生育率转变结束的前一年（1990 年），中国 15 岁及以上人口平均受教育年限仅为 5.59 年，生育年龄人口的分组平均受教育年限也很低（见表 3 - 2），高等教育粗入学率仅为 2.97%。中国与韩国生育率转变结束时的人口受教育水平有很大的差距，1987 年韩国高等教育粗入学率为 34.61%，而中国 1990 年和 1995 年分别仅为 2.97% 和 4.39%。

表 3 - 2　中国和韩国部分年份生育年龄人口分组平均受教育年限

单位：年

年龄组	中国		韩国	
	1970 年	1990 年	1960 年	1985 年
20 ~ 24 岁	5.35	7.54	7.56	12.15
25 ~ 29 岁	4.19	7.26	6.41	11.43
30 ~ 34 岁	4.19	7.04	3.38	10.71

注：表中的数据是根据 1990 年分年龄人口平均受教育年限回推得到的，没有考虑死亡率和国际迁移因素的影响。

资料来源：World Bank. "Data Bank：Education Statistics." https://databank.worldbank.org/source/education-statistics。

中国人口城镇化和人口素质现代化都是在人口转变结束以后才开始加速的，人口城镇化水平在 2011 年超过了 50%，2019 年提高到 60%。在 1999 年之前，高校招生人数一直维持着低速增长，1999 年高校开始扩招，招生人数迅速增长，2005 年超过 500 万人，2018 年达到 791 万人（见图 3 - 6）。2003 年高等教育粗入学率超过 15%，进入高等教育大众

---

① 这里是把 1990 年 35 ~ 39 岁人口平均受教育年限回推到 1970 年 15 ~ 19 岁人口，没有考虑死亡率和后续教育因素，虽然 1977 年恢复高考对于这个年龄队列在 1990 年的平均受教育年限有提升作用，但其影响极其有限。换言之，1970 年 15 ~ 19 岁人口平均受教育年限略少于他们在 1990 年的平均受教育年限。

化阶段（见图 3-7），2019 年高等教育粗入学率超过 50%，进入高等教育普及化阶段。

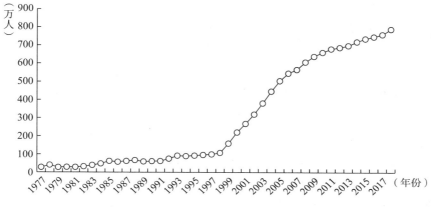

图 3-6　1977~2018 年中国高校招生人数

资料来源：国家统计局。

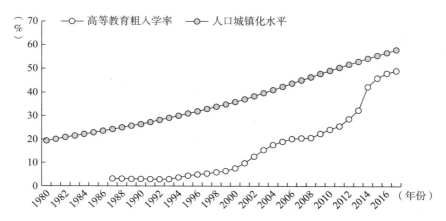

图 3-7　1980~2017 年中国人口城镇化水平和高等教育粗入学率

资料来源：United Nations（2018）；World Bank. "Data Bank：Education Statistics."
https：//databank. worldbank. org/source/education-statistics。

　　中国人口转变的超前性和时间的高度压缩性，以及人口现代化的非均衡特征，对未来的中国人口与现代化关系具有重要的、长期的影响，这意味着中国未来现代化面临的人口条件与其他国家有很大的不同。

第二节　人口条件影响现代化的机制与途径

人口现代化与现代化是相互促进的，人口现代化是现代化的一个重要方面（吕昭河，1999；王学义，2005），是现代化的重要标志，同时也是推动现代化的重要力量。但是，在人口与现代化的具体关系上，人口的不同形态和各个维度上的发展水平对现代化的影响不尽相同。

一　人口条件对现代化的影响机制

人口与现代化的关系非常复杂，不仅具有阶段性特征，而且在不同的国家之间存在着显著的差异。目前，中国已经进入了现代化的后期阶段，已经跨入了中等收入国家和高人类发展水平国家的行列，与之前相比，这个阶段的人口形态发生了深刻变化，人口与现代化的关系也发生了重大转折。如果说在现代化初期和中期阶段，人口与现代化关系以现代化引致和促进人口现代化为主导，那么，在现代化后期阶段，在中国，人口的现代化将会扮演更为主动积极的角色。现代化的人口蕴含着更大的发展潜力，具有更高的生产效率，拥有更强的创新能力，这些都是最终实现现代化的不可或缺的条件。基于现代化国家的经验和中国的人口变化趋势，我们认为，人口条件对中国未来现代化的影响，主要是通过人力资本效率机制、人口城镇化推动机制和人口老龄化倒逼机制实现的。

（一）人力资本效率机制

人口素质通过人力资本效率机制影响经济和社会现代化。人力资本在经济和社会现代化中起关键作用是一个普遍规律，中国现代化的未来发展同样受到这个规律的支配。欧美现代化先驱和先行国家及日韩的历史经验表明，在现代化的后期阶段，人口现代化起到了非常关键的作用。

在20世纪50年代和60年代，美国经济学家 Kuznets（1952，1961）、Leontief（1956）、Schultz（1958，1961）、Denison（1962）等在各自的研究中都发现，对经济增长贡献最大的不是劳动力的增加，而是人力资本的增长。世界银行的数据显示，1966年法国和意大利的劳动力中受过高等教育（包括短期大学教育）的人占比分别达到80.1%和83.4%，虽然其他国家没有这个时期的数据，但根据表3－1中数据，1950年美国、英国和德国的高等教育发展水平要高于法国和意大利，由此可以推断，20世纪60年代美国、英国和德国劳动力中受过高等教育的人占比都应该超过了80%，世界银行1994年的数据显示，英国的这个指标在1994年超过了90%。

创造"东亚奇迹"的日本和韩国的经验也证明，人口素质的现代化对于现代化发展至关重要。以往的研究都强调日本和韩国人口快速转变为经济增长带来的人口红利（Bloom & Williamson，1997），而事实上高等教育发展带来的人力资本快速积累对日本和韩国的经济增长所做的贡献更大。20世纪50年代的日本高等教育粗入学率基本稳定在10%左右，60年代开始快速提高，1975年达到38.9%（天野郁夫，2006），在21世纪初，高等教育粗入学率超过了50%，2010年以来一直保持在75%以上，2017年达到80.6%（田辉，2018）。韩国在60年代初还是一个人均GDP不足80美元的低收入国家，到2020年已发展成为新兴的高收入国家，其发展速度明显高于日本。韩国高等教育发展更为迅速，图3－8显示，1987年，韩国的高等教育粗入学率已经超过了英、法、意、西等国，20世纪末超过了美国。韩国高等教育的超常发展成为经济和社会现代化的加速器。

需要指出的是，虽然中国已经进入了高等教育普及化的发展阶段，但要实现劳动力素质大幅度提高，还需要一定时期的积累，因为高素质劳动力整体上替代低素质的劳动力需要一个过程。例如，韩国是世界上高等教育发展速度最快的国家，1996年高等教育粗入学率达到53.73%，2005年超过90%（见图3－8），但其劳动力中受过高等教育的人占比在2015年才达到71.94%，仍低于同期现代化先驱和先行国家的水平（见图3－9）。中国的高等教育刚刚进入普及化阶段，如果粗入学率按照韩国的速度继续提高，在进入高等教育普及化阶段后，中国劳动力中受过高等教育的人占比也还需要20年左右的时间才能达到70%。因此，只有进一步加大全社会的人力资本投资力度，才能够支撑中国现代化的发展。

（二）人口城镇化推动机制

人口城镇化不单单是人口在城乡之间分布的变化，其具有丰富的经济和社会内涵。人口城镇化是工业化和现代化的结果，但当城镇化发展

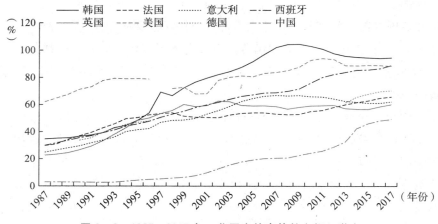

图 3 – 8 1987 ~ 2017 年一些国家的高等教育粗入学率

资料来源：World Bank. "Data Bank：Education Statistics." https://databank.world-bank.org/source/education-statistics。

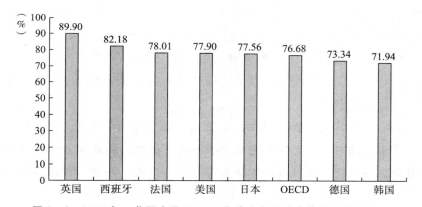

图 3 – 9 2015 年一些国家及 OECD 劳动力中受过高等教育的人占比

说明：受过高等教育的人中包括了受过短期大学教育的劳动力。这个指标在一定程度上受退休年龄影响。

资料来源：World Bank. "Data Bank. Education Statistics." https://databank.world-bank.org/source/education-statistics。

到后期阶段时，城镇化就成为推动现代化的重要动力。20 世纪 50 ~ 60 年代是欧美现代化先驱和先行国家现代化最终完成阶段，在这个时期这些国家人口城镇化水平也出现了快速提高。1950 年，除了英国人口城镇化水平达到 79%，其他欧美现代化先驱和先行国家的人口城镇化进程都没有结束，其中美国和德国人口城镇化水平分别为 64.2% 和 67.9%，另外几个国家在 51% ~ 56%。1970 年，美国、德国、法国的人口城镇化水平都超过 70%，西班牙和意大利分别比 1950 年提高了 15 个百分点和 10 个百分点。在同一时期，美国、法国、西班牙等国家的经济（以人均 GDP 为指标）都出现了较快增长（见图 3 - 10），直到 1973 年之后才因石油危机而放缓。由此可见，人口城镇化在中国未来的现代化中应该发挥非常重要的作用。

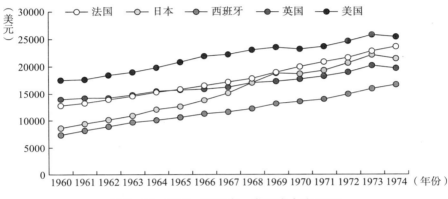

图 3 - 10　1960 ~ 1974 年一些国家人均 GDP

说明：人均 GDP 按 2010 年不变价格计算。

资料来源：World Bank. "Data Bank：World Development Indicators." https：//data-bank. worldbank. org/reports. aspx？source = world-development-indicators。

（三）人口老龄化倒逼机制

中国几乎是目前世界上唯一的在现代化尚未完成的情况下就进入了老龄社会的国家，这就使得中国的现代化要适应老龄社会的特点和需要。由人口转变（尤其是生育率转变）的特殊性导致的人口自然变动，使得中国未来的现代化面临欧美现代化先驱和先行国家在同样发展阶段所没有过的人口结构性压力，即"未富先老"。2018 年中国老龄化水平（65岁及以上人口占总人口比例）为 11.9%，相当于英国 1962 年、德国1962 年、法国 1963 年、意大利 1973 年、美国 1983 年、西班牙 1985 年、日本 1990 年的水平。换言之，这些国家是在进入后现代化阶段以后或接近完成现代化的时候才达到这个老龄化水平的。就老龄化而言，中国的现代化还面临着另一个与欧美现代化先驱和先行国家不同的局面，即中国未来老龄化速度远远高于这些国家。表 3 - 3 显示了一些国家老龄化水

平从 12% 提高到 20% 所用时间，根据预测，中国老龄化水平从 2019 年
的 12% 提高到 20% 将只需要 15 年的时间，比法、德、意、西等国所用
时间短得多，而英国和美国老龄化水平一直低于 20%，2019 年分别只有
18.5% 和 16.2%。韩国人口转变的速度与中国大致相同，老龄化水平在
2013 年达到了 12%，但这个时候韩国已经成为高收入国家。因此，中国
现代化面临的老龄化形势在世界上独一无二。

表 3 – 3   一些国家老龄化水平从 12% 提高到 20% 所用时间

国家	老龄化水平达到 12% 时间	老龄化水平达到 20% 时间	所用时间（年）
英国	1963 年	—	—
美国	1984 年	—	—
法国	1964 年	2018 年	54
德国	1962 年	2008 年	46
西班牙	1986 年	2020 年	34
意大利	1974 年	2007 年	33
日本	1990 年	2006 年	16
中国	2019 年	2034 年	15

资料来源：United Nations（2019）。

二   人口条件影响现代化的途径

人口素质、城镇化和老龄化是影响未来中国现代化的主要人口条件，
这些条件对现代化的影响是多方面、多途径的（见图 3 – 11）。

在经济意义上，人口素质提高是人力资本的增长，而人力资本增长
可以通过促进技术创新与扩散、提高全要素生产率、升级和优化产业结
构等途径促进经济现代化和提高经济发展质量，这些效应也可以被称为
"人力资本红利"。城镇化一方面通过城市发展增强城市的规模效应、聚
集效应和扩散效应，进而促进经济现代化，另一方面通过促进农村、农
业现代化促进经济现代化。

老龄化对中国现代化的影响比较复杂。在经济方面，老龄化的积极
意义是可能会带来"第二个人口红利"，但其负面影响可能更大，因为
老龄化会导致社会抚养负担加重，进而对储蓄造成负面影响。因此，老
龄化可以给储蓄带来积极和消极两种影响，其净影响究竟是积极还是消

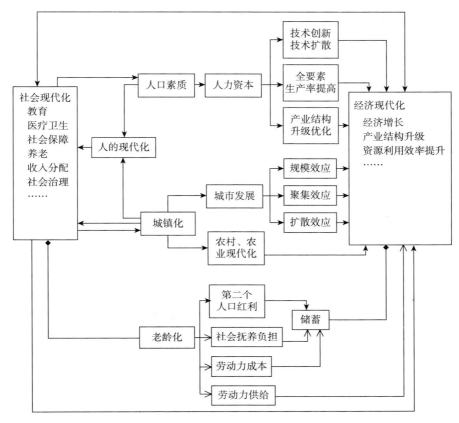

图 3 - 11　中国主要人口条件影响现代化的途径

说明：箭头 ⟶ 表示积极影响，箭头 ⟹ 表示消极影响，箭头 ━━● 表示净影响

极将取决于收入增长、生活成本、收入分配制度、养老保险及其他社会保障制度、劳动力市场等方面的变化。老龄化对经济产生消极影响的另一个途径是使劳动力供给减少和劳动力成本增加。当然，这种消极影响可以倒逼技术进步。

人口素质提高和城镇化可以直接促进社会现代化和城乡社会一体化，也可以通过人的现代化促进社会现代化。从个体角度看，老龄化是健康状况改善和寿命延长的结果，是社会进步的重要标志；从群体角度看，老年人口增长意味着养老需求和医疗需求的增长，这将倒逼中国医疗卫生制度、养老和医疗保险制度、养老服务供给等方面的改革和发展。

第三节 中国现代化面临的有利人口条件

一 人口素质进入迅速提高时期

人口发展与经济发展紧密联系，两者互相促进，人口素质是一个完整的有机体，提升人口素质必须注重人口的全面发展，必须将人口素质提升贯穿于现代化建设的各个方面。

与现代化先驱和先行国家在同样的现代化发展阶段上的人口素质相比，中国人口健康水平明显高于这些国家，但是人口教育素质则明显偏低，这是制约中国现代化的一个重要因素。但从另一个角度看，人口素质是中国最有发展前景和发展潜力的现代化条件，小学入学率已达到100%，2004 年以来小学升学率都保持在 99% ~ 100% 的水平，从 2014年开始初中升学率超过95%，2015 年高中升学率超过90%，这意味着此后学龄儿童当中有85%以上的人将接受高等教育。现在中国劳动力的中坚力量是 "70 后"、"80 后" 和 "90 后"，2020 ~ 2035 年中坚力量将逐步转变为 "90 后" 和 21 世纪出生的人，其中 "90 后" 是在高校扩招以后进入高考年龄的，因此受过高等教育的人的比例远远高于之前的出生队列，根据目前的教育发展水平推断，21 世纪出生的人口当中应该会有90%以上的人接受高等教育。可以肯定的是，当这部分人成长为劳动力时，中国的劳动力素质将会出现显著的提升。

(一) 人口素质与经济现代化

新古典增长理论假设劳动力是短缺的，物质资本超过一定点后的继续投入，将会造成边际报酬递减，导致经济增长不能持续。而打破资本边际报酬递减规律有两条途径：一是通过技术进步，不断提高全要素生产率对经济增长的贡献率，保持经济增长的可持续性；二是破除劳动力短缺的制约。Romer (1986) 和 Lucas (1988) 等新增长理论的代表则认为，深入研究人力资本形成、积累特点及其在增长中的作用，有利于把经济增长的源泉内生化。

马瀛通 (2007) 认为在继续稳定保持低生育水平的前提之下，实现人口红利从量向质的转变，才能使人口红利的效益大幅提升。胡鞍钢

（2015）从教育的外溢效应角度指出：提升受教育者就业能力，不仅本身会产生教育红利，而且会产生其他外溢红利即人力资源红利，这有利于调整经济结构，促进现代人口转型。厉以宁（2017）认为中国原先的人口红利已经没有了，新的人口红利正替代旧的人口红利，中国正从"技工时代"转向"高技工时代"；同时，科技方面的投资也正在产生新的资源红利，新一轮改革给经济发展提供新机遇，释放新的人口红利。因此，要不断提高劳动人口素质，为经济发展提供更充足的劳动力，实现经济增长由量变到质变的跨越。李群（2016）通过实证分析发现，中国经济发展的动因中，无论是根据潜在数据还是实际数据来分析，人口素质红利指标都比人口红利指标更能解释推动中国经济增长的潜力和动力，对经济增长的贡献度也更高。

人口素质的提升可以推动经济增长模式的转变。焦乃洹（2014）提出人口素质提升可以推动科技的发展，提高劳动生产率，将外延式扩大再生产转变为内涵式扩大再生产，以此来提升产品的竞争力、提高经济效益。人口素质的提高可以加快知识更新换代的速度，将知识转化为生产力，培养更多具有高素质的劳动群体，推动经济增长方式的革新。

人口素质的提升可以通过改变人们的消费方式来促进经济发展。人口素质的提升可以改善人们的生活，随着人口素质的提高，人们对生产生活环境的要求也会不断提高，这将推动第三产业的快速发展，进而促进产业结构的调整和优化升级。从需求侧来看，人们消费需求层次的提升可以为商品生产提供导向作用和动力，从而进一步优化生产布局结构与规模，实现经济增长。

人口素质的提升可以推动经济结构的优化与调整。人口素质直接决定了生产效率，人口素质的提高，会引起经济的增长和经济结构的变动，人口素质在一定程度上决定一个国家产业结构的优化升级能否成功。人口素质的提升，是技术发展的推动力，能够在推动技术以及科学发展的基础上促进社会资源配置优化以及产业结构发展革新，这有利于社会经济发展进步，实现可持续发展及健康运行。

（二）人口素质与社会现代化

人口素质的提升将促进社会经济的发展，为构建和谐社会提供智力支持、精神动力和发展方向。亨廷顿（1998）在《文明的冲突与世界秩序的重塑》中认为，文明和文化都涉及一个民族全面的生活方式，文明是放大了的文化。迈克尔·波特认为，"态度、价值观和信念，有时笼统地称之为文化，它们在人类行为和进步中无疑起着重要的作用"。高等教育通过对人口素质的影响而进一步影响社会的微观方面，如人们的价值观、消费观、婚姻、生活方式、文化优越感等。

人口素质提升通过提升价值观念促进社会现代化。人们通过接受文化教育来提升自身各方面的素质，在自身素质得到提升后，人们的价值观也会随之发生改变，从而形成正确的价值观，在社会生活中做出更正确的选择，提升自己，实现自身的价值。

人口素质提升通过促进家庭发展促进社会现代化。家庭是社会发展的基本单位。首先，人口素质提升有助于促进家庭环境结构合理化，结构合理的家庭，会反过来使得家庭人口素质整体不断上升，为家庭的发展增添活力、提供动力；其次，高素质的劳动者能够为家庭积聚财富，促进家庭的健康向上发展；最后，家庭人口素质的提升，对家庭新生人口的抚育、老年人口的赡养、人力资本的投入、家庭财富的创造、家庭文化的建设、生产力的增长、家庭生活品质的提升等都有着至关重要的作用（朱洪峰，2019）。

人口素质提升通过提升教育水平促进社会现代化。人口素质提升会对家庭和婚姻产生一系列的影响。家庭教育与学校教育对孩子的成长都有着不可替代的作用，布劳和邓肯认为，人们的教育获得与其父辈的社会阶层和教育水平有着较强的相关性。英国的曼彻斯特调查也得出相似的结论：家庭因素的影响力是学校因素的两倍。据调查，青少年犯罪率与家庭环境有着最直接的关系，尤其是家庭结构。生活在素质较高的家庭环境里，孩子更易于形成完整健全的人格，相对地，心理失调、行为失范等情况出现的概率就比较低。这更加说明，父辈的人口素质的提升，对下一代人口素质的提升有着极其重要的作用，能促进社会的稳定发展和推进社会现代化的进程。同时，教育事业对一个国家和社会的发展是极其重要的，它制约着提升人口素质的中心环节，教育事业的发展与人口素质的提升互相影响、互相促进，人口素质的提升，尤其是教育人员人口素质的提升，对于幼儿教育、学前教育、社会教育、成人教育等的发展都是有极大促进作用的（马洪莉，2006）。

人口素质提升通过提高妇女地位促进社会现代化。人口素质的提升，尤其是一些少数民族女性人口素质的提升可以促进构建和谐家庭、和谐社区和和谐社会，切实保障女性平等发展的权利，这对改善婚姻家庭状况、促进妇女就业、建设和谐文化、维护妇女自身权益都有重要作用（孟航，2009）。

二　人口城镇化

（一）人口城镇化与经济现代化

城镇化是现代化的结果，城镇化水平与经济发展水平总体上呈现正向关联特征（Berry & Smith，1970）。对中国的经济现代化而言，21世纪20年代及未来一个时期的城镇化对经济的主要影响不是推动工业化，而是促进第三产业的发展，尤其是现代化服务业的发展。有实证研究表明，城市群城市的产业发展模式逐渐由工业化主导转向第三产业主导（涂正革等，2016）。

城镇化的重要体现之一就是人口、产业不断向城镇聚集，这就推动了产业结构的演进。有实证研究表明，城镇化能够为现代工业和服务业发展进行资本积累，推动产业结构向高级化、合理化方向发展（蓝庆新、陈超凡，2013）。国务院发展研究中心和世界银行联合课题组（2014）的一项研究显示，随着中国经济的高速增长和人口的快速流动，城镇经济体系通过生产活动高度集中提升了效率，市场力量也在不断"优化"中国城市的规模，以获得更高的经济效率。根据韩国、日本和美国的发展经验，中国大城市将由当前以集聚工业为主，转为以集聚服务业为主。未来，创新和服务经济的集聚程度将高于现在工业的集聚程度。

从消费需求角度看，城镇化的推进导致了居民消费规模的扩大，消费需求结构变动经历了主要消费品从农产品变为日用工业消费品再变为耐用消费品的过程，消费规模和消费需求结构的变动直接影响到产业结构中产业的规模、数量和发展质量（谢晶晶、罗乐勤，2004）。从投资需求角度看，城镇化发展将促进基础设施建设，如能源和水源供给、交通运输和邮电通信等，还会使卫生保健、文化教育、科学、环保、社会福利等部门得到发展，这将极大拉动相关联产业的投资需求，引导产业结构变迁（汤向俊、马光辉，2016）。

　　城镇化不仅可以推动非农产业发展，还可以促进农业现代化和农村现代化，是推动区域协调发展的有力支撑、扩大内需和促进产业升级的重要抓手、中国实现现代化的必由之路。从人口流动角度来看，城镇化意味着农村人口向城镇转移，城镇人口规模增加，这会使城镇劳动人口规模扩大、就业结构改变，有助于对城镇劳动力资源进行合理的重新配置，通过就业提高居民收入水平和消费能力，增强消费偏好，激发经济发展活力和消费需求；另外，城镇化过程中，农村人口减少，人均土地面积增多，土地集中有助于提高农业生产水平，且城镇化可以使先进的培育技术由城市向乡村广泛渗透，改进农业的生产方式，提高农村的对外开放程度，缩小城乡差距，促进农业现代化（张优智，2015）。城镇化使得农业比重减少，这可以加速农业内部产业结构的调整优化，加快农业现代化进程；工业化发展规模稳定，可以为工业反哺农业、城市反哺农村提供足够的财力和物力支持，城镇化为农业生产提供了社会经济条件，而农业技术装备、机械化的发展也改进和完善着农业生产条件，有效带动农业规模化、产业化和现代化发展（夏春萍、路万忠，2010）。

（二）人口城镇化与社会现代化

　　城市是社会现代化的平台，是社会资源和公共服务高度聚集的地方，因此，人口城镇化是推动社会现代化的重要力量。同时，城市是现代性的代表，是先进的思想、科技和制度安排的发源地、扩散源。社会现代化集中体现在城市的就业方式、收入方式、消费方式、生活方式及思想观念上。换言之，人的现代化在城市中体现得最为充分。进入 21 世纪以来，中国的城市高速发展，现代化水平大幅度提高，一些大城市的现代化水平已经进入世界前列。因此，人口城镇化意味着有越来越多的人进入现代化环境，享有现代化带来的发展成果和发展机会，能够提高个人的现代化水平，进而促进整个社会的现代化。

　　中国人口城镇化在推动社会现代化中的另一个重要作用体现在其能促进二元社会向一元社会转变。中国社会现代化目前存在的一个严重的短板是二元化的民生制度安排，城乡居民之间、城市中的非农户口与农业户口居民之间、本地居民与外来人口之间都存在着制度性福利差别，在一定程度上导致社会不平等，而社会现代化的主要任务之一就是消除社会不平等。人口城镇化可以倒逼中国民生制度的改革，促进社会平等和社会公平。这也是中国新型城镇化发展战略的主要目标之一。

第四节 中国现代化面临的不利人口条件

就人口而言，人口结构失衡是中国现代化面临的最不利因素，人口结构失衡主要包括两个方面，一个是人口年龄结构失衡，另一个是出生人口性别长期失衡。

一 老龄化的挑战

生育率转变的超前性、时间高度压缩性及长期保持低生育率导致了中国严重的"少子老龄化"和"超前老龄化"，而这两个结构性问题对中国的现代化极为不利。

（一）人口老龄化与经济现代化

许多研究结果表明人口老龄化对储蓄、投资和经济增长等都会产生负面影响。我们可以从图 3－12 中四个国家的老龄化水平与人均 GDP 增长率的长期变化趋势中看到老龄化对经济的影响。在这四个国家中，日本是老龄化速度最快、程度最高的国家，在老龄化水平超过 12% 以后，人均 GDP 增长率总体呈下降趋势。意大利的老龄化速度比日本慢，但老龄化水平也相当高，人均 GDP 增长率在老龄化水平达到 12% 以后也出现了总体上的下降趋势。德国的老龄化水平与意大利基本相同，但老龄化的速度要慢于意大利，其人均 GDP 增长率的下降趋势并不明显。美国的老龄化水平最低，提高速度也最慢，人均 GDP 增长率也没有呈现与老龄化水平的负相关关系。除了这四个国家，法国、西班牙和英国的经济增长速度也都是在老龄化水平超过 12% 以后开始出现下降趋势。要确定这究竟是否是一个普遍的规律，还需要进行更深入的实证分析，但从这些国家的经验看，中国经济已经开始进入老龄化压力时代。

如前文所述，老龄化对经济的不利影响主要体现为因抚养比提高而发生的储蓄率降低和劳动力供给短缺。图 3－13 是七个国家 1970～2018 年总储蓄率的变化趋势，除了德国，其他国家的储蓄率总体上都呈现下降趋势。一些针对中国的实证研究结果显示，人口老龄化将会降低中国的储蓄率，进而对人均 GDP 增长率产生不利影响（胡鞍钢等，2012）。

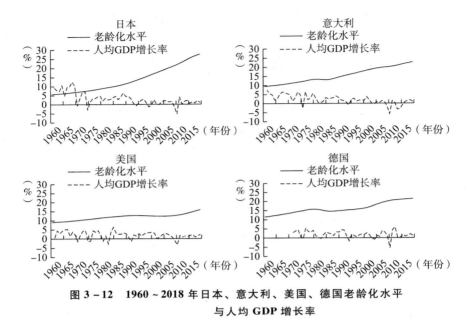

图 3 – 12　1960 ~ 2018 年日本、意大利、美国、德国老龄化水平
与人均 GDP 增长率

资料来源：United Nations （2019）；World Bank. "Data Bank：World Development In-
dicators. " https：//databank. worldbank. org/reports. aspx? source = world-development-indi-
cators。

袁志刚和宋铮（2000）通过建立两期 OLG 模型发现老年人口比例上升是
中国储蓄率降低的重要原因。如果储蓄率持续降低，将会导致利率的提
高，进而增加经济增长的成本。同时，老龄化在一定条件下可以带来第
二个人口红利，由于寿命的延长，人们倾向于进行"预防性储蓄"，但
这取决于收入水平、生活成本的变化和长期利率水平。事实上，2010 ~
2018 年，中国的储蓄率已经从 51. 95% 下降到 46. 25%。2018 年，中国
的储蓄率仍处于很高水平，但随着老龄化水平的快速提高，未来的储蓄
率很有可能出现更大幅度的下降。

人口老龄化与劳动年龄人口数量呈负相关，这是一个在短期内难以
逆转的绝对趋势（中国社会科学院"当代中国社会结构变迁研究"课题
组，2010）。2010 年，中国 15 ~ 64 岁劳动年龄人口占总人口比例达到了
历史高点 73. 3%，之后开始下降，2019 年为 71. 2%。根据联合国的预
测，中国劳动年龄人口比例会在 2040 年降到 62%，在 2050 年降到 60%
以下（United Nations，2022）。从现有的研究来看，人口老龄化会对劳动

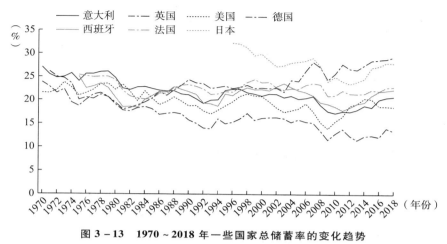

图 3 - 13　1970 ~ 2018 年一些国家总储蓄率的变化趋势

资料来源：World Bank. "Data Bank：World Development Indicators." https：//data-bank. worldbank. org/reports. aspx? source = world-development-indicators。

力供给产生负面影响已是不争的事实。从长远角度看，劳动力供给短缺对经济增长的负面影响将会加剧。

（二）人口老龄化与社会现代化

覆盖全民的社会保障制度是现代化国家的重要标志。中国的社会保障制度的基本架构并没有为来势迅猛的人口老龄化提前做好准备，与老龄化带来的养老金需求和医疗支出的迅速增长相比，现行的社会养老保险、医疗保险等社会保障制度安排都面临着巨大压力（李俊、王红漫，2018；李雯、温小霓，2006；何文炯，2010；何平平等，2009）。因此，对中国社会保障制度不能做"修补"式的改革，必须进行大刀阔斧的改革。在这个意义上，人口老龄化将倒逼中国社会保障和福利制度改革。

人口老龄化对社会现代化的另一个重要影响是造成了家庭结构和代际关系的变化。现代化理论认为，在城市化和工业化进程中，家庭规模和复杂性都随之下降；传统的扩展家庭将会被独立的、现代的核心家庭所取代，家庭结构趋同。中国家庭结构仍呈现出核心家庭为主、直系家庭居次、以单人家庭为补充的格局，但城乡之间存在差异（王跃生，2017）。同时，人口老龄化进程加快，高龄化和失能化的趋势明显，空巢家庭比例大幅提升，传统的家庭结构面临挑战（杨菊华，2017）。家庭代际关系随着人口老龄化的持续加快已经被迫实现社会化，但社会资源分配的无力使得代际冲突日益突出（周晓虹，2008）。家庭功能发挥场所由"家内"向"家际"转化，直系亲属之间空间分割导致关系疏离，特别是不同代的姻亲之间因无日常生活协助而情感淡漠（王跃生，2013）。伴随人口老龄化进程的推进，用于老年照料等方面的家庭资源与社会资源都变得相对稀缺，已经社会化了的代际关系可能会更多地表现为冲突而不是认同。

二　出生人口性别失衡带来的社会问题

自20世纪80年代中期以来，中国出生性别比持续偏高，直到"全面二孩"政策出台后，出生性别比失常问题才有所缓解。由于出生性别比失常的长期累积后果，目前中国已经进入了"性别敏感"年龄组（20~35岁）人口性别失衡时期。

中国性别失衡问题带来的男性婚姻挤压和女性缺失，侵害了女性的生命权、生存权和发展权，不利于家庭的稳定，易诱发利益相关者的社会失范行为和放大社会风险，影响社会稳定和公共安全，最终影响中国社会的和谐发展（慈勤英，2016；刘爽，2007；汤兆云，2019）。

出生性别比失常给中国社会带来的最大风险是婚姻过度挤压。根据婚姻市场理论的假设，在不考虑外生变量的前提下，婚姻市场受性别、年龄结构、婚龄差的影响（郭志刚，2013）。基于各个年龄段性别比，在累积作用下，"男性过剩"现象已经出现且会在未来一定时期内成为我国人口性别结构的显著特征。[①] 判定婚配性别比是否失常的关键，是婚龄差及婚龄人口的性别结构和年龄结构（冯玉平、许改玲，2005）。姜全保和李晓敏（2013）的研究表明，中国的婚姻挤压中，虽然性别结构可能是主要因素，但年龄结构因素也值得关注。未婚人群尤其是大龄未婚人群以男性为主，乡村未婚婚龄人口性别比远高于城镇（陈卫、宋健，2006）。遭受婚姻性别挤压的主要是社会底层群体，且挤压程度存在地区差异，后果可能是威胁家庭稳定、滋生犯罪如拐卖妇女等（陈友华，2004b）。并且，未来大量老年单身家庭的出现将可能引发养老危机，给社会带来沉重的负担（石人炳，2006）。滞留在农村的大龄男性更容易

---

① 《年度数据》，国家统计局网站，https://data.stats.gov.cn/easyquery.htm? cn = C01。

因女性缺失而面临成婚困难，会产生严重的生理和心理问题，直至影响到包括自己及父母在内的家庭成员的生活福利。在社会中，犯罪率和行为人参加社会生活的程度成正比，男性犯罪率比女性要高（张远煌，1998）。有学者从犯罪和疾病传播的角度对性别失衡与公共安全的关系进行了研究，认为"光棍"群体的出现可能会令犯罪率增加（刘慧君、李树茁，2010；姜全保、李波，2011），甚至违法犯罪重灾区的性别失衡会威胁国家安全（孙小迎，2007）。

第五节 人口负增长对中国现代化的双重影响

人口负增长是人口再生产的一种特殊形态，即指在一定时期内，育龄妇女总和生育率维持在偏低水平且人口老龄化、高龄化加速，每年出生人口数量低于死亡人口数量，人口年龄结构加剧老化，人口自然增长率为负（陆杰华，2019）。据联合国（United Nations，2022）预测，中国人口负增长时代已经在 2022 年开启，长期持续的人口负增长将影响此后中国的现代化发展。

一 人口负增长的积极影响

生态环境和资源条件是一个国家的自然禀赋，也是现代化和可持续发展的自然基础。中国是一个拥有 14 亿多人口的发展中国家，生产活动和消费活动给环境和资源带来的压力是许多国家难以比拟的。

人类与自然环境是密不可分的，如何正确处理人类与自然环境的矛盾是人类社会想要生存和发展必须正视的问题。在过去很长一个时期内，中国生态环境恶化的一个重要根源在于不断增长的人口压力。例如，开垦草原造成土地沙化，围湖造田导致水生生态被破坏。中国人口的持续增长，不仅增加了对森林资源的需求，使森林面积锐减，而且挤占了野生生物的生存环境，使野生生物生存的地盘越来越小。因此，尽管我们用占不到世界 7% 的耕地养活了约占世界 22% 的人口，但是人口增长引起的耕地减少、肥力下降、土壤污染、森林草原退化等潜在危机，成为中国经济与社会可持续发展的阻力（曹新，2004）。

而且，中国经济还将继续增长，生活水平还将继续提高，即使在技术进步和资源利用效率提高的情况下，生态环境和自然资源仍将承受巨大的压力。在这样的背景下，中国人口的负增长将减轻生态和资源压力，促进生态平衡和环境质量的改善，为中国的可持续发展创造更好的机会和条件。

但必须注意的是，基于人口内部系统性关系和人口与社会经济之间的系统性关系，人口负增长的积极效应只能在"温和"负增长状态中出现。中国人口负增长已不可避免，但是，我们可以做的事情是降低人口减少的速度，缩短人口负增长的时间，争取一个"温和"的负增长，这一方面可以减少甚至避免对经济的冲击，另一方面可以减轻人口对生态的压力。

二　人口负增长的不利影响

人口负增长将会带来三个方面的不利影响，这些不利影响的严重程度取决于人口负增长的速度和持续的时间。

首先，人口长期负增长将直接威胁到人口和社会的可持续性。例如，根据联合国《世界人口展望》（2022 年版）的低方案预测①，如果生育率一直处于极低水平，从 2022 年起中国人口就会进入持续并不断加速负增长的状态，到 2100 年，中国人口规模将减少到 4.94 亿人（见图 3 - 14）。如果这个变化趋势成为现实的可能性不断增加，中国将面临系统性的人口危机，因为人口负增长并不只是单纯的人口数量减少，更重要的是人口长期的负增长同时必然带来人口年龄结构的严重畸形。如图 3 - 15 所示，在人口减少过程中，减少速度更快的是劳动年龄人口（15 ～ 64 岁，本章下同）和作为劳动力后备军的少儿人口（0 ～ 14 岁，本章下同）。与 2022 年相比，2100 年人口规模减小了 65%，而劳动年龄人口和少儿人口则分别减少了 4/5 以上和 9/10 以上。很显然，这种情况如果发生就意味着中国人口系统的崩溃，其会引起整个社会经济系统的崩溃。

其次，人口长期负增长将导致劳动力供给的极度短缺。在联合国低方案预测中（见图 3 - 15），中国劳动年龄人口将从 2022 年的 9.84 亿人

---

① 联合国《世界人口展望》（2022 年版）对中国人口进行预测的低方案中为不同时期的生育率设置的假设值不同，参见本书第十一章中的表 11 - 1。

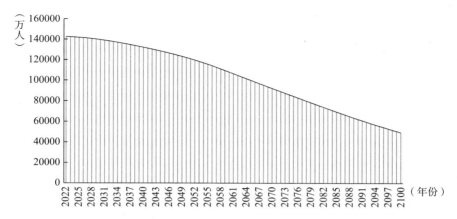

图3-14　联合国低方案预测的2022~2100年中国人口规模

资料来源：United Nations（2022）。

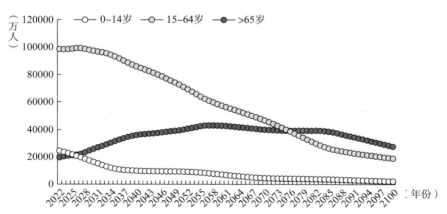

图3-15　联合国低方案预测的2022~2100年中国三个年龄组人口变化

资料来源：United Nations（2022）。

减少到2100年的1.89亿人，78年里减少了7.95亿人，平均每年减少1000多万人，这对任何一个国家的经济而言，都是无法承受的巨大冲击，即使是在人工智能普遍应用的情况下，这种危机性冲击带来的灾难性后果也难以避免。

最后，人口长期负增长将带来难以承受的社会负担。人口长期负增长的一个必然结果是超级老龄化和超级高龄化。根据联合国低方案预测结果，2022~2100年，中国老龄化水平将从11.97%上升至56.6%，老年（65岁及以上人口为老年人口）抚养比将从19.9%上升至146%（见

图3-16），总人口中有将近1/2人口的年龄超过60岁，其中80岁及以上的高龄老人的数量从2662万人增加到1.51亿人，占总人口比例从1.85%提升至30.57%。这样的超级老龄化和超级高龄化所带来的经济负担、社会负担和家庭负担是任何一个社会都难以承受的。在这么沉重的压力下，中国的现代化将难以实现，社会发展的停滞和经济的衰退将难以避免。

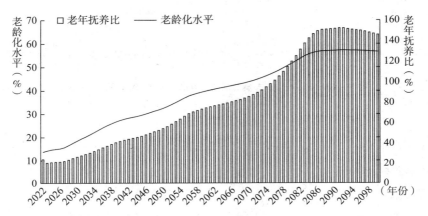

图3-16　联合国低方案预测的2022～2100年中国老龄化水平和老年抚养比

资料来源：United Nations（2022）。

小　结

　　本章以现代化先驱和先行国家以及日本和韩国的历史数据为参照，从人口转变、人口素质、人口城镇化等三个方面分析了中国人口现代化进程，并揭示了中国人口现代化中人口转变的超前性、生育率转变的高度压缩性和人口现代化的非均衡性等三个特点。从理论上分析了人口条件影响中国未来现代化的三个主要机制，包括人力资本效率机制、人口城镇化推动机制和人口老龄化倒逼机制，并分析了主要人口条件影响中国未来现代化的主要途径。在理论分析的基础上，根据中国人口变化的新形势及其与现代化关系的变化，具体分析了影响中国未来现代化的有利人口条件、不利人口条件和具有双重影响的人口条件。

　　在中国未来现代化道路上，最具有发展潜力和能动性的因素是人力资本和人口城镇化。在过去很长一个时期内，这两个因素都曾发展滞后，成为中国现代化的短板，但进入 21 世纪以来，尤其是 2010 年以来，这两个方面的现代化步伐不断加快，并将为中国未来的现代化创造有利条件。

　　来自人口变化的对中国未来现代化最大的挑战是人口快速老龄化和人口长期负增长。这两个挑战将全面影响中国的现代化进程，并且难以避免。中国能够做的是努力提高生育率，争取人口"温和"负增长，只有如此才能够避免人口的系统性崩溃以及社会长期停滞和经济长期衰退的危机。

参考文献

贝尔，丹尼尔，1997，《后工业社会的来临》，高铦等译，新华出版社。

蔡泳，2012，《低生育率及其社会经济影响》，载梁在主编《人口学》，中国人民大学出版社。

曹新，2004，《论人口增长与自然资源环境的关系》，《攀登》第 2 期。

陈卫、宋健，2006，《中国人口的年龄性别结构》，《人口研究》第 2 期。

陈友华，2004a，《中国和欧盟婚姻市场透视》，南京大学出版社。

陈友华，2004b，《中国人口性别年龄结构现状与前景分析》，《南京人口管理干部学院学报》第 2 期。

慈勤英，2016，《家庭养老：农村养老不可能完成的任务》，《武汉大学学报》（人文科学版）第 2 期。

冯玉平、许改玲，2005，《出生性别比与婚姻挤压问题分析》，《西北人口》第 5 期。

富永健一，2004，《日本的现代化与社会变迁》，李国庆、刘畅译，商务印书馆。

郭志刚，2013，《中国人口生育水平在何处——基于六普数据的分析》，《中国人口科学》第 2 期。

国务院发展研究中心和世界银行联合课题组，2014，《中国：推进高效、包容、可持续的城镇化》，《管理世界》第 4 期。

何传启，2003，《世界现代化研究的三次浪潮》，《中国科学院院刊》第 3 期。

何平平、罗海燕、戴伟，2009，《人口老龄化对城镇职工基本医疗制度的挑战》，《中国国情国力》第 10 期。

何文炯，2010，《社会保险转型与商业保险发展》，《保险研究》第 7 期。

亨廷顿，塞缪尔，1998，《文明的冲突与世界秩序的重塑》，《国外社会科学》第 6 期。

胡鞍钢，2015，《从科教兴国战略到科教强国战略》，载胡鞍钢主编《国情报告》（第十六卷），党建读物出版社。

胡鞍钢、刘生龙、马振国，2012，《人口老龄化、人口增长与经济增长——来自中国省际面板数据的实证证据》，《人口研究》第 3 期。

胡鹏等，2016，《安徽省城镇化、产业结构升级与金融发展的互动关系分析》，《江淮论坛》第 4 期。

姜全保、李波，2011，《性别失衡对犯罪率的影响研究》，《公共管理学报》第 1 期。

姜全保、李晓敏，2013，《中国婚姻挤压问题研究》，《中国人口科学》第 5 期。

焦乃洹，2014，《论人口素质与经济增长的关系》，《统计与管理》第 4 期。

蓝庆新、陈超凡，2013，《新型城镇化推动产业结构升级了吗？——基于中国省级面板数据的空间计量研究》，《财经研究》第 12 期。

李俊、王红漫，2018，《美国老年人口结构变化及健康养老制度演进对中国的启示》，《中国老年学杂志》第 17 期。

李路路，2019，《重回现代化视角思考转型和国家》，《中国社会科学评价》第 3 期。

李群，2016，《中国劳动人口素质红利与经济增长》，《社会科学家》第 1 期。

李树苗、陈盈晖、杜海峰，2009，《中国的性别失衡与社会可持续发展——一个跨学科的研究范式与框架》，《西安交通大学学报》（社会科学版）第 6 期。

李雯、温小霓，2006，《人口增长因素对医疗保险基金的影响研究》，《西安石油大学学报》（社会科学版）第 1 期。

厉以宁，2017，《人力资本革命开始，"城归"带来新人口红利》，《现代商业银行》第 11 期。

刘慧君、李树苗，2010，《性别失衡风险的社会放大与政府危机应对：一个分析模型》，《中国行政管理》第 12 期。

刘爽，2003，《男多女少无助于妇女地位的提高》，《人口研究》第 5 期。

刘爽，2007，《中国的出生人口性别比失常及其思考》，《甘肃社会科学》第 6 期。

陆杰华，2019，《人口负增长时代：特征、风险及其应对策略》，《社会发展研究》第 1 期。

吕昭河，1999，《人口现代化：一个历史过程的理论探讨》，《思想战线》第 4 期。

马洪莉，2006，《提高人口质量，构建和谐社会》，中国系统工程学会第十四届学术年会论文，福建厦门。

马瀛通，2007，《人口红利与日俱增是 21 世纪中国跨越式发展的动力》，《中国人口科学》第 1 期。

孟航，2009，《从民族社会学视角看中国人口文化素质中的性别因素——兼论提高女性文化素质对和谐社会构建的意义》，《中华女子学院山东分院学报》第 1 期。

穆光宗，2004，《老龄人口的精神赡养问题》，《中国人民大学学报》第 4 期。

十时严周，1989，《现代化进程的比较研究——论日本和中国的现代化》，李国庆译，《社会学研究》第 2 期。

石人炳，2006，《青年人口迁出对农村婚姻的影响》，《人口学刊》第 1 期。

孙江辉，2006，《男女性别比失衡与违法犯罪问题研究》，硕士学位论文，中国政法大学。

孙小迎，2007，《出生人口性别比失衡威胁国家安全发展》，《中国党政二部论坛》第 9 期。

汤向俊、马光辉，2016，《城镇化、服务业发展与居民消费：国际经验》，《财经科学》第 7 期。

汤兆云，2019，《农村养老服务供给主体的多元化建设》，《中国社会工作》第 2 期。

汤兆云，2008，《社会性别视角中的出生性别比偏高问题》，第 18 届中国社会学年会"改革开放 30 年与女性发展论坛"论文，吉林长春。

天野郁夫，2006，《高等教育大众化：日本的经验与教训》，陈武元译，《高等教育研究》第 10 期。

田辉，2018，《"全入时代"的日本高考改革》，《光明日报》7 月 11 日。

涂正革、叶航、谌仁俊，2016，《中国城镇化的动力机制及其发展模式》，《华中师范大学学报》（人文社会科学版）第 5 期。

王学义，2005，《人口现代化的理论分析框架——框架的确立及其意义、依据与相关范畴界定》，《天府新论》第 2 期。

王跃生，2013，《中国当代家庭关系的变迁：形式、内容及功能》，《人民论坛》第 23 期。

王跃生，2017，《中国家庭结构变动与特征》，《人口与计划生育》第 9 期。

夏春萍、路万忠，2010，《我国统筹工业化、城镇化与农业现代化的现实条件分析》，《经济纵横》第 8 期。

谢晶晶、罗乐勤，2004，《城市化对投资和消费需求的拉动效应分析》，《改革与战略》第 3 期。

杨菊华，2017，《生育政策与中国家庭的变迁》，《文化纵横》第 6 期。

袁志刚、宋铮，2000，《人口年龄结构、养老保险制度与最优储蓄率》，《经济研究》第 11 期。

张仁慧、丁文锋，2004，《论经济现代化的三大规律》，《人文杂志》第 6 期。

张优智，2015，《城市化、能源消费与经济增长：理论分析与实证研究》，中国社会科学出版社。

张远煌，1998，《论性别对犯罪的影响》，《刑侦研究》第 4 期。

中国社会科学院"当代中国社会结构变迁研究"课题组，2010，《我国社会结构的变动及其影响》，《中国经贸导刊》第 7 期。

周前程，2018，《近代以来中国社会发展的历史与逻辑研究》，《实事求是》第 3 期。

周晓虹，2008，《孝悌传统与长幼尊卑：传统中国社会的代际关系》，《浙江社会科学》第 5 期。

朱洪峰，2019，《更加重视人口素质对经济社会发展的作用》，《中国人口报》1 月 16 日。

邹平林、杜早华，2012，《从"现代化"到"现代性"——理论的嬗变与中国社会转型过程中的问题迁衍》，《理论与现代化》第 5 期。

左学金，2012，《21 世纪中国人口再展望》，《北京大学学报》（哲学社会科学版）第 5 期。

Bell, Daniel. 1973. *The Coming of Post-Industrial Society: A Venture in Social Forecasting*. New York: Basic Books.

Bloom, D. E. and J. G. Williamson 1997. "Demographic Transitions and Economic Miracles in Emerging Asia. " *NBER Working Papers* 12.

Berry, Brian J. L. and Katherine B. Smith. 1970. *City Classification Handbook: Methods and Applications*. New York: John Wiley&Sons.

Davis, Kingsley. 1944. "The World Demographic Transition. " *Annals of the American Academy of Political and Social Science* 237.

Denison, E. 1962. *The Source of Economic Growth in the United States and the Alternatives Before Us*. New York: Committee for Economic Development.

Huntington, S. P. 1968. *Political Order in Changing Societies*. New Haven and London: Yale University Press.

Kuznets, S. 1952. *Long-Term Changes in Income and Wealth of the United States, Series II*. Cambrige: Bowes and Bowes.

Kuznets, S. 1961. *Capital in the American Economy: Its Formation and Financing*. Princeton: Princeton University Press for NBER.

Leontief, W. 1956. "Factors Proportions and Structure of American Trade." *The Review of Economics and Statistics* 33.

Lucas, R. E. 1988. "On the Mechanics of Economic Development." *Journal of Monetary Economics* 22.

Notestein, Frank. 1945. "Population—The Long View." in T. Schultz, ed., *Food for the World*. Chicago: Chicago University Press.

Parsons, T. 1951. *The Social System*. New York: The Free Press.

Romer, P. M. 1986. "Increasing Returns and Long Run Growth." *Journal of Political Economy* 94.

Rostow, W. W. 1960. *The Stages of Economic Growth: A Non-Communist Manifesto*. Cambridge: Cambrige University Press.

Schultz, T. W. 1958. "Refledction in Agricultural Production, Output and Supply." *Journal of Farm Economics* 38.

Schultz, T. W. 1961. "Investment in Human Capital." *American Economic Review* 51.

Thompson, Warren. S. 1929. "Population." *The American Journal of Sociology* 34.

United Nations. 2018. *World Urbanization Prospects, the 2018 Revision*. New York: United Nations, Population Division.

United Nations. 2019. *World Population Prospects, the 2019 Revision*. New York: United Nations, Population Division.

United Nations. 2022. *World Population Prospects, the 2022 Revision*. New York: United Nations, Population Division.

第四章　实证分析：人口条件在当代中国快速现代化中的作用

——以经济现代化为例

王金营　刘艳华[*]

第一节　问题的提出

现代化理论关注社会内部的经济增长，即国民收入或者国内生产总值的增加，而以机械化、电气化、智能化为代表的工业化进程是经济增长过程的重要组成部分，也是经济现代化的标志。现代化理论研究经济增长的社会、政治和文化后果，以及工业化和经济增长发生的重要条件。事实上，大多数现代化理论中嵌入了变量之间的内生性的互动机制。因此，对现代化进程涉及的社会和经济变化的讨论往往具有一定程度的循环性。社会学的现代化概念不是笼统地指现代化或"与时俱进"，而是详细规定了国家发展过程中社会变革的具体内容和过程。

"现代化"、"工业化"和"发展"这三个词经常可以互换使用。但是，实际上现代化包含了工业化，工业化涉及制造业、服务业的发展乃至工资、劳动力素质、收入水平和职业多样性的提升。现代化理论不仅以人均经济产出来定义发展，而且还涉及经济发展的各个方面，比如生产能力的发展、财富的公平分配或人类基本需求的满足。

* 王金营，博士，河北大学经济学院教授、博士生导师，河北省人文社会科学重点研究基地人口与健康发展研究中心主任，河北大学中国式现代化与人口长期发展战略研究创新团队首席专家，教育部长江学者奖励计划特聘教授，中国人口学会副会长，国家社科基金重大项目首席专家；刘艳华，博士，河北工程大学管理工程与商学院讲师，作为主要参与人参加 2 项国家社科基金重点项目和 1 项国家社科基金重大项目，在 CSSCI 期刊上发表论文 2 篇。

　　人口与经济发展密切相关，人口影响经济发展，同时经济发展也影响人口的转变。人口在一个国家的发展过程中起着重要的作用。首先，人口的增加意味着在经济增长和发展过程中参与工作人口数量的增加。在生产过程中劳动和资本相互协调投入生产，劳动始终是重要的生产性资源。其次，合理的人口数量和人口结构为生产提供激励，人口的数量和结构也对应着对商品和服务的需求，人口的变动会引起潜在的需求变动，会影响到企业投资与产品生产。在此过程中，可能会创造更多的收入和就业机会。世界银行在1984年的《世界发展报告》中提出："毫无疑问，人口是经济增长的关键因素之一，通过人类发展可以提高知识和技术水平，人均收入不应该被人口稀释。"

　　中国经历了人口转变之后，生育率的下降在一段时间内会降低社会少儿负担率，这种人口条件为经济发展提供了有利的条件。例如，随着生育率下降所带来的人口增长率下降，在一定时间内，中国的GDP增长率总体有所提高（见图4－1）。人口抚养负担的下降有利于社会资本投资的增加，投资的增加可以提高社会生产效率，在经济发展中体现为有更高的劳动增长率。显然，生育率由高水平降到适度低水平会加快社会现代化进程，体现在生产效率的提高，收入、就业机会、受教育机会的增加等方面。

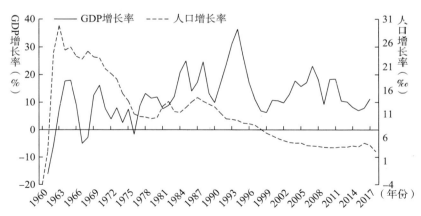

图4－1　1961～2017年中国GDP增长率与1960～2018年中国人口增长率变动趋势

资料来源：笔者根据国家统计局数据绘制。

　　本节首先从中国的人口发展状况入手，通过数据统计描述人口发展的基本阶段，进而分析人口发展与社会经济发展之间的关系。

一　中国的人口条件

(一)　人口增长

关于人口数量到底对经济发展起怎样的作用,学术界仍然存在争论。主要有三种观点:人口数量对经济增长具有促进作用、约束作用、独立于经济增长。这些观点分别代表了乐观主义、悲观主义和中性主义的人口理论。早期的古典经济学家,如马尔萨斯和李嘉图,已经开始研究人口增长的经济效应,古典经济学家当时所处的背景是土地资源和劳动力供给有限,经济以生产力低下的农业部门为主。马尔萨斯认为,人口的增长速度会超过生活资料的增长速度,进而带来饥荒等严重的经济问题。新古典经济学增长模型(Solow, 1956)关注的是储蓄率和人均资本对经济增长的影响,人口的增长对短期经济增长具有负效应,人口增长的长期经济增长效应为零。新经济增长理论也考虑了规模报酬递增和人口集聚的外部效应,在人口密集的经济中,公共投资的回报率更高(Kremer, 1993; Romer, 1986)。经济增长也会反向影响人口数量,Schultz (1997)以家庭的最优化选择作为分析对象,指出经济增长会通过促进妇女工资水平的提升而降低生育率和人口出生率。

图 4 - 2 展示了 1950~2018 年的中国人口增长率。

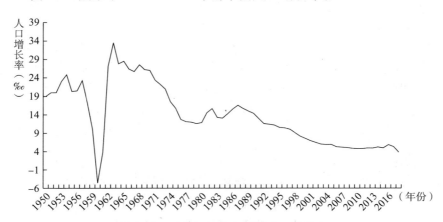

图 4 - 2　1950~2018 年中国人口增长率

资料来源:笔者根据国家统计局数据绘制。

人口转变是一个描述人口随时间变化的模型,描述了过去 200 多年工业化社会出生率和死亡率的变化或转变，即从高出生率、高死亡率到低出生率、低死亡率的转变过程。第一阶段与传统社会有关，以出生率和死亡率之间的平衡为特征。第二阶段是人口增长，由死亡率下降引起，而出生率仍然很高，甚至可能略有上升。死亡率下降最初是由两个因素造成的。其一，随着农业实践的改进，粮食供应的增加带来了食物供给状况的改善。这些改进包括作物轮作、选择性育种和播种技术。其二，公共卫生条件有显著改善，降低了死亡率，特别是儿童死亡率。这是随着对疾病的科学认知水平的提高，在供水、污水、食品处理和一般个人卫生方面取得的进步。第三阶段通过出生率下降使人口走向稳定。一般来说，发达国家的出生率下降始于 19 世纪末。第四阶段的特点是人口具备较好的稳定性，在这一阶段，人口年龄结构走向老龄化。

从 1949 年新中国成立开始，除在 1959～1961 年经历了一段困难时期，造成了人口的急剧波动外，中国人口一直到 1970 年都处于快速增长状态。人口转变的下一阶段开始于 20 世纪 70 年代，表现为人口增长率的持续快速下降。根据图 4 - 3，从人口出生率和死亡率的变化趋势来看人口转变，则人口出生率开始持续快速下降的时间更早一些，从 1963 年开始下降，1968 年略有小幅回升，后持续快速下降。人口增长率于 1970年之后总体下降，但在 1981～1987 年有波动，这是中国 60 年代的高出生率导致的 80 年代的高生育率引起的人口增长率的波动。

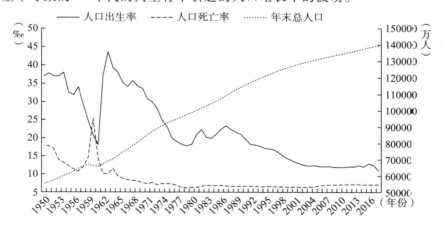

图 4 - 3 1950～2017 年中国人口转变趋势

资料来源：笔者据国家统计局数据绘制。

（二）人口结构

2019 年中国人口为 14.09 亿人，中国拥有世界上最大规模的劳动力，共有 8.97 亿人。改革开放以来直到 2010 年前后，中国人口的年龄结构处于劳动力占比持续上升，少儿抚养比持续下降，而老年人口占比不断上升的老龄化状态中。当然，抚养人口包含少儿抚养人口和老年抚养人口两种，在经济上对老年人口和少儿的抚养模式不同，少儿的抚养支出主要在于教育的投资，而老年人的抚养支出主要在健康医疗方面。而劳动力比重的增加能提高整个社会的生产能力和劳动参与率。1982~2020年中国人口年龄结构的变化参见图 4-4。

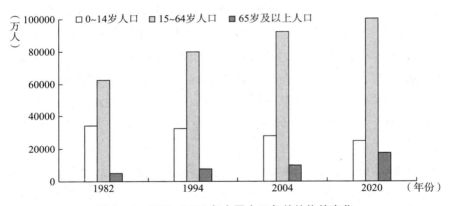

图 4-4　1982~2020 年中国人口年龄结构的变化

资料来源：笔者根据国家统计局、联合国《世界人口展望》数据绘制。

（三）人力资本

人力资本对经济增长的影响是一个持续受到关注的研究主题。以 Lucas（1988）和 Romer（1990）为代表的新经济增长理论认为，人力资本是经济持续增长的动力。在 Lucas 和 Romer 的模型中，知识具有外部性，可以无限增长，长期持续的增长源于知识带来的规模报酬递增。新古典复兴主义代表 Mankiw 等（1992）提出，人力资本是经济生产活动的普通投入资源，无法促进内生经济增长。在新古典经济分析框架下，修正的新古典主义的观点开始流行，其认为人力资本在经济增长中的作用是被严重高估了的。关于人力资本积累对经济增长的影响的实证研究也得到了混合结果，以教育作为人力资本的代理变量，对教育对经济增长的影响进行回归分析的研究中经常出现两者关系不显著或变化方向相反的结论（Hamilton & Monteagudo，1998；Pritchett，1999）。产生这两种截然相反的观点的原因在于人力资本的定义和测度方法以及数据的质量不同。有文献分析发现，在选择了合适的人力资本定义、改善了数据质量之后，能够得到对人力资本对经济增长影响的更加准确的估计，并且两者关系显著为正（Cohen & Soto，2007）。

实现中国经济现代化的目标，人力资本的发展是关键因素。人力资本有利于营造知识外溢的工作环境，以增强人力资本的创造力和创新能力。研发创新离不开人才，要通过良好的教育来大力培育人力资本。在实现经济现代化的过程中，教育振兴是迈向高质量增长的关键一步。中国的产业也可以从生产低价值、劳动密集型产品向以高科技产业为主导升级。对中国来说，21世纪的全球竞争不再以低成本的劳动力为关键，而是已经进入人力资本和智力资源竞争的阶段，中国以人口受教育水平的提高来应对这一变化，其通过学龄人口平均预期受教育年限的提升反映出来（见图4-5）。农村人口是廉价劳动力的主要来源，在过去的30年里，"农民工"成为城镇劳动力大军，为需求高峰季节带来了灵活的劳动力供给。随着中国城镇化进程的推进，中国二元经济格局下的廉价劳动力不再是无限供给的，中国未来的经济发展需要从依赖大量廉价劳动力的生产方式向现代化经济生产方式转变。

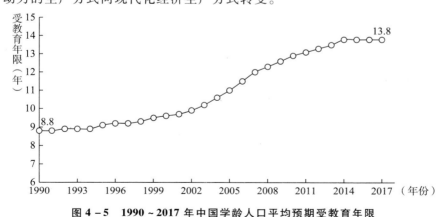

图4-5 1990~2017年中国学龄人口平均预期受教育年限

资料来源：笔者根据 United Nations Development Programme Expected years of schooling（years）http：//hdr. undp. org/en/indicators/69706# 数据绘制。

　　从 1990～2016 年中国教育的总体情况来看，小学、初中和高中的升学率都在持续上升。到 2016 年，小学、初中和高中升学率分别达到 98.7%、93.7% 和 94.5%（见图 4-6），基础教育水平大大提升。随着高等教育的大力发展，完成大学教育的学生数量急剧增加，2016 年普通本科、专科毕业生数量超过 700 万人，为经济、社会发展提供了丰厚的人力资本和人才资源（见图 4-7）。许多中国学生和学者留学后学成回国，提高了国际化水平和人力资本水平。

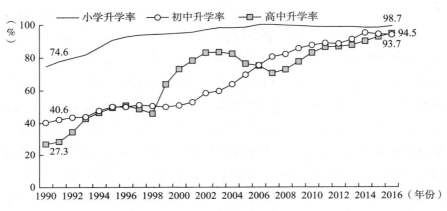

图 4-6　1990～2016 年中国小学、初中、高中升学率

资料来源：笔者根据国家统计局数据绘制。

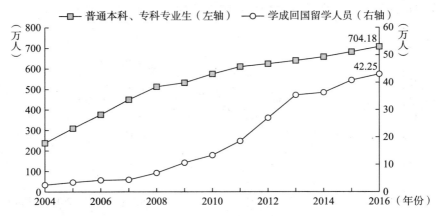

图 4-7　2004～2016 年中国普通本科、专科毕业生和学成
回国留学人员数量

资料来源：笔者根据国家统计局数据绘制。

二　人口结构对经济增长的影响

将人力资本提升作为人口年龄结构变动影响经济增长的途径，表明人口转变过程中人口质量提升对经济增长具有积极作用（Bloom et al.，2012）。而人口年龄结构的变动首先表现在生育率和寿命的变动上。近年来，低生育率与日益延长的预期寿命，加快了全球人口老龄化进程。学术界对低生育率和人口老龄化问题也给予了较多关注，那么，低生育率和人口老龄化会对经济增长产生什么样的影响？

Prettner（2013）以 Romer（1990）的生育率内生的经济增长模型为基础，构建了人口结构变化对长期经济增长的影响的世代交叠模型。模型的结论指出：低生育率和低死亡率引起的人口老龄化和预期寿命的延长，能够促进研发活动，推动技术进步，对长期的经济增长具有正向影响。此类文献还有很多，这里不一一列举。Acemoglu 和 Restrepo（2017）基于 169 个国家 1990～2015 年的面板数据进行了实证分析，发现老龄化对经济增长并非只有负向影响，以 50 岁及以上年龄人口与 20～49 岁人口的比值的增长率作为老龄化的衡量指标，被解释变量是人均 GDP 的增长率，在分别控制了初始年度的老龄人口比例、地区虚拟变量、工具变量之后，回归结果表明老龄化对经济增长的偏系数显著为正。后续的研究（王桂新、干一慧，2017；盖晓敏、张双双，2018）也都证明了此类观点。人口老龄化并不会阻碍经济的增长，这是因为技术的进步、生产的自动化和人工智能可以替代劳动力投入生产。

综上可见，人口因素与经济增长存在相关性，人口结构、人口质量（人力资本）对经济都有不同程度的影响。那么，经济现代化的发展与人口会有什么样的关系？这是本章接下来的部分需要探讨的内容。

第二节　经济现代化和人口现代化的评价

经济和人口的现代化理论考虑的是经济和人口变革的过程，并且关注发展的内部阶段问题，同时涉及社会发展以及知识的普及。现代化理论认为，传统社会将随着现代实践而发展，步入现代阶段的国家将更加富裕、国力更强大，其公民能够更加自由地享受高质量的生活。现代化是必要的也是大势所趋，这意味着我们的社会经济和人口需要不断调整来达到更优的状态，也意味着我们需要调控现代化的进程与速度。经济学者把现代化与工业化、经济结构优化、城市化和知识教育联系起来。

一　经济现代化的评价方法

对经济现代化的评价反映的是某一国家与国际发达国家相比较而言的相对经济发展水平，经济现代化水平能够体现国家与国际发达水平的差距，代表了现代化进度，经济现代化的细分二级指标，能够体现一个国家经济现代化在各方面与发达国家相比较的水平值。

已有文献评价经济现代化主要参考的是何传启和张凤（2016）的世界现代化指数的评价方法和指标体系。本节的指标选取与计算也参照这一方法进行。

（一）评价指标

参考何传启和张凤的研究，本节也选择 10 个指标（二级指标）作为经济现代化的评价指标。具体指标见表 4-1。

表 4-1　经济现代化的评价指标

一级指标	二级指标	标准值	备注
经济	1. 人均国民收入（人均 GNI）（美元）	逐年计算	正指标
	2. 农业劳动力比例（农业劳动力占社会总就业劳动力比例）（%）	30%	逆指标
	3. 农业增加值比例（农业增加值占 GDP 比例）（%）	15%	逆指标
	4. 服务业增加值比例（服务业增加值占 GDP 比例）（%）	45%	正指标
社会	5. 城市人口比例（城市人口占总人口比例）（%）	50%	正指标
	6. 每千人医生数（人）	1 人	正指标
	7. 婴儿死亡率（‰）	30‰	逆指标
	8. 平均预期寿命（出生平均预期寿命）（岁）	70 岁	正指标
知识	9. 成人识字率（%）	80%	正指标
	10. 大学普及率（在校大学生占 20~24 岁人口比例）（%）	15%	正指标

注：参考何传启和张凤（2016）的第一次经济现代化指标，人均 GNI 以 1960 年 19 个市场化工业国家人均国民收入平均值 1280 美元为基准值，以后逐年根据美元通货膨胀率（或 GDP 物价折算系数）计算标准值，其中折算到 2011 年为 8165 美元。

（二）评价方法

经济现代化评价模型由何传启和张凤构建，指标如表 4 - 1 所示，包括了经济、社会和知识 3 个一级指标，每个一级指标又细分为二级指标。每个指标有标准值，标准值的制定参考的是 1960 年 19 个工业国家该指标的平均值。总共有 10 个二级指标，分为正指标和逆指标，正指标代表该指标的值越大，现代化水平就越高；逆指标则相反，指标值越小代表现代化水平越高。现代化指标的计算是以发达国家的水平作为参照计算我国经济发展的相对水平。具体指标计算方式如下：

$$S_i = 100 \times (i \text{实际值}/i \text{标准值})（正指标，S_i \leq 100）$$
$$S_i = 100 \times (i \text{标准值}/i \text{实际值})（逆指标，S_i \leq 100）$$
$$FMI = \sum S_i/n(i = 1, 2, \cdots, n)$$

其中，FMI 为经济现代化指数，n 为参加评价的指标总个数，S_i 为第 i 个指标的相对发展程度（$S_i \leq 100$）；i 为评价指标的编号，i 实际值为第 i 个指标的实际值，i 标准值为第 i 个指标的标准值（每个指标的标准值见表 4 - 1）。

用每个指标实际值和标准值的比值计算单个指标的相对发展程度。单个指标的相对发展程度最大值为 100（如果超过 100，则取值 100），达到 100 表明该指标已经达到第一次现代化水平。经济现代化指数由每个指标等权相加得到，当其达到 100，说明国家整体的经济现代化已达到第一次现代化水平。

（三）经济现代化的阶段评价

经济现代化可分为 5 个阶段，从低到高依次是传统社会、起步期、发展期、成熟期和过渡期。各个阶段以临界值为划分标准。具体见表 4 - 2。

表 4 - 2 经济现代化阶段的划分标准

阶段	农业增加值占 GDP 比例	农业增加值/工业增加值
过渡期	<5%	<0.2
成熟期	<15%，≥5%	<0.8，≥0.2

续表

阶段	农业增加值占 GDP 比例	农业增加值/工业增加值	
发展期	<30%，≥15%	<2.0，≥0.8	
起步期	<50%，≥30%	<5.0，≥2.0	
传统社会	≥50%	≥5.0	

阶段	农业劳动力占社会总就业劳动力比例	农业劳动力/工业劳动力	赋值
过渡期	<10%	<0.2	4
成熟期	<30%，≥10%	<0.8，≥0.2	3
发展期	<50%，≥30%	<2.0，≥0.8	2
起步期	<80%，≥50%	<5.0，≥2.0	1
传统社会	≥80%	≥5.0	0

资料来源：参考何传启和张凤（2016）的第一次经济现代化指标。

计算经济现代化所处的阶段时需要考虑的关于产业结构和产业升级的指标有 4 个，详见表 4-2。4 个指标根据所处阶段的高低，从过渡期到传统社会分别赋值为 4，3，2，1，0。计算出每个指标的值之后，通过 4 个指标值的加权平均得到代表整个经济现代化所处的发展阶段的值。公式如下：

$$PFM = \sum_{i=1}^{4} P_i/4$$

其中，PFM 是能代表经济现代化所处的阶段的值，P_i 代表对第 i 个指标所赋的值。$P_i=4$，3，2，1，0，根据实际值与标准值的比较判断阶段并赋值。

二　中国 1990～2018 年经济现代化的评价

根据经济现代化评价模型分析中国 1990～2018 年的经济现代化进程，采用的指标包括人均 GNI、农业劳动力占社会总就业劳动力比例、服务业增加值占 GDP 比例、城市人口占总人口比例、每千人医生数、婴儿死亡率、出生平均预期寿命、成人识字率等；1990～2018 年的数据来源于世界银行数据库，个别缺失数据通过灰色预测和插值法补充。其中，在校大学生占 20～24 岁人口比例的 2003～2008 年、2011～2016 年数据来源于世界银行数据库，2009 年、2010 年、2017 年、2018 年的数据基于中国国家统计局和联合国《世界人口展望》（2017 年版）数据计算而得，具体来说，在校大学生人数源于中国国家统计局网站，20 ~ 24 岁人口数源于《世界人口展望》（2017 年版）。

（一）经济现代化指标计算结果

中国 1990 ~ 2018 年经济现代化进程稳步推进，在 1990 ~ 2014 年，经济现代化指数除 2004 年略有下降外逐年递增。整个经济现代化于 2014 年达到第一次现代化水平（见图 4 - 8）。

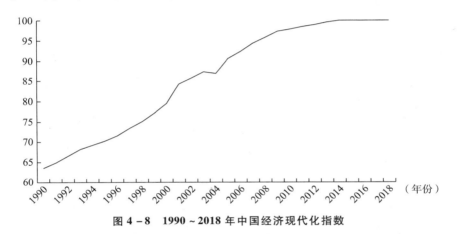

图 4 - 8　1990 ~ 2018 年中国经济现代化指数

从 1990 年与 2014 年经济现代化各指标的对比中，可以看出中国经济经历了快速发展，达到了第一次现代化水平。人均国民收入按 2011 年不变价计算，从 1990 年的 990 美元提高到 2014 年的 13500 美元，农业劳动力比例从 1990 年的 60.9% 降低到 2014 年的 29.5%，农业增加值比例从 1990 年的 26.6% 降低至 2014 年的 9%，服务业增加值比例则从 1990 年的 39% 上升至 2014 年的 47.8%，城市人口比例从 1990 年的 26% 上升至 2014 年的 54%，每千人医生数从 1990 年的 1.12 人提升到 2014 年的 1.72 人，婴儿死亡率从 1990 年的 42‰ 降低至 2014 年的 10‰，平均预期寿命从 1990 年的 69.3 岁延长到 2014 年的 75.9 岁，大学普及率从 1990 年的 1.5% 提升至 2014 年的 24.5%（见图 4 - 9），成人识字率从 1990 年的 77% 上升为 2014 年的 96.8%。

从经济、社会和知识 3 个一级指标看，中国达到第一次现代化水平分别是在 2014 年、2011 年和 2005 年。衡量整个经济现代化进程的 10 个

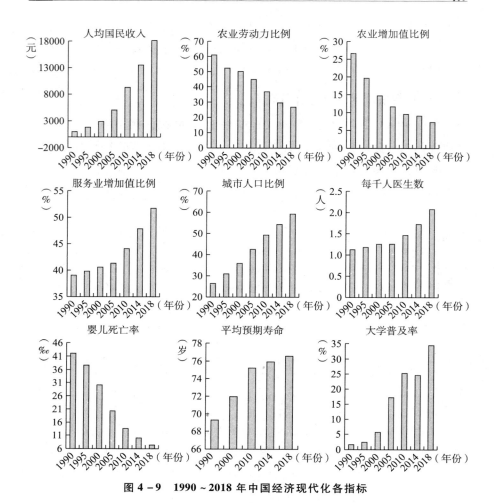

图 4 - 9　1990～2018 年中国经济现代化各指标

二级指标达到第一次现代化水平的时间也有差异。从经济方面的指标来看，我国人均 GNI 在 2009 年达到 8360 美元（以 2011 年美元不变价计算），收入水平达到第一次现代化水平，而收入水平的现代化与经济总量的增长密切相关，收入水平代表了一个国家的富裕程度。从经济结构来看，农业劳动力占社会总就业劳动力比例代表了我国经济结构从农业经济转换到工业经济的进程，于 2014 年达到第一次现代化水平（四舍五入后，下同），为 29.5%；农业增加值占 GDP 比例在 2000 年就已经达到14.7%。农业劳动力比例和农业增加值比例这两个指标达到第一次现代化水平的时期相差了 14 年。这表明，从经济贡献角度来看，产业结构的优化在 2000 年就已经达到了第一次现代化水平，经济结构向第二、第三产业升级，但劳动力仍然有较大比例滞留在农业部门，这也在一定程度上反映了我国农业长期存在着剩余劳动力，在剩余劳动力不断转移的过程中实现了农业劳动力比例的现代化以及城市化。此外，服务业增加值占 GDP 比例于 2012 年达到第一次现代化水平。

从社会方面的指标来看，城市人口占总人口比例代表了城市化进程，我国的城市化进程于 2011 年以 50.5% 的城市人口占总人口比例达到第一次现代化水平。每千人医生数在 1976 年就达到了 1 人，达到第一次现代化水平。婴儿死亡率在 2001 年降低到了 28‰，达到第一次现代化水平。出生平均预期寿命在 1995 年提升到了 70.15 岁，达到第一次现代化水平。

从知识方面的指标来看，成人识字率 1992 年为 80.4%，达到了第一次现代化水平，大学普及率 2005 年为 17.2%，达到了第一次现代化水平。

（二）我国经济现代化所处的阶段

经济现代化发展过程有 5 个阶段，分别是传统社会、起步期、发展期、成熟期和过渡期。为了明了地看出我国经济现代化所处阶段，加大时间跨度，选取时间跨度为 1960～2018 年的数据进行分析，数据来源于世界银行和中国国家统计局，缺失数据通过插值和灰色预测法补齐。根据表 4-2 的阶段划分标准，将中国经济现代化划分为以下 3 个阶段。

1960～1999 年属于经济现代化的起步期，2000～2016 年进入经济现代化发展期，2017 年开始进入经济现代化发展的成熟期（见图 4-10）。

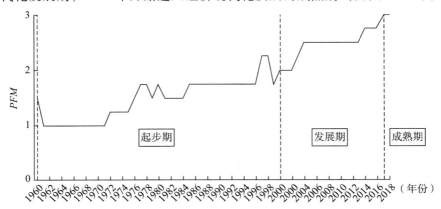

图 4-10 1960～2018 年中国经济现代化阶段的划分

三 中国人口现代化评价指标

人口现代化是人口变量从传统到现代的演变过程，是指人口向现代社会发展的过程，是反映人口总体发展的时间序列数据所表现出来的发展进程和发展水平的变化，其状况能够在一定程度上反映人类社会将来的发展前景。现代人口转变理论涉及社会和经济发展与人口演化的过程和主要阶段。研究人口现代化要识别出能够对人口发展做出积极贡献的因素，用于解释人口演变的过程。人口现代化的评价指标选取在学界并没有统一标准。

本节采用陈友华（2003）的人口现代化评价指标体系。

人口现代化主要包括三个基本方面：人口生育现代化、人口素质现代化、人口结构现代化。

一是人口生育现代化，包括生育的数量和质量两方面。（1）生育数量的衡量。生育的数量用总和生育率衡量。实现人口生育数量的现代化就是实现人口低出生率、低死亡率的人口再生产。总和生育率从高到低的人口转变是人口生育现代化的标志之一。基于此构建生育数量指数。当总和生育率 $\leqslant 2.1$ 时，生育数量指数 $= 100$，2.1 是假设的人口的更替水平；当 $2.1 <$ 总和生育率 $\leqslant 8$ 时，生育数量指数 $= 100 \times [(8 - \text{总和生育率})/(8 - 2.1)]^2$，其中，选择 8 是因为世界上大多数国家生育率的转变的拐点都小于 8，为此将上限定为 8；当总和生育率 > 8 时，生育数量指数 $= 0$。（2）生育质量的衡量。生育质量用婴儿死亡率来衡量。当婴儿死亡率 $\geqslant 30‰$ 时，生育质量指数 $= 100 \times [(229‰ - \text{婴儿死亡率})/(229‰ - 30‰)]^2$；当婴儿死亡率 $< 30‰$ 时，生育质量指数 $= 100$。其中，229‰ 作为婴儿死亡率的上限值，30‰ 是发达国家婴儿死亡率的标准。生育现代化指数是数量指数和质量指数的算术平均值。

二是人口素质现代化。人口素质现代化是人口现代化的核心。现代化在经济信息化的背景下进行，人口素质现代化在人口现代化建设中具有十分重要的作用。人口素质现代化指的是身体素质、科学文化素质的现代化。身体素质包括体质和智力的强弱、行为敏捷度、抵抗力和对环境的适应能力等。科学文化素质是接受教育的程度、文化知识水平等。（1）身体素质的衡量。用预期寿命表示身体素质的状况。构建的指数是修正的预期寿命指数：当人口平均预期寿命≤25岁时，修正的预期寿命指数为0；当25岁＜人口平均预期寿命≤70岁时，修正的预期寿命指数＝100×[（预期寿命－25）/（70－25）]^2，其中，70岁是1960年发达国家人口平均预期寿命的平均水平，25岁是假设的人类最低的预期寿命；当人口平均预期寿命＞70岁时，修正的预期寿命指数＝100。（2）科学文化素质的衡量。用受教育年限指数作为人口科学文化素质的代理变量。当15岁及以上人口平均受教育年限≤2年时，受教育年限指数＝0；当2年＜15岁及以上人口平均受教育年限≤8年时，受教育年限指数＝100×[（15岁及以上人口平均受教育年限－2）/（8－2）]；当15岁及以上人口平均受教育年限＞8年时，受教育年限指数＝100。人口素质现代化指数＝1/3修正的预期寿命指数＋2/3受教育年限指数。

三是人口结构现代化，主要包括人口年龄结构现代化、人口城乡结构现代化、人口就业结构现代化。人口年龄结构现代化的基本趋势是低年龄人口占比逐渐下降，高年龄人口的占比逐渐上升，人口年龄金字塔的基础逐渐变窄。人口城乡结构的现代化是城市化。城市化是指城市化进程中由于人口从乡村转移到城市，农村人口占比下降。人口就业结构现代化表现为第一产业人口比例逐渐下降，第二、第三产业人口比例逐步上升。本节关注的人口结构现代化包括人口城乡结构现代化、人口就业结构现代化两方面。（1）人口城乡结构的衡量。用城市人口比例作为人口城乡结构的衡量指标。定义城市人口比例指数为：当城市人口比例≤10%时，城市人口比例指数＝0；当10%＜城市人口比例≤60%时，城市人口比例指数＝100×[（城市人口比例－10%）/（60%－10%）]；当城市人口比例＞60%时，城市人口比例指数＝100。（2）人口就业结构的衡量。人口就业结构用非农劳动力比例衡量。定义就业结构指数为：当非农劳动力比例≤10%时，就业结构指数＝0；当10%＜非农劳动力比例≤85%时，就业结构指数＝100×[（非农劳动力比例－10%）/（85%－10%）]；当非农劳动力比例＞85%时，就业结构指数＝100。人口结构现代化指数通过对以上两个指数进行算数平均得到。

四　中国1960～2018年人口现代化的评价

中国1960～2018年人口转变不断向人口现代化方向迈进，截至2018

年，三方面人口现代化指数尚未全部达到现代化水平（见图4-11）。

我国人口生育现代化是在2001年实现的，2001年我国总和生育率为1.5，婴儿死亡率为28.2‰（见图4-12）；人口素质在2000年实现现代化，2000年我国人口平均预期寿命达到71.23岁，15岁及以上人口平均受教育年限为8年（见图4-13）；人口结构现代化水平逐年提升，到2018年人口结构现代化指数为91.3，但仍然未实现现代化。

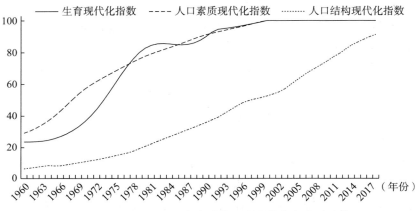

图4-11　1960~2018年中国人口现代化指数变动趋势

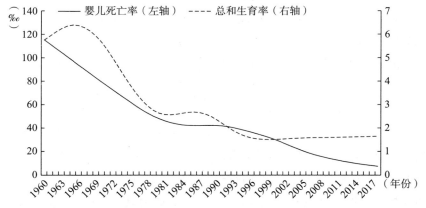

图4-12　1960~2018年中国婴儿死亡率和总和生育率变动趋势

在人口素质方面，2000年，中国人口平均预期寿命为71.23岁，表明人口体质达到了发达国家的水平，当然也还是存在着营养过剩和不足现象；2000年，15岁及以上人口平均受教育年限为8年，虽已达到现代化水平，但与发达国家相比差距非常大，存在人口科学文化素质不高的

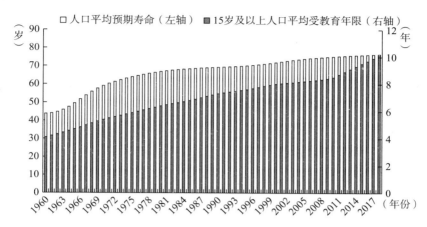

图 4 - 13   1960～2018 年中国人口平均预期寿命与 15 岁及以上
人口平均受教育年限变动趋势

问题。

从人口结构的角度看，2000 年，人口年龄结构处于较低的黄金时期，65 岁及以上人口比例为 6.96%；2000 年城市人口比例为 36.09%，到 2018 年为 57% 左右（见图 4 - 14），人口城乡结构与就业结构存在较大错位，城市人口比例仍不够高。截至 2018 年，人口结构还没有实现现代化。

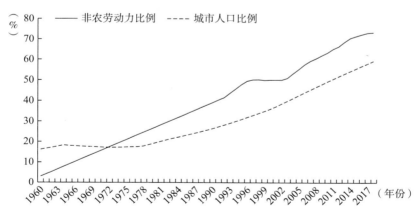

图 4 - 14   1960～2018 年中国非农劳动力比例与城市人口比例变动趋势

综上所述，从总体指标上看人口现代化已经基本实现，但由于人口结构问题，人口现代化总水平依然较低。

目前，我国人口现代化总体水平不高，要采取相应措施解决各层次的问题。在生育政策调整的基础上，要迅速提高居民的生活水平，建立健全社会保障体系。这不仅可以促进人口生育现代化水平的提高，而且可以提高人口的体质。要大力发展文化教育事业，提高人口的科学文化素质。促进义务教育、职业教育发展，增加教育公共投资。积极推进城镇化，推动形成现代化和合理的人口城乡结构，以适应社会和经济快速发展。加快城市化进程，促进农村剩余劳动力转移和人口城乡结构合理化。人口现代化与经济增长、社会和谐和实现可持续发展是不可分割的。因此，我们应该分析人口现代化对实现社会进步和经济发展的重要作用机制。

第三节　人口现代化与经济现代化的相关性分析

一　数据处理

本节所使用的数据包括：1960～2018 年的实际 GDP 的时间序列数据；人口增长率、劳动人口总量数据，来源于世界银行数据库（https://data. worldbank. org）。劳动人口增长率是由劳动人口总量计算得到的，人均 GDP 增长率由实际 GDP 计算得到。

为了准确反映变量之间的相关性和模型的稳定有效性，我们需要检验数据的平稳性，并根据数据的平稳性特征选取合适的时间序列模型进行估计。

（一）检验数据的平稳性

首先通过标准的 ADF 检验、MDF 检验、Phillips-Perron 检验来检验时间序列数据的平稳性。

$$\Delta y_t = \alpha_0 + \alpha_1 y_{t-1} + \alpha_2 t + \sum_{i=1}^{k} \gamma_i \Delta y_{t-1} + \varepsilon_t$$

滞后阶数 k 是根据信息准则 AIC、HQIC、SBIC 综合衡量得到的，选取 3 阶滞后。

从表 4 - 3 中可以看出，人均 GDP 增长率的 ADF 检验和 Phillips-Perron 检验的 t 值的绝对值大于 5% 水平的临界值的绝对值，表明该数据是平稳的，但 MDF 检验则表明人均 GDP 增长率的时间序列为趋势非平稳数列。人口增长率、劳动人口增长率的数列在三项检验中结论一致，5%水平上人口增长率、劳动人口增长率是趋势非平稳数据。由 ADF 检验和 Phillips-Perron 检验的结果可知，人均 GDP 增长率、人口增长率和劳动人口增长率都包含了时间趋势项，对于包含趋势项的数据，为了真实分析人口因素（人口增长率、劳动人口增长率）与经济增长（人均 GDP 增长率）之间的关系，本节在后续分析中把数据的时间趋势去掉。

表 4-3　数据平稳性检验的 t 值与 5% 水平的临界值

变量	ADF 检验		MDF 检验		Phillips-Perron 检验	
	t 值	5% 水平的临界值	t 值	5% 水平的临界值	t 值	5% 水平的临界值
人均 GDP 增长率	-4.096	-2.928	-1.419	-3.101	-33.479	-13.348
人口增长率	-2.756	-2.926	-3.063	-3.093	-12.057	-13.364
劳动人口增长率	-0.632	-2.928	-0.890	-3.101	-10.329	-13.348

注：表中分析是基于 3 阶滞后期的。

（二）时间序列去趋势

分析变量之间的相关性要去除时间趋势，这样做的目的是将数据转化为平稳的时间过程，即 E(y_t) 是常数，Var(y_t) 是常数，对于任何的 t 和 $s \geq 1$，Cov(y_t, y_{t+s}) 只取决于 s，与时间 t 无关。将时间序列 y_t 分解为波动成分 y_t^c 和时间趋势成分 y_t^T：$y_t = y_t^c + y_t^T$。

将时间序列数据中的时间趋势识别出来，数据的波动就可以由 y_t 对时间回归滞后的残差项测量出来。

$$y_t = \alpha_0 + \sum_{j=1}^{J} \alpha_j t^j + y_t^c$$

考虑线性的时间趋势，当 $J=1$ 时，$y_t = \alpha_0 + \alpha_1 t + y_t^c$，基于此式进行 OLS 估计，得到 $\hat{u}_t = y_t - \hat{a}_0 - \hat{a}_1 t = y_t^c$。在本节分析中，使用 Hodrick 和 Prescott（1980）的去时间趋势方法。Hodrick 和 Prescott（1980）过滤时间趋势的方法是目前最常用的方法。这种处理方法假设时间趋势和周期波动不相关，其去除时间趋势的机制（HP 滤波）如下：

$$L = \min \left\{ \sum_{t=0}^{T} (y_t - y_t^T)^2 + \lambda \sum_{t=2}^{T-1} [(y_{t+1}^T - y_t^T) - (y_t^T - y_{t-1}^T)]^2 \right\}$$

　　从时间序列 y_t 中得到一个平滑的序列趋势部分，其中参数 λ 的选取经验法则为：对于中国的年度数据，$\lambda = 100$。

　　按照 HP 滤波去除时间趋势，可以得到人均 GDP 增长率、人口增长率和劳动人口增长率的平稳数列。原始数据与采用对称的数据移动平均方法原理构造一个滤波去掉时间趋势之后的数据见图 4 – 15、图 4 – 16、图 4 – 17、图 4 – 18。

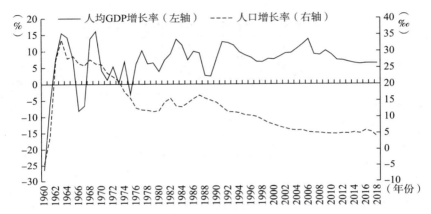

图 4 – 15　原始数据：1960 ~ 2018 年人口增长率与人均 GDP 增长率

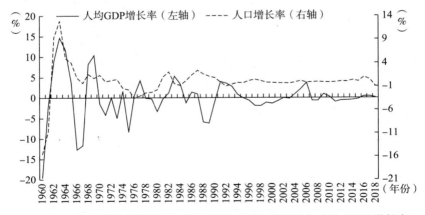

图 4 – 16　去时间趋势数据：1960 ~ 2018 年人口增长率与人均 GDP 增长率

　　从基本数据走势可以看到直观对比，去掉时间趋势之后的数据之间的变动的相关性更加明显。人口增长率与人均 GDP 增长率的变动方向基本一致，劳动人口增长率与人均 GDP 增长率的走势也有明显的正相关性。

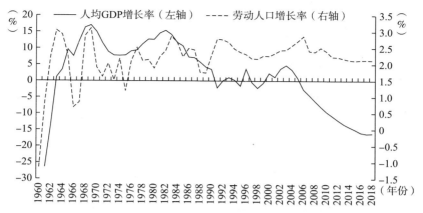

图 4 - 17　原始数据：1960 ~ 2018 年人均 GDP 增长率与劳动人口增长率

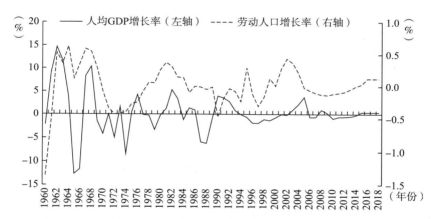

图 4 - 18　去时间趋势数据：1960 ~ 2018 年人均 GDP 增长率与劳动人口增长率

　　去时间趋势后数据的 ADF 检验和 Phillips-Perron 检验结果表明数据是平稳的，如表 4 - 4 所示。对于平稳数据，可以分析变量之间的 Granger 因果关系。

表 4 - 4　去时间趋势后数据平稳性检验的 t 值与 5% 水平的临界值

变量	ADF 检验		MDF 检验		Phillips-Perron 检验	
	t 值	5% 水平的临界值	t 值	5% 水平的临界值	t 值	5% 水平的临界值
人均 GDP 增长率 _ hp	- 6.065	- 2.926	- 2.176	- 3.093	- 22.945	- 19.926
人口增长率 _ hp	- 6.065	- 2.926	- 2.176	- 3.093	- 34.545	- 19.944
劳动人口增长率 _ hp	- 3.380	- 2.928	- 2.435	- 3.101	- 32.893	- 19.908

　　注：去时间趋势的变量命名为"原变量_hp"，仍选择 3 阶滞后。

二　平稳数据的 Granger 因果检验

Granger 因果检验模型只能应用于平稳时间序列数据，如果是非平稳数据要处理为平稳数据才能分析因果关系。线性因果识别表达式如下：

$$y_t = \alpha_i + \sum_{i=1}^{q} \alpha_i y_{t-i} + \sum_{j=1}^{q} \beta_i x_{t-j} + \mu_{1t} \qquad (4-1)$$

$$x_t = \alpha_i + \sum_{i=1}^{s} \gamma_i x_{t-i} + \sum_{j=1}^{s} \delta_i y_{t-j} + \mu_{2t} \qquad (4-2)$$

其中，x 和 y 是两个平稳时间序列，i、j 是滞后期数，γ_i 是自回归系数，β_i 是表示两个变量的相关性的斜率，μ_{1t}、μ_{2t} 是扰动项。

式（4-1）假定当前 y 与 y 自身以及 x 的过去值有关，而式（4-2）对 x 也假定了类似的行为。

对式（4-1）而言，原假设 H0 为：$\alpha_1 = \alpha_2 = \cdots = \alpha_q = 0$。

对式（4-2）而言，原假设 H0 为：$\delta_1 = \delta_2 = \cdots = \delta_s = 0$。

以下分四种情形讨论。

如果变量 x 是 y 的原因，则式（4-1）中滞后的 x 的系数估计值在统计上整体显著不为零。若 y 是引起 x 变化的原因，则式（4-2）中滞后的 y 的系数估计值在统计上整体显著不为零。若式（4-1）、式（4-2）中滞后的 x 的系数估计值在统计上整体均显著不为零，则称 x 和 y 间存在反馈关系，或者双向因果关系。若 x 与 y 间不存在因果关系，则式（4-1）中滞后的 x 的系数估计值在统计上整体显著为零，且式（4-2）中滞后的 y 的系数估计值在统计上整体显著为零。

由 Granger 因果检验可知：人口增长率是人均 GDP 增长率的原因，反向不成立；劳动人口增长率是人均 GDP 增长率的原因，反向不成立；城市人口比例是人均 GDP 增长率的原因；人均 GDP 增长率是预期寿命的原因（见表 4-5）。这表明，人口因素能够促进经济增长，经济增长也会促进人口的转变。

人口增长率与人均 GDP 增长率高度相关，相关系数达到 0.61（见表 4-6）且前者对后者的影响是正向影响；劳动人口增长率对人均 GDP 增长率也有正向影响。

表 4 – 5　Granger 因果检验结果

	F 统计量	P 值	滞后阶数
人口增长率不是人均 GDP 增长率的原因	4.1338 **	0.0218	2
人均 GDP 增长率不是人口增长率的原因	1.6689	0.1988	2
劳动人口增长率不是人均 GDP 增长率的原因	5.7649 *	0.056	2
人均 GDP 增长率不是劳动人口增长率的原因	0.52314	0.770	2
城市人口比例不是人均 GDP 增长率的原因	12.517 ***	0.002	2
人均 GDP 增长率不是预期寿命的原因	11.465 ***	0.003	2

注：滞后阶数根据最终预测误差（FPE）准则、赤迟准则（AIC）、Schwarz 贝叶斯信息准则（SBIC）及汉南准则（HQIC）综合判断确定。*、** 和 *** 分别表示检验结果在 10%、5% 和 1% 的水平上显著。

表 4 – 6　各变量标准差、与人均 GDP 增长率的相关系数

变量	标准差	与人均 GDP 增长率的相关系数
人均 GDP 增长率	5.4	1
人口增长率	3.5	0.61
劳动人口增长率	0.3	0.26
城市人口比例	2.1	0.25
预期寿命	9.1	0.41

三　人口与经济发展的长期协整关系

本部分我们要考察多个变量的协整关系。因此，我们使用 Johansen 等提出的极大似然估计检验，该检验主要通过向量自回归模型计算出与残差矩阵相关的矩阵特征值，然后根据特征值的迹或最大特征值进行检验。首先建立模型：

$$Y_t = A_1 Y_{t-1} + A_2 Y_{t-2} + \cdots + A_p Y_{t-p} + BX_t + U_t$$

$$\Delta Y_t = \prod Y_{t-1} + \sum_{i=1}^{p-1} \Gamma_i \Delta Y_{t-i} BX_t + U_t$$

其中 $\prod = -\sum_{j=1}^{p}(A_j - I)$，$\Gamma_i = -\sum_{j=i+1}^{p} A_j$；$m \times m$ 阶参数矩阵 $\prod$ 的秩记为 r，这样，存在以下三种情况。

（1）$r = m$，即 $\prod$ 是满秩矩阵，表示 Y_t 向量中各变量为平稳序列。

（2）$r = 0$，即 $\prod$ 为空矩阵，Y_t 向量中各变量皆无协整关系。

（3）$0 < r < m$，表示存在 r 个协整组合，其余 $m - r$ 个关系仍为 I（1）关系。$\prod$ 矩阵可以分解为两个 $m \times r$ 阶矩阵 α 和 β 的乘积，即 $\prod = \alpha\beta'$。若矩阵 $\prod$ 的秩为 r，说明 $\prod$ 的 r 个非零特征根为 $\lambda_1 > \lambda_2 > \cdots > \lambda_r$。

采用协整检验法来检验时间序列——GDP 的增长率、资本增长率、城镇化率（城市人口比例）、预期寿命、老年人口比重、劳动年龄人口比重及受教育年限是否具有协整关系，即长期稳定的均衡关系。所得结果如表 4 - 7 所示。

表 4 - 7   协整检验结果

协整方程数	特征值	迹统计量	5% 临界值
0	0.0	300.0257	124.24
1	0.88139	182.7691	94.15
2	0.63427	127.4475	68.52
3	0.6157	74.8495	47.21
4	0.51696	34.8288	29.68
5 *	0.32634	13.1022 *	15.41
6	0.17445	2.5582	3.76

注：* 表示在时间序列分析中，使用 Johansen 协整检验情况下的迹统计量来测试在向量自回归（VAR）模型中变量组合的协整关系数量。

通过表 4 - 7 可看出，检验结果表明在 5% 显著性水平上存在协整方程。且模型中存在序列自相关，通过信息准则，选取滞后阶数为 2。因此，设定的长期计量模型为：

$$\text{GDP 增长率} = \text{常数项} + \beta_1 \text{资本增长率} + \beta_2 \text{城市人口比例} + \beta_3 \text{预期寿命} +$$
$$\beta_4 \text{老年人口比重} + \beta_5 \text{劳动年龄人口比重} + \beta_1 \text{受教育年限}$$

结果表明，1960～2018 年，经济增长与人口因素（预期寿命、老年人口比重、劳动年龄人口比重及受教育年限）之间存在长期稳定的均衡关系，即预期寿命的增加会引起 GDP 增长率的增长，预期寿命每变动 1%，GDP 增长率将向同方向变动 0.105%；劳动年龄人口比重每增加 1%，GDP 增长率将向同方向变动 0.055%；受教育年限的增加也会促进经济的增长（GDP 增长率的提升），而老年人口比重的提升对经济增长（GDP 增长率的提升）会有一定程度的阻碍（见表 4 - 8）。

表 4 - 8 长期计量模型分析结果

变量	系数	标准差	z 统计量	显著性概率
资本增长率	0.89888	0.845869	- 1.06	0.288
城市人口比例	0.01428	0.014258	- 1.00	0.317
预期寿命	0.10519	0.008334	- 12.62	0.000
老年人口比重	- 0.597903	0.155817	3.84	0.000
劳动年龄人口比重	0.05452	0.017866	- 3.05	0.002
受教育年限	12.4039	4.15667	- 2.98	0.003
常数项	8.092046	—	—	—

四 人口现代化与经济现代化之间的关系

为深入揭示人口现代化和经济现代化的长期动态关系，建立两变量 VAR 模型（见表 4 - 9）。

表 4 - 9 两变量 VAR 模型及参数估计

变量	系数	标准差	z 统计量	显著性概率
人口现代化指数（L1）	- 0.22076	0.879006	- 0.25	0.802
人口现代化指数（L2）	0.903679	1.483906	0.61	0.543
人口现代化指数（L3）	1.550182	1.506219	1.03	0.303
人口现代化指数（L4）	- 4.54268	1.49553	- 3.04	0.002

注：被解释变量是经济现代化指数。

对 1960～2018 年的人口现代化与经济现代化指数的分析及对人口现代化与经济现代化的因果检验（见表 4 - 10）表明，在长期内人口现代化程度的提高会带来经济现代化水平的提升，例如，非农就业比重的增加意味着我国经济结构的不断升级；受教育年限的增加表明我国人力资本水平逐渐提升并且能够更快地向知识型社会迈进；城镇化率提高意味着人口流向生产率更高的部门，这能够有效提高收入水平进而促进消费和经济发展。

综上，本节通过 Granger 因果检验和协整检验，分析人均 GDP 增长率与人口变量的因果关系，得到的结果符合理论预期。从我国 1960～2018 年的数据来看，人口增长是经济增长（人均 GDP 增长率提升）的原因，人口总量的增长促进了经济的发展。在人口结构中，对经济影响最大的是劳动人口的增长率；城镇化（城市人口比例的提升）促进了经济增长。同时，经济反过来也会影响人口因素，经济的发展能够促进预期寿命的延长。

表 4 – 10　　人口现代化与经济现代化的因果检验结果

	F 统计量	P 值	滞后阶数
人口现代化不是经济现代化的原因	11. 155	0. 048	4
经济现代化不是人口现代化的原因	6. 32	0. 276	4

小　结

中国是世界上人口数量长期处于第一位，2023 年之后将处于第二位的国家。衡量一个国家在世界上的综合实力，人口规模是重要的基础性因素。一方面，人口众多有助于增强一个国家的综合国力；另一方面，人口过多会消耗社会财富。中国巨大的人口规模已成为其在现代化战略中最显著的特征，这是中国未来面临的挑战、机遇，也是它的优势。本章通过对 20 世纪中叶以来以人口为中心的中国现代化进程的重新审视，探讨了中国人口的形势以及人口与人均 GDP 增长之间的因果关系。在实证方面，本章在时间序列上研究了我国人口增长与经济增长之间的联系。为避免伪回归的问题，时间序列的分析首先要处理因变量和自变量的非平稳性问题，这就涉及对因变量和自变量的时间趋势的识别以及在时间序列上去除时间趋势，将原始数据处理为趋势平稳数据之后，本章分析变量之间的相关性和因果效应。

将时间序列数据处理为平稳数据之后，结果显示，人口增长与经济增长这两个变量是密切相关的：人口增长、劳动力人口的增长是经济增长的原因；反过来，经济增长是人口预期寿命延长的原因。从人均角度考虑，经济增长以人口增长为重要动力，很可能在短期内，人口增长能够促进经济的增长，这主要是通过降低死亡率实现的，这是一个国家最初的人口转变方式。并且，当生育率持续下降时，适龄劳动人口的增长，创造了一个机会窗口，一个国家可能会因此而提高其储蓄和投资水平，这一现象被称为"人口红利"。

　　人口和经济现代化之间的影响是相互的，并且人口对经济发展的影响是人口的综合因素对经济的影响。我们不仅关注人口因素对人均经济增长的影响，人口的变化也可能影响经济增长之外其他方面的经济发展水平。其中，最重要的是在改善教育状况方面取得的进展。我国的人口受教育年限、大学普及率、成人识字率在逐年增长。当然，也有理论认为人口增长对人均经济状况有负面影响。但这些论点往往同时也考虑了特定研究样本自身的特质，比如资源禀赋、人口结构及社会抚养比等。自然资源会在很大程度上影响一个国家的经济增长，拥有丰富自然资源的国家比拥有少量自然资源的国家有着更强的增长动力。而自然资源能否得到有效利用或开发取决于人力资源的技能和能力、所使用的技术和资金的可获得性。一个拥有技术熟练、受过教育的劳动力以及丰富自然资源的国家，将使经济走上增长道路。从实证分析来看，我国 1960 ~ 2018 年的时间序列数据表明，人口增长是促进经济增长的正向原因，这是因为我国地域广阔，资源丰富，人力资本含量逐年增加，因此，人口增长不会受到物质资本的限制，从而能够促进经济的增长。

　　在各个国家或地区，高预期寿命与高人均收入相关。本章实证结果显示，经济的发展是预期寿命增加的原因。经济发展越好，医疗设施和医学、制药科学发展就越完善，也就越能够促进人们的健康水平提高。反过来，预期寿命的提高会导致人均收入增加吗？从理论上讲，增加预期寿命对经济增长兼具正面和负面影响。一方面，较低的死亡率可以通过提高可用资源（尤其是人力资本）的生产率来增加人均收入；另一方面，较低的死亡率可能导致人口数量增加。在存在固定的生产要素的情况下，较大的人口规模往往会降低人均收入。

　　从长期来看，生产力的增长是由技术创新驱动的，影响创新的因素（如专利政策或研究经费）对未来的经济增长有重要影响。技术包括科学方法和生产技术的应用。换言之，技术可以定义为一定劳动量所使用的技术工具的性质和类型。技术发展有助于在资源有限的情况下提高生产力。与不太注重技术发展的国家相比，重视技术发展领域工作的国家经济增长更迅速。而人力资本则是技术的开发者和创新活动的开展者。因此，人口因素中的人口结构以及受教育程度都会影响经济的发展。人力资本的质量和数量直接影响经济的增长。人力资本的质量取决于其技能、创新能力、所受的培训和教育。如果一个国家的人力资源训练有素,那么其产出也将是高质量的。此外,一个国家的人力资源应该有足够的数量,具备所需的技能和能力,这样才能实现经济增长。

可持续发展涉及经济、人口、资源和环境的发展,人的全面发展是可持续发展的最终目标。可持续发展的本质是人自身的发展,其以人的全面发展为目标,以提高人口素质为重点。人口素质包括人们在社会实践中获得的文化知识、科学技术知识、劳动技能和生产经验。总之,人口素质是影响社会可持续发展的关键因素,决定着可持续发展的质量。具体而言,其对我国可持续发展的重大意义着重体现在以下两方面。

首先,较高的人口素质有利于保护环境。一般来说,人们拥有的文化知识越多,就越能理解与掌握法规和经济规律并相应地增强生态环境保护意识。相比之下,人口科学文化素质的低下,往往伴随着对自然资源的浪费和滥用与经济效益的低下,这就意味着经济发展要在自然资源上付出更多的代价,并产生更重的污染。此外,人口的文化素质和智力素质也影响着人们的生活方式和消费方式。具有生态环境保护意识的高素质人口,将形成合理的消费模式和适度的消费规模,逐步减少有害的、过度的消费,从而减轻人口增长带来的消费压力。

其次,人口的文化素质和智力素质影响产业结构。中国乡镇企业就是一个典型的例子。20 世纪 80 年代中期以来,在传统生产方式的基础上,乡镇企业迅速发展起来。由于所使用的劳动力受教育程度较低,缺乏专业技术,其只能从事采矿、冶炼、造纸、印染、砖窑、电镀等劳动密集型的初级产业,不能从事技术密集型产业。这些乡镇企业在提供了我国低学历人口最易获得的就业机会的同时也造成了大量的资源浪费、能源消耗和严重的环境污染。如果中国有大量的高素质人口,中国的生产体系就可以从高耗能产业、高资源消耗产业、重污染产业向可持续发展所要求的低能耗、轻污染甚至无污染产业,如可以避免牺牲自然资源和生态环境的信息技术产业和生物化学产业转移。

城镇化是现代化的必由之路,是经济现代化获取人口红利的主要手段,是解决对于现代化至关重要的农业、农村、农民问题的重要途径,也是推动经济高质量发展的强大引擎。因此,城镇化既是现代化的重要标志，也是现代化的有利人口条件。

参考文献

陈友华，2003，《人口现代化评价指标体系研究》，《中国人口科学》第 3 期。

盖晓敏、张双双，2018，《人口老龄化对中国经济增长的影响研究——基于劳动力供给和资本投资视角》，《山东社会科学》第 6 期。

何传启、张凤，2016，《世界现代化指数的评价方法》，《科学与现代化》第 2 期。

王桂新、干一慧，2017，《中国的人口老龄化与区域经济增长》，《中国人口科学》第 3 期。

Acemoglu, D. and P. Restrepo. 2017. "Secular Stagnation? The Effect of Aging on Economic Growth in the Age of Automation." *American Economic Review* 107.

Bloom, D. E. , D. Canning, G. Fink, and J. E. Finlay. 2012. "Microeconomic Foundations of the Demographic Dividend." *Program on the Global Demography of Aging* 9312.

Cohen, D. and M. Soto. 2007. "Growth and Human Capital: Good Data, Good Results." *Journal of Economic Growth* 12.

Hamilton, J. D. and J. Monteagudo. 1998. "The Augmented Solow Model and the Productivity Slowdown." *Journal of Monetary Economics* 42.

Hodrick, R. J. and E. C. Prescott. 1980. Postwar U. S. Business Cycles: An Emprical Investigation. Discussion Paper No. 451, Carnegie-Mellon University.

Kremer, M. 1993. "Population Growth and Technological Change: One Million BC to 1990." *The Quarterly Journal of Economics* 108.

Lucas, R. E. 1988. "On the Mechanics of Economic Development." *Journal of Monetary Economics* 22.

Mankiw, N. G. , D. Romer, and D. N. Weil. 1992. "A Contribution to the Empirics of Economic Growth." *The Quarterly Journal of Economic* 107.

Prettner, K. 2013. "Population Aging and Endogenous Economic Growth." *Journal of Population Economics* 26.

Pritchett, L. 1999. *Where Has All the Education Gone?* The World Bank.

Robert, L. 1988. "On the Mechanics of Economic Development." *Journal of Monetary Economics.*

Romer, P. M. 1986. "Increasing Returns and Long-Run Growth." *Journal of Political Economy* 94.

Romer, P. M. 1990. "Endogenous Technological Change." *Journal of Political Economy* 98.

Schultz, T. P. 1997. "Demand for Children in Low Income Countries." *Handbook of Population and Family Economics* 1.

Solow, R. M. 1956. "A Contribution to the Theory of Economic Growth." *The Quarterly Journal of Economics* 7.

第五章 专题分析：中国现代化进程中人口老龄化对劳动力参与率的影响[*]

周祝平 刘海斌[**]

第一节 问题的提出

中国的整个现代化进程都受到劳动力供给条件的影响。2018 年，中国经济增长率继续回落到 6.6%，比 2014 年下降 0.8 个百分点；与 2010 年 10.4% 的增速相比，下降了 3.8 个百分点。这个增长速度为中国 28 年以来（截至 2018 年）最低。为何会如此？未来能否保持平均每年 6.5% 以上的增长率？劳动力参与状况在其中起着重要的作用。与此同时，我们观察到，2011 年以来，中国的劳动力参与率结束了持续多年的下降而出现略有回升的现象（World Bank，2016）。为什么在劳动年龄人口减少和人口老龄化程度加深的背景下会出现这种现象？人口老龄化究竟对未来中国的劳动力供给产生什么影响？

首先，本章对劳动力参与率指标测度以及人口老龄化影响劳动力参与率的机制进行理论分析。其次，通过年龄标准化的方法，对中国、巴西、法国、印度、日本和美国的劳动力参与率进行比较分析。再次，以中日两国为例，通过人口学的差距分解方法研究两国劳动力参与率的差异有多大比例是由年龄结构因素造成的。最后，利用中国省级数据和国际数据分别进行多元回归分析，进一步考察在控制其他若干变量的情况下，人口老龄化对劳动力参与率的影响大小。在国内省际模型中，所用

---

[*] 本章发表于 2016 年第 3 期《人口研究》，收入本书时做了修改。

[**] 周祝平，人口学博士，中国人民大学社会与人口学院副教授，人口、资源与环境经济学教研室主任，2010～2011 年布朗大学访问学者，中国人口学会理事、人口经济专业委员会副主任委员；刘海斌，中国人民大学人口、资源与环境经济学专业 2014 届硕士。

数据包括 1990 年、2000 年、2010 年三次全国人口普查数据和 1995 年、2005 年两次全国 1% 人口抽样调查数据，以及相应年份的各省（区、市）指标数据。在年龄标准化模型中，主要利用了国际劳工组织的数据。在国际面板模型中，主要利用了世界银行的数据。

第二节　相关文献综述

人口年龄结构的变化对经济增长有显著影响，主要原因是人口转变会使劳动年龄人口增长率高于非劳动年龄人口的增长率（Bloom & Williamson，1998）。随着中国人口转变的完成，人口年龄结构老龄化导致人口红利消失（王德文等，2004）。但中国人口是"未富先老"（李建民，2006）。为了缓解人口老龄化对经济增长的负面影响，有学者建议通过退休政策、劳动力政策的改革提高劳动力参与率（Bloom et al.，2008）。能否维持一个较高的劳动力参与率，关乎经济方面的人口红利和经济增长（郭琳、车士义，2011）。劳动年龄人口的增长只是为经济增长提供了一个机会窗口，想真正实现经济增长需要相关体制改革的配套，同时也需要较高的劳动力参与率。如何在老龄化条件下保持较高的劳动力参与率，从而实现经济持续增长，是中国面临的巨大挑战。然而，劳动力参与率并非外生变量，受多种因素的影响。人口老龄化与劳动力参与率究竟有何关系？学术界对这个问题的讨论较少。

对于中国劳动力参与率的变化趋势，国内学者已经做了不少研究。有的偏重于从转型与失业的角度开展研究，注意到城镇失业率上升伴随着劳动力参与率下降，并在近年来关注到在"招工难"和城镇失业率并不高的情况下依然出现了劳动力参与率下降的情况（张车伟、吴要武，2003；张车伟、蔡翼飞，2012）。为什么在失业率下降、劳动力需求增加的情况下却出现了劳动力参与率下降的现象？有的学者从理论上推测了促使劳动力参与率下降的多种可能性因素，包括工资增加带来收入效应、失业率提高造成"沮丧工人"退出劳动力市场、年轻人的劳动力参与率下降、社会保障安全网打击人们寻找工作的积极性等（李丽林，2006）。有学者从人口预测和劳动年龄人口老龄化的角度预测了中国未来劳动力参与率下降的趋势（王金营、蔺丽莉，2006）。还有学者注意到受教育年限的提高造成的影响，认为"15～24 岁人口在校比重以及 50 岁及以上中老年人口比重的同时增加，会降低整体劳动参与率，进而减小劳动规模"（马忠东等，2010）。有学者从脱离教育人数的角度预测未来劳动力供给趋势，为理解未来劳动力供求形势提供了有益借鉴（张车伟、蔡翼飞，2016），但是脱离教育的人数只能反映新增加的低龄劳动力供给状况，并不能反映中老年劳动力群体退出劳动力市场的状况。

人口老龄化究竟如何影响劳动力参与率？有学者研究发现国内劳动力参与率的下降趋势与老龄化显著相关（王莹莹、童玉芬，2015），但是只利用第五次、第六次全国人口普查的数据进行分析，没有注意到老龄化与劳动力参与率的省际差异与国际差异，并且该研究只注意到人口老龄化对劳动力供给的负向影响，没有注意到存在正向影响的可能性，因此无法解释为何 2011 年以来中国的劳动力参与率稳中有升（World Bank，2016）。有鉴于此，本章试图在现有研究的基础上，进一步深入探讨人口老龄化影响劳动力参与率的内在机制。

第三节　理论框架

一　劳动力参与率的概念界定

根据国际惯例（如世界银行和国际劳工组织的定义），劳动力参与率是指劳动力占成年人口的比例。劳动力是就业人口与失业人口的总和。

$$劳动力参与率 = 劳动力/成年人口 \qquad (1)$$
$$劳动力 = 就业人口 + 失业人口 \qquad (2)$$

劳动力参与率不是一个人口学概念，而是一个与劳动力市场密切相关的概念。它指成年人口中参与劳动力市场求职活动的人口比例，也就是在达到法定劳动年龄的人口中，愿意为生产活动提供劳动的人口的比例。按照世界银行的界定，它反映了一国 15 岁以上的成年人口中参与经济活动的劳动力状况。

从历史上的经济实践和现实的经济环境看，在许多国家，特别是经济比较落后的国家中，15 岁以下的人口也有一部分是参与生产劳动的。然而，根据现代国际社会的普遍观念，雇用童工是不人道的，是非法的。因此在计算劳动力参与率时一般把 15 岁及以上的人口看作成年人口。对于究竟是以 15 岁为成年人的最低年龄还是以 16 岁为成年人的最低年龄，并没有统一的意见。但是根据世界银行 2016 年的统计指标设置（World Bank，2016），本章选择 15 岁。这一设置显然考虑到了人口普查的统计惯例，人口统计学中一般把 15～19 岁作为一个年龄分组。

劳动力参与率概念除了涉及成年人口的界定，还需要界定劳动力。劳动力是指参与劳动力市场的就业者和失业者的总和。就业者是指从事有酬工作，包括全职工作和部分时间工作的人，以及有工作岗位而因各种原因暂时离开工作岗位的人。失业者是指能够工作且在调查时点之前四处努力寻找工作而没有找到工作的人，也包括被解雇、正在等待重新被召回工作岗位的人。

二　从普查的就业问题设计中看劳动力参与率指标的内涵

在 1990 年第四次全国人口普查的就业调查中，关于就业的三个问题是"工作单位名称""做什么具体工作""'不在业'人口状况"。其中"'不在业'人口状况"有七个选项：在校学生、料理家务、待升学、市镇待业、离休退休退职、丧失劳动能力、其他。第四次全国人口普查关于就业问题设计的缺点，主要是忽略了非正规就业的情况。非正规就业者可能没有具体工作单位，也可能没有固定职业，但是会偶尔从事某种能够获得收入的劳动。不能把这类就业人口归类为"不在业"人口。

2000 年的第五次全国人口普查考虑了第四次全国人口普查就业问题设计的缺点，在就业问题设计上开始与国际接轨。主要有五个问题涉及 15 岁及以上人口的劳动参与状况。第一个问题是"10 月 25～31 日是否从事过一小时以上有收入的工作"，第二个问题是上述七天内的工作时间，第三个问题是行业，第四个问题是职业，第五个问题是未工作者状况。显然，第五次全国人口普查问题更具有精确性，减少了非正规就业者回答的模糊性。同时，一周工作天数的差别，能够反映工作强度的不同。在未工作者状况方面，特别强调了两类：一类是从未工作正在找工作，另一类是失去工作正在找工作。这就把失业者凸显出来了。可见第五次全国人口普查是中国劳动力调查技术在科学性和规范性方面的巨大进步的体现。

2010 年的第六次全国人口普查，与第五次全国人口普查相比，在 15 岁及以上成年人口的劳动参与状况调查问题上有进一步改进。首先是在第一个问题中加入了工作小时数的提问。其次是把"未工作者状况"改成"未工作原因"，并把找工作的相关问题单独分解为两个问题，即"三个月内是否找过工作"和"能否工作"。从问题的设计来看，第六次全国人口普查更详细了，但是也存在一些不足。比如，在"未工作原因"问题中有两个选项分别是"因单位原因失去工作"和"因本人原因失去工作"，这是两个容易混淆的选项，没有识别性。一个被单位开除的人，可以认为自己是因为单位的原因才失去工作的，自己本来还想在那个单位工作，也可以认为自己是因为其自身违反纪律被开除的。一个自己辞职的人，既可以说是因为单位不令人满意而辞职，也可以说是因为自己不想在原单位长期工作下去而辞职。此外，"三个月内是否找过工作"的问题，并不能识别出某些因长期找不到工作而灰心丧气、在最近三个月内没有找工作的人。

从 1990 年、2000 年、2010 年三次全国人口普查的劳动就业问题设计可以看出，劳动就业问题是一个涉及多维度、多方面内容的复杂问题。当我们以劳动力参与率为指标来判断劳动力市场状况时，必须注意其隐含的丰富信息。

三 人口老龄化对劳动力参与率的影响

衡量人口老龄化有几种常用指标，如老年人口占总人口的比例、人口平均年龄、出生预期寿命等。国际上一般用 65 岁及以上的老年人口占总人口的比重来衡量。而人口老龄化通常伴随着人口的平均年龄上升和预期寿命延长。这样，我们可以把人口老龄化对劳动力参与率的影响概括为三种效应（见图 5-1）。

第一种效应是退出效应。当老年人口比例上升时，一方面，正规就业的老年人和有养老金的老年人很可能制度性地退出劳动力市场或主动选择退休，从而使老年劳动力供给减少，造成劳动力参与率下降；另一方面，没有养老金的老年人由于劳动能力下降，甚至失去劳动能力，会被迫退出劳动力市场，造成劳动力参与率下降。从国际经验来看，社会保障水平越高，这种效应越强。因此发达国家学者纷纷建议改革社会经济制度，激励健康的、有技能的老年人增加劳动力供给（Sakai et al.，2007）。

第二种效应是长寿效应。这是指伴随着人口老龄化进程，一般会出现预期寿命上升的情况，进而增加劳动力供给（MacKellar et al.，2004）。对于理性人而言，其需要提前为自己的老年生活做打算，增加劳动力供给时间，以便获得更多的劳动收入并为养老而储蓄。特别是在一个养老保障不完善且生育水平比较低的社会，劳动者既不敢指望社会养老，也不敢指望子女养老，只能通过增加劳动力供给来降低养老风险。

第三种效应是挤出效应。这是指随着老龄化、高龄化和失能化，家庭的中青年劳动力不得不增加老年人照料时间，进而减少参与劳动力市场供给的时间。已有研究表明，随着高龄人口的不断增长，家庭的照料任务加重（蒋承等，2009），城市失能老人的照料主要依靠家庭成员（史薇、李伟旭，2014）。因此，老龄化在初始阶段对中青年劳动力参与劳动力市场供给时间的"挤出效应"可能较小，而随着老龄化的继续推进，高龄化和失能化的并存，将造成越来越大的"挤出效应"，对劳动力参与率产生负向影响。

总之，第一、第三种效应是负效应，倾向于降低劳动力参与率。第二种效应是正效应，倾向于提高劳动力参与率。

人口老龄化对劳动力参与率的影响，除了通过以上几个直接效应实现，还可能会受到一些外部因素的影响。它们可以分为促进因素和抑制因素。我们假设促进因素包括高等教育水平、总和生育率、劳动年龄人口的增长率、离婚率、人口密度、城乡收入差距，抑制因素包括城市化程度、社会保障水平、第三产业发展水平。由于人均收入水平对劳动力供给具有替代效应和收入效应，表现为所谓的"后弯的劳动力供给曲线"，因此其对劳动力参与率的影响依赖于经济发展阶段。在低收入水平阶段对劳动力参与率有正向影响，在高收入水平阶段有负向影响。

通过以上分析，我们可以建立人口老龄化对劳动力参与率的影响的理论框架（见图 5 - 1）。

第四节　利用年龄标准化方法考察人口老龄化
对劳动力参与率的影响

年龄标准化是人口学基本方法，主要对受年龄结构影响的综合指标

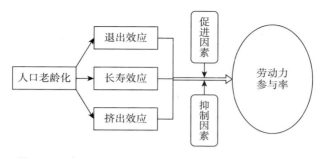

图5-1 人口老龄化对劳动力参与率的影响的理论框架

有效。劳动力参与率受到年龄结构的显著影响，第五、第六次全国人口普查的数据表明，低龄人口的劳动力参与率较低，而45岁及以上人口的劳动力参与率随年龄增长明显下降（见图5-2）。因此当我们比较不同国家或地区的劳动力参与率时，应该考虑年龄结构的差异。

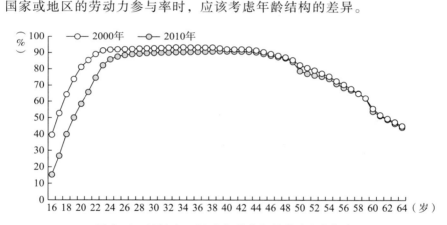

图5-2 2000年、2010年的分年龄劳动力参与率

资料来源：2000年、2010年全国人口普查汇总表。

我们可以进一步通过年龄标准化方法来考察老龄化对劳动力参与率的影响。选取世界上几个代表性国家与中国进行对比，美国、日本、法国分别是北美洲、亚洲和欧洲的发达国家，中国、印度和巴西分别是亚洲和南美洲的发展中国家。在这六个国家中，2013年，中国的劳动力参与率最高，为71.3%，印度的劳动力参与率最低，为54.2%。印度作为一个经济比较落后的发展中国家，其劳动力参与率甚至低于许多发达国家，这是值得注意的现象。2013年，法国65岁及以上人口的劳动力参与率最低，只有2.5%，远远低于同样作为发达国家的日本和美国。而印度 65 岁及以上人口的劳动力参与率最高，这符合落后国家老年人积极参与劳动力市场的特点。日本和美国的 65 岁及以上老年人口的劳动力参与率均在 20% 左右，大大超过作为欧盟成员国的法国（见表 5-1）。

表 5-1　2013 年中国与几个国家的分年龄组的劳动力参与率比较

单位：岁，%

年龄组	中国	巴西	法国	印度	日本	美国
15~24	56.4	62.9	38.0	35.3	42.9	50.7
25~34	89.8	85.0	87.3	64.9	84.7	81.4
35~54	87.3	81.8	89.2	67.8	84.8	81.0
55~64	59.8	56.7	48.0	54.5	69.7	64.4
≥65	21.6	22.8	2.5	25.9	20.5	18.7
≥15	71.3	69.8	55.9	54.2	59.2	62.5

资料来源：国际劳工组织网站，https://www.ilo.org。

从人口学角度看，劳动力参与率用 LFPR 表示，等于该国分年龄劳动力参与率与成年人口年龄结构的乘积之和。模型如下：

$$LFPR = \sum_{i=1}^{n} R_i \cdot C_i \qquad (5-1)$$

其中，R_i 表示分年龄的劳动力参与率，C_i 表示成年人口年龄结构。

年龄标准化以后的劳动力参与率用式（5-2）表示：

$$LFPR^* = \sum_{i=1}^{n} R_i \cdot C_i^s \qquad (5-2)$$

其中，$LFPR^*$ 是根据标准年龄结构计算出来的该国劳动力参与率，C_i^s 表示标准年龄结构。

在上述六个国家中，印度是人口年龄结构最年轻的国家，日本是人口老龄化最严重的国家。因此我们不妨选择印度的成年人口年龄结构作为年轻型的标准年龄结构，日本的成年人口年龄结构作为年老型的标准年龄结构，分别计算另外几个国家在年龄标准化之后的劳动力参与率（见表 5-2）。可以看出，年轻型标准年龄结构使劳动力参与率普遍提高，法国提高了 8.9 个百分点，而年老型标准年龄结构使劳动力参与率普遍下降，中国下降了 10.3 个百分点。

表 5 − 2　年龄标准化后 2013 年中国与几个国家劳动力参与率的比较

单位：%

国家	2013 年的劳动力参与率	按年轻型标准年龄结构标准化后的劳动力参与率	按年老型标准年龄结构标准化后的劳动力参与率
中国	71.3	72.2	61.0
巴西	69.8	70.7	59.2
法国	55.9	64.8	51.8
印度	54.2	—	49.6
日本	59.2	67.5	—
美国	62.5	66.9	57.1

资料来源：国际劳工组织网站，https：//www.ilo.org。

我们希望深入了解两国之间的劳动力参与率差距究竟在多大程度上是由年龄结构差异造成的，在多大程度上是由分年龄的劳动力参与率的差异造成的。为此，需要用到一个分解公式（Preston et al.，2001），经过修正，将其变成以下的 A 和 B 两国劳动力参与率之差的分解公式：

$$\Delta = \sum_i (C_i^B - C_i^A) \cdot \left[\frac{R_i^B + R_i^A}{2}\right] + \sum_i (R_i^B - R_i^A) \cdot \left[\frac{C_i^B + C_i^A}{2}\right] \qquad (5-3)$$

式（5 − 3）表示 A 国和 B 国的劳动力参与率之差等于年龄结构差异的贡献与分年龄的劳动力参与率的差异的贡献之和。由于该分解公式每次只能比较两个国家，因此我们这里选取学术界高度关注的日本来与中国进行比较。中日两国 2013 年的劳动力参与率的差距是 12.1 个百分点。根据表 5 − 3，经过差距分解，结果表明，有 9.5575 个百分点是由于年龄结构差异的影响，有 2.5220 个百分点是由于分年龄的劳动力参与率差异的影响。这意味着，中日两国的劳动力参与率差距中，有 79.0% 是由年龄结构差异造成的，只有 21.0% 是由分年龄的劳动力参与率差异造成的。

表 5 − 3　2013 年中日两国的劳动力参与率比较

年龄组（岁）	$C_i^{中}$	$C_i^{日}$	$R_i^{中}$（%）	$R_i^{日}$（%）	$(C_i^{中} - C_i^{日}) \cdot \left[\frac{R_i^{中} + R_i^{日}}{2}\right]$（%）	$(R_i^{中} - R_i^{日}) \cdot \left[\frac{C_i^{中} + C_i^{日}}{2}\right]$（%）
15 ~ 24	0.1873	0.1115	56.4	42.9	3.7619	2.0167
25 ~ 34	0.1951	0.1338	89.8	84.7	5.3498	0.8388

年龄组 （岁）	$C_i^{中}$	$C_i^{日}$	$R_i^{中}$ （%）	$R_i^{日}$ （%）	$(C_i^{中}-C_i^{日})\cdot$ $\left[\dfrac{R_i^{中}+R_i^{日}}{2}\right]$（%）	$(R_i^{中}-R_i^{日})\cdot$ $\left[\dfrac{C_i^{中}+C_i^{日}}{2}\right]$（%）
35～54	0.3783	0.3111	87.3	84.8	5.7835	0.8618
55～64	0.1309	0.1547	59.8	69.7	-1.5369	-1.4138
≥65	0.1083	0.2889	21.6	20.5	-3.8008	0.2185
合计	1.0000	1.0000			9.5575	2.5220

第五节　人口老龄化对劳动力参与率影响的实证分析

一　数据和变量说明

国内省际模型所用的劳动力参与率数据，主要通过 1990 年、2000 年、2010 年三次全国人口普查，以及 1995 年、2005 年两次全国 1% 人口抽样调查的资料计算得到。1990～2010 年，各省（区、市）劳动力参与率普遍下降，但是下降的量大不相同。最多的是天津，下降了 16.2 个百分点。最少的是西藏，仅下降了 2.2 个百分点（见表 5－4）。为什么有的地区劳动力参与率下降较多，有的地区下降较少？这是我们有必要深入探究的问题。

表 5－4　1990～2010 年部分年份我国 31 个省（区、市）劳动力参与率

单位：%，个

省（区、市）	1990 年	1995 年	2000 年	2005 年	2010 年	1990～2010 年 下降的百分点
北　京	73.1	70.3	62.2	58.1	61	12.1
天　津	74.8	70.9	62.2	62.8	58.6	16.2
河　北	78.9	79.9	75.5	69.6	71.1	7.8
辽　宁	74.9	74.3	69.9	66.5	65.6	9.3
上　海	75.1	71.6	62.3	59.9	64.1	11
江　苏	82.3	81	74.2	70.7	70.8	11.5
浙　江	77.8	74.4	71.6	69.7	73.4	4.4
山　东	73.2	72.7	67.1	66.6	69.6	3.6

续表

省（区、市）	1990 年	1995 年	2000 年	2005 年	2010 年	1990～2010 年下降的百分点
福　建	82.2	80.1	77.5	74	75.5	6.7
广　东	77.8	74.9	72	70.7	73.1	4.7
海　南	77.6	77	72.5	69.1	70.3	7.3
山　西	73.1	71.8	69.6	61.9	64.1	9
吉　林	72.1	73.7	65	60.6	67	5.1
黑龙江	69.2	71.7	62.7	61.4	64.7	4.5
安　徽	83.6	81.8	75.7	70.3	70.3	13.3
江　西	80.4	78	63.9	69.8	71.1	9.3
河　南	83.5	83.2	80.5	72	72.3	11.2
湖　北	82.2	80.7	65	71.3	71.2	11
湖　南	80.5	79	68.5	68.3	71.1	9.4
内蒙古	74.1	75.6	71.6	67.4	67.8	6.3
广　西	82.2	80.2	75.7	74.2	76.7	5.5
重　庆	—	—	69.1	72.6	67.6	—
四　川	83.8	82.8	73.1	73.6	72.8	11
贵　州	83.4	81.6	78.6	74.2	71.7	11.7
云　南	83.7	83.5	79.7	78.5	78.8	4.9
西　藏	78.7	81.1	75.2	69.9	76.5	2.2
陕　西	78.2	78	71.5	66.7	68.3	9.9
甘　肃	82.5	81.9	77.9	71.2	70.4	12.1
青　海	79.7	79.2	76.4	71.9	72.2	7.5
宁　夏	79.2	80.7	77.3	72.8	71.7	7.5
新　疆	76	76.2	76.2	68.3	72.4	3.6

注：本表不包含我国港澳台地区数据。

资料来源：1990 年、2000 年、2010 年全国人口普查资料，1995 年、2005 年全国 1% 人口抽样调查资料。

国内其他省级指标数据来自相应年份的统计年鉴数据。国际面板模型中的变量数据则主要来自世界银行收集的 204 个国家 1990～2011 年的劳动力参与率指标和其他指标数据。

关于变量的选取，做如下说明。人口老龄化程度不仅可以用老年人口的比重衡量，还可以用平均预期寿命等指标衡量。笔者通过对 2013 年世界各国老年人口比重指标和平均预期寿命指标进行相关分析，发现相关系数达到 0.72，因此我们在模型中仅选择 65 岁及以上老年人口比重作为人口老龄化程度的指标。人们参与劳动，受收入的吸引，所以选择人均国民收入作为控制变量。随着工业化进程推进，人们的劳动参与意愿会发生变化，将第二产业比重和第三产业比重也作为控制变量选入。城市化改变人们的生活形态，劳动者离开资本雇佣将失去生活来源，因此选入人口城市化率指标。

劳动年龄人口的增长率是人口红利理论的基础变量，我们这里也选择其作为控制变量。教育水平的衡量一般用的是平均受教育年限，但是高等教育水平直接影响低龄劳动力人口的劳动力参与率，因此国内省际模型选择受高等教育人数占总人口的比重，国际面板模型选择高等教育入学率。生育通过家庭活动影响家庭成员的劳动力供给，因此选择总和生育率作为控制变量。社会保障水平是影响劳动力参与率的重要因素，这里选择财政支出占 GDP 的比重来衡量。我们还可以合理假定人口密度越大的地区，人们的生存压力越大，因此劳动力参与率也越高。婚姻状况主要通过家庭活动安排影响劳动力参与率，由于在家庭经济学和女性经济学的研究中，一般认为婚姻状况对女性劳动力供给有重要影响，我们这里选择离婚率作为控制变量。人们的劳动力供给行为受相对收入地位的影响，收入差距越大，相对低收入的人群可能就会越努力地参与劳动以改善相对地位，所以我们在国内省际模型中选入城乡收入比指标。

二　模型和实证分析结果

(一) 国内省际模型

在国内省际模型中，我们选取表 5-5 中的全部变量。除了人口老龄化变量以外，这些变量还包括了我们假设的促进因素和抑制因素。关于收入和教育的影响，假设其表现为二次曲线。

表 5-5　变量名称、符号及含义

变量名称	变量符号	变量含义
(1) 劳动力参与率	*LFPR*	15 岁及以上人口中经济活动人口的比例
(2) 人口老龄化程度	*AGING*	65 岁及以上人口占总人口的比重

续表

变量名称	变量符号	变量含义（单位）
（3）人均国民收入	*GDP*	用以衡量一国或一个地区人们的生活水平
（4）第二产业比重	*SEC*	第二产业增加值占 GDP 比重
（5）第三产业比重	*TER*	第三产业增加值占 GDP 比重
（6）人口城市化率	*UR*	城市人口占总人口的比重
（7）劳动年龄人口增长率	*LF*	15~64 岁人口总量的自然对数
（8）高等教育水平	*EDU*	国内省际模型中是指受高等教育人数占总人口的比重，国际面板模型中是指高等教育入学率
（9）总和生育率	*TFR*	反映一国或地区育龄妇女的总体生育水平
（10）财政支出占 GDP 比重	*FINANCE*	用于衡量一国或地区的社会保障水平
（11）人口密度	*DENSITY*	每平方公里人口数（人/公里^2）
（12）离婚率	*DIVORCE*	15 岁及以上人口中离婚人口比重
（13）城乡收入比	*INCR*	各省（区、市）城镇居民人均可支配收入与农村居民人均纯收入的比值

（二）国内省际模型的回归结果

采用广义最小二乘法，修正模型存在的自相关和异方差后，得到模型回归结果（见表 5-6）。

表 5-6　劳动力参与率影响因素国内省际模型回归结果

变量符号	（1）总体	
	非标准化系数	标准化系数
AGING	-0.605 ***	-0.197 ***
	(0.2152)	(0.0701)
GDP	0.00274 ***	1.074 ***
	(0.0008)	(0.2969)
GDP^2	-0.000000183 ***	-0.963 ***
	(0.0000)	(0.2412)
SEC	0.0104	0.0215
	(0.0438)	(0.0907)
TER	-0.0700	-0.149
	(0.0595)	(0.1266)
UR	-0.194 ***	-0.546 ***
	(0.0382)	(0.1072)

变量符号	(1) 总体	
	非标准化系数	标准化系数
LF	0.552	0.0844
	(0.4178)	(0.0639)
EDU	-0.555**	-0.422**
	(0.2754)	(0.2093)
EDU^2	0.0220**	0.391**
	(0.0095)	(0.1689)
TFR	2.301***	0.262***
	(0.6243)	(0.0711)
FINANCE	-0.00877	-0.0170
	(0.0438)	(0.0852)
DENSITY	0.00480***	0.296***
	(0.0011)	(0.0702)
INCR	1.375**	0.153**
	(0.6180)	(0.0686)
DIVORCE	-1.110**	-0.117**
	(0.4936)	(0.0520)
常数项	65.89***	0.0799**
	(7.1958)	(0.0340)
N	150	150

** $p < 0.05$，*** $p < 0.01$。

从国内省际模型的回归结果来看，在控制了总和生育率、城市化程度等一系列劳动力参与率促进因素和抑制因素的情况下，人口老龄化依然对劳动力参与率具有显著影响。人口老龄化程度每提高 1 个百分点，劳动力参与率下降约 0.6 个百分点。在控制其他因素的情况下，如果未来 15 年，中国人口老龄化程度上升 7~10 个百分点，那么劳动力参与率将下降 4.2~6 个百分点。

人均国民收入是一个二次变量，结果显示其一次项和二次项的影响都是显著的。这似乎验证了"后弯的劳动力供给曲线"理论。人均国民收入与劳动力参与率成倒 U 形关系。当经济发展水平比较低时，收入提高对劳动力供给的激励作用要大于闲暇对劳动的替代作用。随着收入水平的提高，越来越多的人倾向于享受闲暇。另一个二次变量是高等教育水平。高等教育水平与劳动力参与率间的关系为 U 形曲线关系。高等教育在发展的初始阶段，对劳动力参与率有负面影响，但是高等教育继续发展时，对劳动力参与率又会产生正向影响。

根据我们的假设，其他控制变量将影响人口老龄化对劳动力参与率作用的大小。除了高等教育水平之外，我们假设的促进因素还包括总和生育率、劳动年龄人口的增长率、离婚率、人口密度、城乡收入差距，抑制因素包括城市化程度、社会保障水平、第三产业发展水平。省级数据分析表明，第三产业比重、劳动年龄人口的增长率、财政支出占 GDP 比重对劳动力参与率的影响并不显著。城乡收入比、总和生育率和人口密度与劳动力参与率显著正相关，离婚率、人口城市化率与劳动力参与率显著负相关。离婚率因素对劳动力参与率的影响方向与我们的假设相反。这是否是因为离婚后双方需要更多的时间料理家务，值得进一步深入研究。

总和生育率对劳动力参与率的影响是正向的，可能是由于生育水平变高会导致家庭生活压力变大，迫使家庭成员更多地参与市场劳动。人口密度越大的地区，劳动力参与率越高，原因可能也在于生存压力问题。

城乡收入比的影响是显著的。这反映出在收入差距越大的地区，人们工作的积极性就越高。一方面，城市人口的生活对农村人口产生强大的吸引力，使人们努力工作；另一方面，农村人口收入较低，生活压力大，被迫到城市打工或者留在农村从事各种经济活动。

人口城市化率对劳动力参与率的影响是负向的，城市化水平越高的地区，劳动力参与率越低。这可能是由于城市生活给人们提供了更多的休闲选择。

（三）国际面板模型

在国际面板模型中，我们选择人口老龄化程度作为主要解释变量进入模型，控制变量包括人均国民收入、第三产业比重、人口城市化率、劳动年龄人口增长率、高等教育水平、总和生育率和财政支出占 GDP 比重。各变量与劳动力参与率的关系可通过式（5-4）表示：

$$LFPR = \beta_0 + \beta_1 AGING + \beta_2 GDP^2 + \beta_3 GDP + \beta_4 TER + \beta_5 UR +$$
$$\beta_6 LF + \beta_7 EDU^2 + \beta_8 EDU + \beta_9 TFR + \beta_{10} FINANCE + \mu \qquad (5-4)$$

（四）国际面板模型的回归结果

利用世界银行数据对我们的劳动力参与率决定因素模型分别进行固定效应和随机效应回归分析，随后通过 Hausman 检验说明应该选取固定效应模型。对固定效应模型的各变量进行标准化，回归得出固定效应模型下各变量的标准化系数（见表5－7）。

表5－7　劳动力参与率影响因素国际面板模型回归结果

变量符号	固定效应模型		随机效应模型
	非标准化系数	标准化系数	
$AGING$	− 0.205 **	− 0.0965 **	− 0.488 ***
	(0.1020)	(0.0480)	(0.0879)
GDP	0.000217 ***	0.279 ***	0.000265 ***
	(0.0000)	(0.0308)	(0.0000)
GDP^2	− 1.42e − 9 ***	− 0.102 ***	− 1.69e − 9 ***
	(0.0000)	(0.0166)	(0.0000)
TER	− 0.133 ***	− 0.191 ***	− 0.118 ***
	(0.0127)	(0.0183)	(0.0128)
UR	0.0509	0.119	0.00573
	(0.0344)	(0.0808)	(0.0240)
LF	5.894 ***	1.423 ***	0.522 **
	(1.0285)	(0.2483)	(0.2639)
EDU	− 0.0727 ***	− 0.171 ***	− 0.0330 *
	(0.0189)	(0.0445)	(0.0187)
EDU^2	0.000467 ***	0.0866 ***	0.000246
	(0.0002)	(0.0306)	(0.0002)
TFR	0.522 **	0.0867 **	− 0.506 ***
	(0.2356)	(0.0392)	(0.1715)
$FINANCE$	− 0.0290 **	− 0.0334 **	− 0.0302 **
	(0.0140)	(0.0161)	(0.0141)
常数项	− 28.70 *	− 0.384 ***	65.91 ***
	(16.4316)	(0.0355)	(4.7275)
N	1382	1382	1382

$* p < 0.1$，$** p < 0.05$，$*** p < 0.01$。

分析国际面板模型的回归结果，并将其与国内省际模型对比，有以下发现。

第一，进一步验证了我们的研究结论，即人口老龄化对劳动力参与率具有显著的负向影响。不过，与国内省际模型的结果相比，国际面板模型中人口老龄化影响系数更小。人口老龄化程度每提高 1 个百分点，劳动力参与率下降 0.2 个百分点。这说明影响劳动力参与率国际差异的因素比国内更复杂，比如还可能存在文化因素，印度的人口老龄化程度很低，但是劳动力参与率大大低于许多发达国家。

第二，进一步验证了人均国民收入对劳动力参与率的影响具有倒 U 形曲线特征，与国内省际模型结果相同。国际面板模型的 U 形曲线转折点出现在人均国民收入达到 76408.5 美元时。由于这是一个很高收入水平上的转折点，因此我们可以判断，在其他因素不变的情况下，经济增长对劳动力参与率的影响在很大区间内都表现为正向效应。在人口总体层面上，闲暇对劳动的替代必须发生在很高的收入水平上。

第三，进一步验证了高等教育水平与劳动力参与率之间的关系呈现 U 形曲线特征。高等教育水平与劳动力参与率呈现 U 形二次曲线关系，其转折点出现在高等教育入学率达到 77.84% 时。由于近十几年来中国高校大规模扩招，高等教育已经进入大众化阶段，高校扩招已经从最初的对劳动力参与率有负向作用转变为以正向作用为主。这在一定程度上有助于解释为什么中国从 2011 年以来劳动力参与率趋于稳定并略有上升。

第四，与国内省际模型回归结果类似的还包括总和生育率的正向影响。但是不同的是，第三产业比重、财政支出占 GDP 比重与劳动力参与率有显著负相关关系，劳动年龄人口增长率与劳动力参与率有显著正相关关系，而人口城市化率的影响并不显著。

小　结

中国的整个现代化进程都受到劳动力供给条件的影响。从前期劳动力无限供给条件下的现代化，到人口转变完成后的现代化，都需要努力保持经济结构与劳动力条件相适应。在低生育率和人口老龄化条件下，劳动力供给已经完全不同于早期现代化阶段。无论生育政策如何调整，我们都不可能重回廉价劳工时代。

本章通过年龄标准化和差异分解的方法，发现人口年龄结构在解释劳动力参与率差异方面起到重要作用。2013 年中国和日本的劳动力参与率相差 12.1 个百分点，其中 79.0% 可以归因于年龄结构的差异。进一步通过基于国内省际模型和国际面板模型的实证分析，发现人口老龄化与劳动力参与率存在显著的负相关关系。实证结果表明，人均收入水平与劳动力参与率之间呈倒 U 形关系，而高等教育水平与劳动力参与率之间存在显著的 U 形关系。中国目前仍然处于中等偏低收入水平，因此经济增长对劳动力参与率主要具有正向作用。生育水平提高对劳动力参与率也具有显著的积极影响，说明近几年生育政策调整对劳动力参与率具有正向作用。

劳动力供给是一个复杂的人口、经济和政策相互交织的领域。在人口红利逐渐消失、劳动年龄人口逐渐减少、人口快速老龄化的条件下，现有的研究文献往往寄希望于劳动市场体制的改革和灵活的劳动政策来缓解劳动力供求矛盾。劳动力参与率的国内省际差异和国际差异都表明，不同的劳动力供给条件将带来不同的劳动力参与率水平。本章的实证研究发现，未来缓解人口老龄化对劳动力参与率的不利影响，除了劳动政策以外，还可以从经济、教育、生育等方面入手，制定多方面的长期政策，以帮助长期维持较高的劳动力参与率。

综合而言，人口老龄化对劳动力参与率的影响是显著的，退出效应和挤出效应要超过长寿效应。但是我们要看到，不是只存在人口老龄化的负向作用，宏观社会经济中的收入、教育等变量对劳动力参与率可能具有正向作用。这是我们在预测未来劳动力供给和设定劳动力参与率参数时需要留意的。

参考文献

郭琳、车士义，2011，《中国的劳动参与率、人口红利与经济增长》，《中央财经大学学报》第 9 期。

蒋承、顾大男、柳玉芝、曾毅，2009，《中国老年人照料成本研究——多状态生命表方法》,《人口研究》第 3 期。

李建民,2006,《中国真的未富先老了吗》,《人口研究》第 6 期。

李丽林,2006,《中国转型时期劳动参与率的测量、变化及其意义》,《中国人力
　　资源开发》第 3 期。

马忠东、吕智浩、叶孔嘉,2010,《劳动参与率与劳动力增长：1982 ~ 2050 年》,
　　《中国人口科学》第 1 期。

史薇、李伟旭,2014,《城市失能老年人照料资源分布及照料满意度的实证研
　　究——以北京市西城区为例》,《北京社会科学》第 11 期。

王德文、蔡昉、张学辉,2004,《人口转变的储蓄效应和增长效应》,《人口研
　　究》第 5 期。

王金营、蔺丽莉,2006,《中国人口劳动参与率与未来劳动力供给分析》,《人口
　　学刊》第 4 期。

王莹莹、童玉芬,2015,《中国人口老龄化对劳动参与率的影响》,《首都经济贸
　　易大学学报》第 1 期。

张车伟、蔡翼飞,2012,《中国劳动供求态势变化、问题与对策》,《人口与经
　　济》第 4 期。

张车伟、蔡翼飞,2016,《中国 "十三五" 时期劳动供给和需求预测及缺口分
　　析》,《人口研究》第 1 期。

张车伟、吴要武,2003,《城镇就业、失业和劳动参与：现状、问题和对策》,
　　《中国人口科学》第 6 期。

Bloom, David E. and Jeffrey G. Williamson. 1998. "Demographic Transitions and Eco-
　　nomic Miracles in Emerging Asia." *The World Bank Economic Review* 12.

Bloom, David E. , David Canning, and Günther Fink. 2008. "Population Aging and E-
　　conomic Growth." *The World Bank Working Paper* 32.

MacKellar, Landis, Tatiana Ermolieva, David Horlacher, and Leslie Mayhew. 2004.
　　The Economic Empacts of Population Ageing in Japan. Edward Elgar.

Preston, Samuel H. , Patrick Heuveline, and Michel Guillot. 2001. *Demography, Meas-
　　uring and Modeling Population Process*. Oxford：Blackwell.

Sakai, Hirotsugu and Hitoshi Asaoka. 2007. "Factors Affecting Labor Force Participa-
　　tion in Japan：Empirical Study of Labor Supply of the Elderly and Females." In
　　Aging and the Labor Market in Japan. Edward Elgar.

World Bank. 2016. *World Development Indicators 2016*.

第六章 专题分析：中国现代化进程中若干影响长期粮食安全的重大人口发展趋势

莫　龙　李春华[*]

第一节　问题的提出

粮食安全极端重要。民以食为天，粮食是保生存、安天下、稳民心的基础性关键性战略资源。确保国家长期粮食安全，关系着民族的生存和发展，关系着百姓的安康和幸福，关系着真正意义上的现代化强国的建成。

中华民族已经"站起来""富起来"，正在迈向"强起来"，粮食安全状况已经大为改观。尽管如此，进入新时代，确保国家长期粮食安全依然十分重要。[①]

正因如此，2013 年，国家提出"以我为主、立足国内、确保产能、适度进口、科技支撑"的国家粮食安全新战略。2015 年，国务院出台《关于建立健全粮食安全省长责任制的若干意见》（瞿长福、乔金亮，2016）。2017 年 10 月召开的党的十九大提出，要"确保国家粮食安全，把中国人的饭碗牢牢端在自己手中"，要"加强人口发展战略研究"（习近平，2017）。

本章试图揭示从 2020 年起到 21 世纪末，中国现代化进程中若干影

---

[*]　莫龙，人口学博士、双博士后，中共广西区委党校（广西行政学院）二级教授，享受国务院政府特殊津贴专家，中国人口学会常务理事，曾为加拿大蒙特利尔大学合作教授；李春华，博士，广西民族大学副教授、硕士研究生导师，中国人口学会理事，广西民族大学经济学院金融系主任，广西民族大学数字经济与人口发展研究中心主任。

[①]　对此，本章第三节将做进一步全面阐释。

响长期粮食安全的重大人口发展趋势，包括人口规模最大化、人口数量负增长、人口结构老龄化、人口分布城镇化、人口质量长寿化和人口经济富裕化。

关于中国人口发展与粮食安全问题，已经有许多研究（例如，Brown，1994；田雪原，2013）。然而，将未来中国人口的发展趋势作为影响未来中国长期粮食安全最基本的因素，对两者之间的关系进行的研究既不多也不深。本章致力于运用最新数据、借鉴最新成果研究两个重要问题。一是长期战略问题，即中国的长期粮食安全问题，而不仅仅是迄今较多学者关注和研究的，当前、短期或中期的粮食安全问题；二是重大趋势问题，即影响中国长期粮食安全的重大人口发展趋势，而不是一般人口发展趋势。联合国人口司2022年7月发布的中国人口回测和预测数据（United Nations，2022），在时间上涵盖1950~2100年，使揭示影响中国长期粮食安全的重大长期人口发展趋势成为可能。

第二节 数据来源

本章采用的数据主要来源于三个方面。

首先，本章采用的1950~2100年中国人口回测和预测数据，来自联合国人口司2022年7月发布的《世界人口展望》（2022年版）（United Nations，2022）。联合国人口司是编制和发布世界各国人口官方数据的联合国专职机构，由该司编制和发布的《世界人口展望》，对世界人口形势进行全面评估，对世界各国过去和未来的人口发展趋势做出详细的回测和预测，其人口回测和预测数据往往被认为是国际上最具权威性的（蔡泳，2012）。关于采用联合国《世界人口展望》（2022年版）数据的理由，详见本书前言。

其次，本章采用的1980~2050年中国人均GDP数据，主要来自英国经济学人智库（EIU）于2018年3月和4月所做的中国人均GDP回测和预测。《经济学人》是国际知名的经济学期刊，经济学人智库（EIU）是经济学人集团旗下的研究和咨询机构，是国际知名权威智库。

最后，本章采用的1950~2050年中国人口城镇化率，来自联合国人口司《世界城市化展望》（2018年版）。这一关于世界各国人口城镇化的回测和预测数据集，被联合国各部门和许多国际组织、研究机构以及专家学者广泛运用，在国际上具有权威性。

第三节　长期粮食安全是中国实现现代化的重要前提条件

21 世纪上半叶中国发展的战略目标是全面建成社会主义现代化强国，实现中华民族的伟大复兴。中国共产党于 2017 年 10 月在党的十九大报告中，提出国家实现现代化"新三步走"战略安排：第一步，到 2020 年，全面建成小康社会；第二步，到 2035 年，基本实现现代化；第三步，到 21 世纪中叶，全面建成社会主义现代化强国（习近平，2017）。2022 年 10 月召开的党的二十大进一步提出，"从现在起，中国共产党的中心任务就是团结带领全国各族人民全面建成社会主义现代化强国、实现第二个百年奋斗目标，以中国式现代化全面推进中华民族伟大复兴"（习近平，2022）。

农业现代化是国家现代化的重要基础，保证粮食安全是实现现代化的基础中的基础。党的十九大在提出要全面实现国家现代化的同时，指出"农业农村农民问题是关系国计民生的根本性问题，必须始终把解决好'三农'问题作为全党工作重中之重。要坚持农业农村优先发展……加快推进农业农村现代化"（习近平，2017）。党的二十大进一步提出"全面建设社会主义现代化国家，最艰巨最繁重的任务仍然在农村"，要"全方位夯实粮食安全根基，全面落实粮食安全党政同责，牢牢守住十八亿亩耕地红线……确保中国人的饭碗牢牢端在自己手中"（习近平，2022）。对于中国这样的人口大国和农业大国，没有粮食安全就没有农业现代化，而没有农业现代化就没有国家现代化。

长期粮食安全是农业现代化的终极目标。联合国粮食及农业组织（FAO）于 1974 年召开第一次世界粮食首脑会议，首次提出"粮食安全"概念，将其定义为"所有人在任何时候都能够买得到他们所需要的粮食"。1996 年，第二次世界粮食首脑会议又加入"能力因素和质量因素"，把"粮食安全"定义为"所有人在任何时候都能够买得到并买得起他们所需要的安全而富有营养的粮食"（宛福成，2011）。

对于中国这样的人口大国，不可能依赖进口粮食来保障长期粮食安全。进入 21 世纪，随着经济快速发展，人民日益富裕，总体上中国人已经告别"饥荒"和"挨饿"。2006 年起，中国不再接受世界粮食计划署（WFP）的粮食援助。中国已经从昔日的粮食受援国，一跃成为仅次于美国和欧盟的世界第三大粮食捐赠国（宛福成，2011）。

尽管如此，进入新时代，中国的长期粮食安全依然面临风险和挑战。首先，中国的长期粮食安全依然受限于一系列刚性约束：人口众多、耕地不足、地力下降、水资源匮乏、务农青壮年劳动力减少，以及中国发展过程中难以避免的国际摩擦、挑战乃至遏制，还有由此导致的不能完全排除其可能性的贸易战、制裁乃至粮食封锁。其次，中国的长期粮食安全还受限于新时代人民日益增长的美好生活需要和不平衡不充分的发展之间的矛盾。在粮食安全领域，这一社会主要矛盾表现为，一方面，人民向往美好生活，不再满足于"吃得饱"，还要"吃得好"、"吃得安全"和"吃得养生"；另一方面，发展不平衡不充分，导致保障粮食安全不平衡不充分，粮食有效供给有可能难以长期全面平衡充分和高水平高质量地满足全体人民日益增长的美好生活需要。进入新时代，中国要实现长期粮食安全，即长期确保"所有人在任何时候都能够买得到并买得起他们所需要的安全而富有营养的粮食"，面临着新的风险和挑战。

总之，只有确保长期粮食安全，中国才能实现真正意义上的农业现代化，进而实现真正意义上的国家现代化。一个无法确保长期粮食安全的国家，是无法建成现代化强国的。

第四节　若干影响中国长期粮食安全的重大人口发展趋势

一　人口规模最大化

影响长期粮食安全的首要人口因素是人口的规模。人有一张口，需要消费粮食。同时，人又有一双手，能够生产粮食。所以，人口规模及其变化对长期粮食安全的影响利弊交织。一般认为，对于中国这样的人口大国和资源弱国，人口太多不利于粮食安全，即所谓"人满为患"。

这种判断，正是当年举国动员实行严格的计划生育政策、控制人口数量的动因之一，也正是"布朗拷问"——"谁来养活中国？"的理据之一（Brown，1994）。

那么，未来中国人口规模的变动趋势如何？

根据联合国人口司的人口回测和预测数据（United Nations，2022），中国人口规模①已经最大化。主要表现如下。第一，按联合国中方案预测，直到 2023 年中，中国都是世界上人口最多的国家。从 2023 年中开始，印度将历史性地取代中国成为世界上人口最多的国家。第二，从 2016 年起，中国已经进入"14 亿人口时代"，即人口规模保持在 14 亿人以上而不足 15 亿人。在华夏五千年的历史上，中国从来没有要养活养好这么多人口过。按中方案预测，中国"14 亿人口时代"将持续 18 年，在 2034 年结束。第三，按中方案预测，中国有史以来直到 21 世纪末，人口规模的最大值出现在 2021 年，为 14.26 亿人。第四，按高方案预测，不能排除 21 世纪上半叶中国人口规模最大值高达 14.40 亿人（2035 年达到）的可能性。如果高方案预测成为现实，中国"14 亿人口时代"将持续至少 36 年（2016 ~ 2052 年）之久，这是历史上前所未有的。即使按低方案预测，到 2028 年中国人口也仍将保持 14 亿人以上的规模。

人口规模最大化发出警示：21 世纪上半叶中国仍将面临较大的人口规模压力。1982 年 9 月，党的十二大把实行计划生育正式确定为基本国策，其依据之一是，"人口增长过快，不但将影响人均收入的提高，而且粮食和住宅的供应……都将成为严重的问题"（胡耀邦，1982）。当时中国的人口规模为 10.2 亿人，都已经感到人口规模压力巨大、粮食安全堪忧。如今前所未有的"14 亿人口时代"将持续 18 年（按中方案预测），人口规模巨大造成的长期粮食安全风险不容忽视。

还有研究警示：2016 年开始实施"全面二孩"政策带来的人口规模增加，可能导致严重的、阶段性的粮食供需缺口。"全面二孩"政策在中长期将显著增加粮食需求。若未来粮食综合生产能力只能维持在 2016 年规划设计的每年 5.5 亿吨，那么实施"全面二孩"政策将可能导致严重的、

---

① 基于统计的原因，联合国人口司关于中国人口的数据，不包括中国港澳台地区的数据。下同。

阶段性的粮食供需缺口，预计 2029～2030 年供需缺口将达到最高峰，即 7800 万～8500 万吨，缺口率为 12.5%～13.3%（程杰等，2017）。

当然，这并不意味着不应该实施"全面二孩"生育政策。实际上，当上述粮食供需缺口高峰过后，实施"全面二孩"生育政策带来的新增人口，将从单纯的"消费人口"陆续成为既是"消费人口"又是"生产人口"的人口，有助于缓解人口老龄化带来的青壮年劳动力不足，包括种粮青壮年劳动力不足。

二　人口数量负增长

上述人口规模长期正增长并最大化的趋势，已在 2022 年发生逆转，从 2022 年起中国已开始步入人口长期负增长的新常态。按联合国人口司中方案预测（United Nations，2022），从 2022 年开始到 21 世纪末，中国人口负增长新常态将持续 79 年。2100 年中国人口数量将减少到 7.71 亿人，重回 1968 年水平。按高方案和低方案预测，2100 年中国人口将分别为 11.53 亿人和 4.88 亿人。

中国人口长期负增长将难以避免。随着中国的快速现代化，在可见的将来，生育率长期保持在更替水平之下的情况将难以避免，因而人口长期负增长将难以避免。

人口长期负增长意味着两件事。一方面，中国 1982 年确立的计划生育基本国策，达到了控制人口过快增长的战略目的，需要养活养好的人口的数量从 2022 年开始趋于减少。从粮食消费人口减少的角度看，人口长期负增长可能有利于长期粮食安全。另一方面，人口长期负增长不仅意味着粮食消费人口减少，还可能导致粮食生产人口减少。从这个角度看，人口长期负增长可能不利于长期粮食安全。

人口长期负增长新常态，将对中国长期粮食安全产生复杂和深远的影响，亟待超前深入研究并提出对策。

三　人口结构老龄化

根据联合国的回测和中方案预测数据，中国已经在 2000 年进入老龄社会，这一年人口中 60 岁及以上老年人口的比重开始超过 10%；2020 年，该比重达到 17.8%；到 2035 年，中国将进入超老龄社会，人口中 60

岁及以上老年人口比重将超过 30%；2050 年，这一比重将高达 38.8%，届时中国社会大约平均每 3 人中，就有 1 名年龄在 60 岁及以上的老年人（United Nations，2022）。中国人口老龄化具有速度快、程度高、未富先老的特点。

笔者之一于 2009 年在《人口研究》发表了一篇论文，提出了人口老龄化经济压力指数（AECI 指数）（莫龙，2009）。该指数实现了人口老龄化经济压力的"可量化"和"可比较"。运用这个指数进行的定量研究发现，21 世纪上半叶中国将面临相当大的人口老龄化经济压力，压力增大最快的时期可能出现在 2025～2040 年，压力高峰很可能出现在 2040 年前后，高峰时的压力将可能达到 2010 年压力的 3～4 倍（莫龙、韦宇红，2013）。

人口老龄化带来的中国人口年龄结构剧变，不仅体现为人口中老年人口的比重急剧升高，还体现在老少比将出现历史性转变。联合国的回测预测数据表明，到 2021 年，中国 60 岁及以上老年人口的数量首次超过 0～14 岁少年儿童人口的数量，这是历史上前所未有的人口现象。到 2050 年，前者将是后者的 3.4 倍（United Nations，2022）。

那么，人口老龄化将对中国长期粮食安全产生什么影响？研究表明，主要可能有以下三方面影响。

首先，人口老龄化造成的人口年龄结构剧变，可能对长期粮食安全有深刻的负面影响。涂涛涛等（2017）发表的一项研究成果指出，随着人口老龄化和人口城镇化的推进，中国粮食安全同时受到供给与需求层面的持久负面冲击。人口结构变迁将导致粮食价格上涨、进口依赖度提升以及人均粮食占有量下降。

其次，人口老龄化导致的劳动年龄人口数量减少和占比下降，对长期粮食安全可能有负面影响。据联合国人口司回测和预测，随着人口老龄化，以往中国 15～59 岁劳动年龄人口数量的长期增长，已经在 2012 年结束。该年龄段的人口数量，从 1980 年的 5.60 亿人开始持续增长，到 2011 年达到峰值 9.28 亿人，2012 年起转趋长期持续减少，2020 年减少为 9.14 亿人，到 2050 年将仅有 6.53 亿人，到 21 世纪末将跌至 3.30 亿人。从 15～59 岁劳动年龄人口占总人口的比重看，其 1976～2007 年长期持续上升，从 53.2% 上升至 69.3%，达到峰值。2008 年开始长期持续下降，2020 年降为 64.1%，2050 年将进一步降为 49.7% （United Nations，2022）。

最后，关于中国的粮食安全，长期以来我国主要关注两点，一是保有足够的耕地，为此划出了耕地红线；二是提高耕地的粮食单产，为此大力发展了农业科技。然而，我们的研究表明，仅仅这样是不够的。随着人口迅速老龄化和城镇化，一方面劳动年龄人口将减少，另一方面会有大批农村青壮年劳动力进城，两者叠加将有可能导致种粮的人（尤其是青壮年劳动力）越来越少。现在到了关注、研究和破解老龄化与城镇化背景下，未来粮食生产人口数量可能长期持续减少这一问题的时候了。毕竟，就算耕地再充足、技术再好，如果种粮的劳动力不足，特别是种粮的青壮年劳动力不足，也是不能保障长期粮食安全的。

四　人口分布城镇化

据联合国人口司回测和预测，中国的人口城镇化率在新中国成立之初的 1950 年仅为 11.8%，也就是说，当时仅有 11.8% 的人口居住在城镇。在改革开放之初的 1978 年，人口城镇化率也只有 17.9%。随着改革开放，人口城镇化率迅速攀升，2011 年达到 50.5%，首次超过 50%，意味着从那年起超过一半的中国人居住在城镇，这是历史上前所未有的。未来中国人口城镇化的势头依然强劲，2020 年人口城镇化率达到61.4%，2050 年将达到 80.0% （United Nations，2018）。

城镇化是现代化的发动机和必由之路。中国人口城镇化趋势已经不可逆转。人口城镇化对中国长期粮食安全的影响，就其基本面而言，主要体现为农民，尤其是青壮年农民纷纷"洗脚上田进城"，种粮的人少了，特别是种粮的青壮年少了。

一项关于中国农民工粮食需求的研究表明，城镇化显著增加了中国的粮食需求。该研究由中国农业大学一研究团队完成，以 2013～2014 年在全国六省市的调查为基础。根据这项调查，由于我国农民工数量庞大（2015 年已达 2.8 亿人），而农民工的粮食消费量相对较高（平均每年每人 456.8 公斤），既高于农村居民（平均每年每人 300.8 公斤），又高于城镇居民（平均每年每人 340.8 公斤），估计仅农民工从农村转移到城镇一项，就使我国每年粮食消费总量增加 423.4 亿公斤，相当于 2014 年我国粮食总产量的 7.0% （中国农业大学国家农业农村发展研究院、中国农业大学经济管理学院粮食经济研究团队，2017）。

五　人口质量长寿化

对一个人来说，如果长寿，他一生所需要的粮食就会增加，他一生中能够劳动（包括种粮）的时间也会增加。推而广之，对一个国家来说，人口长寿，人口所需要的粮食也会增加，种粮劳动力的有效供给也会增加。同时，人口长寿，人口的年龄结构就会变化，进而导致人口的粮食需求结构变化。

我们所处的时代，是人民普遍更加长寿的时代，人口长寿化速度之快前所未有，已经并且仍将对中国长期粮食安全产生深刻和深远影响。

根据联合国人口司的回测和中方案预测数据，中国 80 岁及以上长寿老人的数量，已经从 1950 年的 332 万人增加到 2000 年的 1246 万人，并继续快速增加，2020 年增加到 3219 万人，2050 年将猛增到 1.35 亿人，是 1950 年的 40.7 倍，是 2020 年的 4.2 倍。到 21 世纪末，中国 80 岁及以上的长寿老人更将多达 1.76 亿人（United Nations，2022）。

如果联合国人口司的中方案预测成为现实，中国人口中 80 岁及以上长寿人口的比重，1950 年为 0.6%，2000 年提高到 1.0%，2020 年提高到 2.3%，2050 年更将猛增至 10.3%，2100 年将高达 23.0%（United Nations，2022）。

联合国人口司的回测和中方案预测还表明，中国人口的平均预期寿命已经从 1950 年的 43.7 岁提高到 2000 年的 71.9 岁，又进一步提高到 2020 年的 78.1 岁，2050 年将进一步提高到 83.8 岁，2099 年将高达 90.1 岁（United Nations，2022）。

六　人口经济富裕化

进入新时代，中国人比以往任何时期都更加富裕，在可见的未来还将继续变得更加富裕。中国国家发展战略要求，到 21 世纪中叶，把中国建成现代化强国，基本实现全体人民共同富裕（习近平，2017）。人口经济富裕化是当代中国人口发展的一个重要特征。

根据国际知名权威智库——英国经济学人智库的统计和预测，1980 ~

2050 年中国经济长期向好，人民日益富裕。该智库 2018 年 3 月和 4 月做出的预测表明，按名义 GDP 计算，中国的人均 GDP 已经从 1980 年的 316 美元迅速提高至 2015 年的 8251 美元。未来这一趋势仍将继续保持，2020 年中国的人均 GDP 将进一步提高到 11489 美元，2035 年将提高到 30929 美元，2050 年更将高达 58389 美元（EIU，2018）。

在世界 60 个主要经济体（国家、地区）中，中国的人均 GDP 所处位次从 1995 年的第 57 位（倒数第 4 位），提升为 2015 年的第 42 位，2050 年更将进一步提升到第 32 位，达到中等发达国家水平（EIU，2018）。

中国人口经济富裕化意味着，一方面，中国人已经告别饥荒、实现温饱，已经全面建成丰衣足食的小康社会，今后将拥有日益强大的经济实力，为实现全体人民高标准的长期粮食安全，创造基础性、关键性的经济条件；另一方面，富裕起来的中国人，不再满足于"吃得饱"，而是进一步追求"吃得好"、"吃得安全"和"吃得养生"，进而对实现长期粮食安全提出更高标准和更高要求。

小　结

本章的研究表明，实现长期粮食安全是中国实现现代化的基本而重要的前提条件。一个无法确保长期粮食安全的国家，是无法建成现代化强国的。进入新时代，为实现在 21 世纪中叶把中国建成现代化强国的国家发展既定目标，必须从战略高度确保实现全体人民高标准的长期粮食安全。

本章的研究还表明，中国人口的状况已经并将继续发生一系列前所未有的重大变化，对长期粮食安全产生复杂和深远的影响。人口状况及其变化对中国长期粮食安全的影响，既包括积极正面有利的影响，也包括消极负面不利的影响，利弊交织、错综复杂、长期持续，亟待对其进行更加系统全面深入的研究，并在此基础上提出对策方略。从这个意义上说，本章研究系抛砖引玉之作。

参考文献

蔡泳，2012，《联合国预测：中国快速走向老龄化》，《国际经济评论》第 1 期。

程杰、杨舸、向晶，2017，《全面二孩政策对中国中长期粮食安全形势的影响》，《农业经济问题》第 12 期。

胡耀邦，1982，《全面开创社会主义现代化建设的新局面——在中国共产党第十二次全国代表大会上的报告》，中国共产党历次全国代表大会数据库。

瞿长福、乔金亮，2016，《把饭碗牢牢端在自己手上——党的十八大以来全面实施国家粮食安全战略综述》，《人民日报》3 月 1 日，第 6 版。

莫龙，2009，《1980～2050 年中国人口老龄化与经济发展协调性定量研究》，《人口研究》第 3 期。

莫龙、韦宇红，2013，《中国人口：结构与规模的博弈——人口老龄化对中国人口发展战略的制约及对策》，社会科学文献出版社。

田雪原，2013，《大国之难——20 世纪中国人口问题宏观》，中国社会科学出版社。

涂涛涛、马强、李谷成，2017，《人口老龄化、人口城镇化与中国粮食安全——基于中国 CGE 模型的模拟》，《中南财经政法大学学报》第 4 期。

宛福成，2011，《全球视野下的"粮食安全"问题》，《行政与法》第 3 期。

习近平，2022，《高举中国特色社会主义伟大旗帜　为全面建设社会主义现代化国家而团结奋斗——在中国共产党第二十次全国代表大会上的报告》，http://www. news. cn/politics/cpc20/2022 – 10/25/c_1129079429. htm。

习近平，2017，《决胜全面建成小康社会　夺取新时代中国特色社会主义伟大胜利——在中国共产党第十九次全国代表大会上的报告》，http://www. china. com. cn/19da/2017 – 10/27/content_41805113. htm。

中国农业大学国家农业农村发展研究院、中国农业大学经济管理学院粮食经济研究团队，2017，《中国农民工粮食需求研究——基于全国六省市的调研》，中国农业出版社。

Brown, L. R. 1994. "Who Will Feed China?" *World Watch Magazine* 7.

EIU. 2018. *EIU Market Indicators & Forecasts*, EIU Data Services, https://www. ala-cra. com/eiu.

United Nations. 2022. *World Population Prospects*, the 2022 Revision. New York：United Nations, Population Division.

United Nations. 2018. *World Urbanization Prospects*, the 2018 Revision. New York：United Nations, Population Division.

第三篇

重点解析

第七章 人口城镇化与中国现代化

桂江丰[*]

第一节 引言

一 实现现代化是中国未来中长期发展目标

党的十八大报告明确提出"两个一百年"奋斗目标，即在中国共产党成立 100 年时全面建成小康社会，在新中国成立 100 年时建成富强民主文明和谐的社会主义现代化国家。党的十九大报告进一步创造性地提出分两步走全面建设社会主义现代化国家，即从 2020 年到 2035 年，奋斗 15 年，基本实现社会主义现代化；从 2035 年到 21 世纪中叶，再奋斗 15 年，把我国建成富强民主文明和谐美丽的社会主义现代化强国。党的二十大报告明确提出了中国式现代化，并对其内涵进行了全面阐释。而城镇化是现代化应有之义和基本之策（李克强，2012），推进中国新型城镇化高质量发展是实现乡村振兴战略的重要路径，更是实现中华民族伟大复兴的中国梦的战略手段（张润泽、禹辉映，2014；方创琳，2019）。

二 高质量的城镇化是国家现代化的重要标志

城镇化是伴随着工业化发展，非农产业在城镇集聚、农村人口向城镇集中的自然历史过程，是人类社会发展的客观趋势，城镇化发展综合体现现代化质量，充分体现城镇化进程中人口城镇化、城市现代化、城

---

* 桂江丰，博士，中国人口与发展研究中心副研究员，从事人口发展战略及人口分析技术领域研究，成果多次获中国人口科学优秀成果一、二、三等奖，作为核心骨干参与多项国家级和省部级课题，研究成果获国家领导和部委领导批示。

乡一体化三重内涵，人口城镇化水平是衡量小康社会、现代化发展水平的重要指标（桂江丰等，2012）。只有大批农村人口变为城镇居民，人口素质不断提高，城乡收入差距不断缩小，社会秩序发生重大变化，才能使越来越多民众分享发展成果、中等收入群体不断扩大，实现人们生产生活方式更加文明、体面而有尊严。

三　深入推进新型城镇化迫在眉睫

早在 2014 年，中共中央、国务院就颁布了《国家新型城镇化规划（2014—2020 年）》，强调推进新型城镇化的重要意义一方面在于提高城镇化的质量，增进社会公平，使人人共享发展成果，另一方面则在于为中国的经济发展提供动力。近年的新型城镇化试点工作取得和形成了一些较为成功的经验和地方化模式（Chen et al.，2018），这一轮城镇化规划完成后，进一步推进新型城镇化向纵深发展不仅关系到城镇化自身的质量提升和可持续发展，还关系到推动中国经济由高速增长阶段到高质量发展阶段的转型升级，更关系到党的十九大报告中所提出的新时代两个阶段目标的实现，尤其是对第一阶段的至 2035 年基本实现社会主义现代化的目标的实现具有决定性的意义（陈明星等，2019）。

四　人口城镇化战略研究意义重大

城镇化的内涵丰富，包括人口由农村向城镇的迁移、就业由农业向非农产业的转移、社会生活方式由农村生活方式向城市生活方式的转变、地理上的农村地区变为城镇地区的过程等，但城镇化的核心在于人，在于人口的城镇化。人口持续城镇化是我国未来社会发展的基本国情，城乡结构的重大调整将伴随我国现代化的全过程，对我国未来繁荣发展的源泉和动力产生重大影响。因此，在现代化的框架下对我国人口城镇化发展进行深入研究，在人口城镇化发展历程中探究城镇化与现代化的关系，创新走好新时期中国特色人口城镇化道路的思路和对策，具有重要的现实意义。本章将为制定下一轮城镇化发展政策规划提供有价值的参考意见。

第二节 中国人口城镇化的历程

1949 年，中国的城镇人口仅有 5765 万人，占总人口的比例（城镇化率）仅为 10.64%；随着 1978 年改革开放以来中国经济快速发展，中国的城镇化进程也不断推进，每年的城镇人口增量也由百万级增加至千万级；2022 年中国城镇化率达 65.22%，城镇人口数量达到 9.2 亿人（见图 7-1）。从总体看，中国人口城镇化变动符合城镇化变动规律，回顾 1950 年~2022 年的中国人口城镇化进程，可以将其划分为四个阶段。

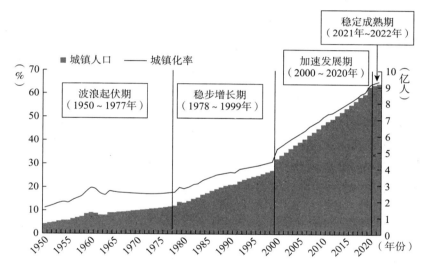

图 7-1 1950~2022 年中国人口城镇化相关指标变动情况

资料来源：国家统计局历年统计年鉴和统计公报。

一 波浪起伏期（1950~1977 年）

城镇化率由 1950 年的 11.18% 升至 1977 年的 17.55%，年均提升 0.24 个百分点，城镇人口由 6171 万人增至 16678 万人，年均新增 389 万人。20 世纪 50 年代初，为了实现经济上的赶超目标，我国实行了优先发展重工业的发展战略。为了保证重工业优先发展的资金，国家对农产品实行统购统销，在城市实行粮油计划供应制度。但是，城市人口大量增加、粮食产量增长迟缓，加上三年困难时期粮食大面积减产，给城市的粮油计划供应制度及相应的医疗、教育等福利保障制度带来了极大的压力，直接导致了 1958 年户口登记制度的确立和 1964 年《公安部关于处理户口迁移的规定（草案）》的出台，这份文件的主旨集中体现为两个"严加限制"（对从农村迁往城市、集镇的要严加限制，对从集镇迁往城市的要严加限制），从此，农村向城市的人口流动处于严格的控制下。由于以重工业为主的工业增长所创造的就业机会较少，吸纳农业剩余劳动力的能力弱，加上户口迁移制度的限制，人口在产业和区域间的转移受到阻碍，城镇化严重滞后于工业化。

二　稳步增长期（1978～1999 年）

城镇化率由 1978 年的 17.92% 升至 1999 年的 30.89%，年均提升 0.62 个百分点，城镇人口由 1.73 亿人增至 3.89 亿人，年均新增 1029 万人。改革开放以后，城市对农民进城就业的限制不断放松，国家先出台了"准许农民以自筹资金、自理口粮为前提，以在集镇有固定住所、有经营能力，或在乡镇企事业单位长期服务为条件进入城镇务工经商"的政策，同时城市开始了以"建立社会主义市场经济体制"为主要内容的改革，1993 年，全国绝大多数城市正式取消粮票，这些都为农民进入城市务工经商提供了制度上的保证。

三　加速发展期（2000～2020 年）

城镇化率由 2000 年的 36.22% 升至 2020 年的 63.89%，年均提升 1.46 个百分点，城镇人口由 4.59 亿增至 9.02 亿，年均新增 2332 万人。我国经济体制改革的推进和体制本身的完善，尤其是 2001 年中国加入世界贸易组织后，东部沿海地区生产要素市场的逐步建立和完善，加速了企业劳动用工机制的市场化，促进了外资、合资以及私营企业等非公有制经济主体的发展。同时户籍制度逐渐松动，一些中小城市甚至取消了户籍管理限制，大大降低了人口迁移成本，提高了迁移的预期收益，加速了我国人口城镇化进程。

四　稳定成熟期（2021～2022 年）

在人口城镇化的不同时期，支撑人口城镇化的人口来源差异巨大。

这一时期属于城镇化后期，过去城镇化快速发展时期靠农村人口进城支撑的传统城镇化模式面临边际难度不断提升的局面；同时，2022 年我国正式步入人口负增长阶段，人口规模变动对人口城镇化的效用发生了方向性的转变。2022 年，我国城镇人口仅新增 651 万人。到 2030年，如果我们的城镇化率要达到 70%，每年需净新增城镇人口 500万人。

第三节 人口城镇化对国家现代化的积极作用

诺贝尔经济学奖得主、美国经济学家斯蒂格利茨曾断言，美国高科技产业和中国城镇化是 21 世纪两个对世界影响最大的事件。中国城镇化是一个长期的人口结构性调整的过程，并会引发深刻的变革：经济发展动力由出口、投资拉动向消费、投资拉动转变，社会基本制度框架由城乡二元结构向城乡一体化转变。城乡结构的重大调整伴随我国现代化的全过程。

一 人口城镇化可以为经济现代化提供稳定增长动力

中国城镇化进程的推进有助于提高经济增长效率、优化产业结构、提升绿色发展水平、改善社会福利，从而提升综合经济增长质量（何兴邦，2019）。人口城镇化促进产业、人口、资本向城镇聚集，推动农业富余劳动力逐步向第二、第三产业转移，有助于加大产业结构调整力度，提供更多就业岗位，推动人力资本重组，大大提高城市活力，不断提升财富创造力和国际竞争力。

（一）人口城镇化助推经济增长的方式由拉动投资向拉动内需转变

内需是我国经济发展的根本动力，而扩大内需的最大潜力在于城镇化（马凯，2012）。城镇化提供需求，人口城镇化将带动交通、通信、供电、供气、供水等基础设施需求，以及基本生活、住房、教育、卫生等直接消费需求的增长，并促进农村规模化经营和劳动生产率提高，进而带来农村消费的扩大，创造巨大的内需市场。中国的新型城镇化通过解决"三个 1 亿人"问题，释放收入水平较低者提升势能较大的需求。

2019 年，城镇居民人均消费是农村居民的 2.11 倍①，农村居民潜在消费势能巨大。同时，未来中小城镇将成为城镇化新战场，应不断完善其基础设施，以中心城市为枢纽链接周边中小城镇形成城市群、城市网，带动县城和小城镇就业创业、消费升级，将农民工转为有稳定就业、住所、社保的市民。麦肯锡预测，中国 700 个城市将在 2016～2030 年为全球城市消费增长贡献 7 万亿美元，贡献率达 30%（雷米斯，2016）。

（二）人口城镇化助推发展的比较优势由人力资源向人力资源和人力资本并存转变

中国是世界劳动年龄人口数量最多的国家，劳动年龄人口超过欧洲人口总和，人口红利创造经济增长动力。2015 年 15～64 岁劳动年龄人口为 10 亿人，预计 2050 年仍达 8.8 亿人，与 2000 年基本持平，劳动力供给数量优势将继续保持。劳动力优势与产业梯度发展，将使"中国制造"在未来一段时间内仍保持人力资源优势。同时随着劳动年龄人口受教育程度不断提高，平均受教育年限从 1982 年的 5.58 年增加到 2021 年的 10.93 年，平均受教育程度从小学水平上升到高中水平，人口城镇化促进人力资本提升、聚集重组，逐步实现由"廉价规模劳动力"向"技能劳动力"再向"知识劳动力"转变，实现质量优势对数量优势的替代，不断提升中国在国际市场中的人力资本优势。

二 人口城镇化可以为社会现代化提供一体化的社会制度框架

城镇化是中国社会变迁的主旋律，改革开放 40 余年来城乡分割背景下的增量改革拉动经济增长的边际效应逐步递减，人口城镇化重点由效益向公平转变，有助于构建以存量为主、重新调整存量增量利益格局的现代社会体系，尤其是 2023 年习近平总书记提出"以人口高质量发展支撑中国式现代化"②的重要论断和工作要求，人口城镇化将做出战略调整，从农村人口的非农化阶段过渡到迁移流动人口的市民化阶段，构建全社会向上流动氛围。以公平分配为原则的新型城镇化，将助力以人口

---

① 《中华人民共和国 2019 年国民经济和社会发展统计公报》，国家统计局网站，http://www.stats.gov.cn/xxgk/sjfb/tjgb2020/202006/t20200617_1768655.html。

② 《习近平主持召开二十届中央财经委员会第一次会议》，中国政府网，https://www.gov.cn/yaowen/2023 - 05/05/content_5754275.htm。

城镇化为主导、推动城乡一体化的第二次制度变革，建构中国未来的人口空间分布、城乡社会发展格局。

（一）人口城镇化是解决"三农"问题的根本出路

解决"三农"问题的出路在于减少农民，把农民从土地上解放出来并使其过上有尊严的生活。人口城镇化的本质是使"三农"发展方式转变，使"三农"问题的解决由限于农业内部向城乡统筹转变；家庭联产承包责任制使农民跨过"温饱线"，人口城镇化将推动农民跨过"富裕坎"，从根本上解决农村发展的深层次矛盾。新生代农民工成为人口城镇化主力军，2018 年，1980 年及以后出生的新生代农民工占全国农民工总量的 51.5%，新生代农民工不再依附于农村土地，对城市生活品质有更高要求，迁移动力由生存型向发展型转变。我国流动人口思想观念、生活习惯、行为方式与城市不断融合，向上流动意愿强烈，有刚性的市民化诉求，人口城镇化水平稳步提升。

（二）人口城镇化是实现区域协调发展的重要途径

就近城镇化趋势明显。随着社会改革深化，城镇与农村居民社保并轨，逐步实现城乡居民权益平等；新农村建设加速基础设施一体化、公共服务均等化发展；传统产业由东部向中西部、大城市向中小城市梯度转移，农村人口长距离外出务工意愿逐渐降低。2018 年，在外出农民工中，到省外就业的农民工有 7594 万人，比上年减少 81 万人，下降 1.1%；在省内就业的农民工有 9672 万人，比上年增加 162 万人，增长 1.7%；省内就业农民工占外出农民工的 56%，所占比重比上年提高 0.7 个百分点。中西部人口吸纳能力明显提升。中西部基础设施建设逐步完善，产业供应链初步形成，已具备接纳产业转移的基础。随着"一带一路"建设深化，中西部产业升级换代趋势明显，吸纳劳动力能力增强。2018 年，在东部就业的农民工占 54.8%，中部就业的占 21.0%，西部就业的占 20.8%[①]，但中西部农民工分别增长 2.4%、4.2%，明显高于东部 -1.2% 的增速。随着人口就近就地城镇化和人口流动目的地向中西部

---

① 《2018 年农民工监测调查报告》，国家统计局网站，http://www.stats.gov.cn/sj/zxfb/202302/t20230203_1900299.html。报告将全国分为东部、中部、西部、东北四个地区，此处未提及东北数据。

转移，中国区域发展差异将会逐步缩小。

第四节　中国人口城镇化发展面临的形势

发达国家城镇化实践表明，当城镇化率为 30%（含）~50%（不含）时，城镇化处于量的扩张阶段；为 50%（含）~70%（不含）时，城镇化处于结构调整阶段；大于等于 70% 时，城镇化处于质的提升阶段。2011 年，中国的城镇化率为 51.3%，超过 50%，城镇人口数量达到 6.9 亿人，预示着中国城镇化已迈入结构调整阶段，其发展将由单纯注重速度向速度与质量并重转变，改革进入以推进深度人口城镇化为特征、促进城乡一体化的新阶段。

一　人口城镇化速度放缓

从总体看，依据联合国的人口城镇化预测（United Nations，2018），中国人口城镇化率将在 2030 年和 2050 年分别达到 70% 和 80%，同时中国的城镇化速度将会持续下降，城镇化率年增长量由 2020 年的 1.1 个百分点降至 2030 年的 0.76 个百分点，下降 1/3 左右；至 2050 年，年增长量进一步降至 0.33 个百分点，相比 2030 年再下降约 1/2。农民工在农业转移人口中占绝大部分，农业转移人口又是人口城镇化的主体，农民工的变动趋势能灵敏地反映城镇化变动趋势。2018 年农民工总量为 28836 万人，比上年增加 184 万人，增长 0.6%。农民工增量比上年减少 297 万人，总量增速比上年回落 1.1 个百分点。

二　人口城镇化质量有待提高

（一）户籍人口城镇化严重滞后于常住人口城镇化

按照现行的统计口径，城镇人口是指居住在城镇范围内的全部常住人口，既包括居住在城镇范围内半年以上的本地非农业户籍人口和本地农业户籍人口，也包括居住在城镇范围内半年以上的外地非农业户籍人口和农业户籍人口。也就是说，在城镇居住半年以上的农民工等农业转移人口是被统计为城镇人口的，但是农业转移人口并不享有市民待遇，农业转移人口的市民化程度仅有 40% 左右。2019 年，户籍人口城镇化率仅为 44.38%，比常住人口城镇化率低约 16 个百分点[1]，大量农业转移人口不能享受市民待遇，形成城乡二元结构基础上的城镇内新二元结构，这是城镇化不完全、不彻底的表现，也是中国城镇化质量不高的重要原因。

（二）流动人口居住条件较差

单位宿舍和租赁住房是农民工最主要的居住方式，但仍有相当比例的农民工住在生产经营场所或工地工棚，在务工地自购住房的比例很低。

三 人口城镇化发展结构有待优化

（一）人口过度集中于大城市

国际经验表明，城市的集聚建立在规模经济与市场作用的基础之上，并且可以产生溢出效应，这使得大城市的集聚力量存在自我强化效应（魏后凯，2015），自 20 世纪中叶以来，世界城市人口一直在向大城市集中，城镇化进程中的人口极化倾向十分明显，世界 100 万人以上的大城市数量由 1950 年的 75 个增至 2010 年的 449 个，其人口占世界城市人口的比重由 23% 增至 38%。同时，中国 2005～2014 年人口流入量中，13 个超大和特大城市占 30%，127 个大城市占 60%，100 个中等城市占 6%，而 418 个小城市仅占 4%。大城市、特大城市迅速膨胀，中等城市、小城市发展缓慢。

（二）人口城镇化滞后于土地城镇化

分税制改革后的财政分权导致地方政府偏好土地城镇化，2001～2020 年，我国地级及以上城市人口由 2.10 亿人增至 4.19 亿人，年均增长 3.70%；而城市建成区面积由 2.26 万平方公里增至 5.83 万平方公里，年均增长 5.11%。在城镇土地快速扩张的同期，农村居住用地并没有随着农村人口向城镇转移而减少，反而也在扩张。2000～2016 年，我国农村常住人口由 8.08 亿人减少至 5.89 亿人，减少了 27.1%；但同期农村宅基地反而由 2.47 亿亩扩大为 2.98 亿亩，增加了 20.6%。农村人口与土地间的逆向变动必然导致资源浪费和利用率下降，根据农业农村部抽

---

[1] 《中华人民共和国 2019 年国民经济和社会发展统计公报》，国家统计局网站，http://www.stats.gov.cn/xxgk/sjfb/tjgb2020/202006/t20200617_1768655.html。

样调查数据，2019 年全国农村宅基地闲置率为 18.1%。

第五节　面向现代化的中国人口城镇化战略原则

城镇化本身是一个综合概念，具有人口聚集、产业转移、生活方式转变等多重内涵，因此实施人口城镇化战略是一项系统工程，需要协同人口、土地、交通、社保、就业、住房、农业等部门共同开展，在科学调控人口、合理利用土地、优化基础设施、推进公共服务、促进经济包容性增长等领域实现协调发展。总的来说，需要处理好以下几组关系（桂江丰等，2012）。

一　在主体方面，处理好市场和政府的关系

从本质看，地区之间、城乡之间的经济差别是人口跨区域流动迁移、人口城镇化的内因。从长期角度看，在市场机制的作用下，劳动力会从低收益的欠发达地区、农村向高收益的发达地区、城市流动，地区间工资收益率差距不断缩小，最终实现区域、城乡均衡发展；但从短期角度看，为规避市场外部性，引导人口合理流动迁移，政府需要发挥宏观调控作用，通过信息引导和规划先行，消除人口城镇化过程中的盲目性。

二　在驱动力方面，处理好经济驱动和社会驱动的关系

国际经验表明，国家发展战略决定城镇化格局，不同的战略方向决定不同的城镇化格局。在以基于公平的社会发展为主导的国家，城镇化表现为中小型城市的城市集群的多中心发展，而在以基于效益的经济增长为主导的国家，城镇化表现为大型城市和超大型城市的飞速发展。我国在近 20 年城镇化加速发展阶段，大城市无限膨胀、小城镇逐步萎缩，城镇格局的马太效应越来越明显，未来要更加注重城镇化质量，更加注重城镇化过程中的社会驱动，更加注重流动人口公共服务均等化，最终推动形成协调均衡的城镇化格局。

三　在战略方面，处理好传统战略与现代战略的关系

城镇化以工业化为支撑，国际先发国家主要通过"先污染、后治

理""初期内部粗放式增长、后期通过产业结构的外部转移实现集约式发展"的传统城镇化战略，完成了城镇化的升级过程。但是由于环境问题国际化、货币化以及产业国际梯度转移空间有限，后发国家难以延续先发国家的传统城镇化道路，其在城镇化进程中，安排产业布局要充分考量环境成本，要实施现代的可持续发展城镇化战略，实现经济效益、生态效益和社会效益的综合效益最优，努力形成人口均衡型、资源节约型、环境友好型的城镇发展新格局。

四　在区域方面，处理好因地制宜和整体推进的关系

中国最大的特点是区域发展不平衡，在城镇化推进进程中，除了在国家层面制定城镇化统一规划并整体推进城镇化外，更要在各地因地制宜实施具有区域特色的城镇化战略，最终实现协同发展。在近期，东中西区域、大中小城市可以通过积分制、设门槛等制度实施梯次发展战略，西部地区要充分利用区域资源比较优势，合理规划产业布局，引导产业和人口向西部地区资源环境承载能力较好的地方集聚，来化解人口集中涌向东部地区的问题，同时通过提升交通网络等基础设施的通达性，来引导产业向中小城市和小城镇布局，增强中小城市和小城镇吸纳人口的能力，以缓解特大城市的压力。

五　在战略重点方面，处理好城镇发展和农村发展关系

城乡长期以来是一对孪生兄弟，城镇发展需要农村支持，农村发展需要城镇带动。我国在发展的不同时期所实施战略的重点不同，在城镇化初期，通过农村支持城市，为城镇化奠定了坚实的产业基础；目前我国处在促进城乡一体化发展阶段，必须使城镇和农村协同发展，实施城镇化和新农村建设双轮驱动，让进城流动人口在城镇享有平等的发展机会、融入城镇，让留在农村的人口共享改革发展成果、安居乐业，做到进城和留乡各得其所。

第六节　面向现代化的中国人口城镇化战略举措

以"提高城镇化质量、引导人口迁移、区域协调发展"为导向，推

进以人为核心的新型城镇化，使农业转移人口真正有意愿、有能力融入城市，促进社会公平。

一　加快推进户籍人口城镇化

（一）推动城乡户籍制度统筹改革

户籍制度的基本功能应该是人口登记，户籍制度改革的目标是逐步剥离户籍依附权益、回归户籍制度本质。但目前城镇和农村改革方向不同。城镇户籍制度改革的方向是"增"或"扩"，通过扩大基本公共服务范围来实现户籍附属权益的剥离，使农民工享受城市居民同等待遇，建立健全支持农业转移人口市民化政策体系，将持有居住证人口纳入基本公共服务保障范围。加快实现基础养老金全国统筹，鼓励和引导农民工参加职工社保，推进跨城乡、地区转移接续；将农民工随迁子女纳入城市教育发展规划和财政保障范围，保障随迁子女以公办学校为主接受义务教育，免费接受中等职业教育和普惠性学前教育，在居住地参加升学考试；免费向农业转移人口提供公共卫生服务，把农业转移人口聚居地纳入社区医疗服务体系，加快推进医保异地报销；进一步完善城乡居民最低生活保障制度，将农业转移人口纳入保障。农村户籍制度改革的方向是"减"，通过减少农业户籍附属的各种权益，实现户籍附属权益的剥离：逐步剥离土地承包经营权、宅基地使用权、集体收益分配权与户籍的连带关系。这样，就可以减少由城乡户籍附属权益的差异带来的户籍人口城镇化与常住人口城镇化不协调问题，促使城乡户籍改革协同推进。

（二）鼓励租售并举的多元居住方式

住房是农业转移人口市民化的重要载体，同时也是农业转移人口市民化的重要障碍。提高农业转移人口城镇住房保障程度，可以推进农民工市民化进程。城镇实施租售并举措施，通过公共租赁房、租赁补贴等多种方式，满足农民工城镇居住需求；通过先租后售、共有产权等方式，刺激农民工购房需求。另外，将提供低价购房机会与激励农业转移人口腾退农村闲置住房相结合，探索建立农村宅基地腾退机制，提高农民工购房能力。

（三）建立流动人口公共服务均等化的保障体系

建立户籍人口和常住人口相结合、以流入地投入为主的财政投入体系，科学制定人口城镇化质量评价指标体系，提升农民工吸纳、就业安置、户籍保障以及服务质量等指标权重，监测人口城镇化进程和质量，定期发布人口城镇化评价结果；将人口城镇化纳入政绩考核、重大事项督查范围，强调人口城镇化在经济社会发展中的作用。构建政府、社会和公民多元参与的社会协同治理的流动人口服务管理模式，充分发挥社会组织在流动人口服务管理中的作用，拓宽流动人口社会参与渠道，引导和组织流动人口自我服务、自我管理。

二　引导人口就近就地城镇化

（一）以创新促进中西部产业升级

以创新为导向，以就业为核心，国家政策向中西部倾斜，把中西部作为国家重大项目发展基地，以政府运作为主，调动全国科技、信息、人才资源，充分利用中西部成本低、资源丰富优势，加快中西部产业升级，增强其人口集聚能力。推动培育中西部以枢纽城市为中心的经济增长极。对拥有高校、科研机构的城市，依托创新资源，强化城市创新中心辐射作用，打造产学研一体化产业链；对拥有良好自然条件的城市，寻找高起点，发展绿色、智能等新型产业及业态，形成独特优势；对资源短缺城市，选择政府与市场并重的转型发展模式，努力承接、参与国家及东部项目，构建创新中心，探索发展新模式，推动产业转型升级。

（二）繁荣小城镇经济

小城镇发展的核心是经济发展，其能优化城乡生产力布局和产业结构框架。推动小城镇尤其是县域经济发展与大城市转移产业结合、与特色产业结合、与服务"三农"结合，促进农业转移人口就近就业。发展地方特色经济和支柱产业，以比较优势培育基础竞争力；承接大城市产业转移，引进技术成熟、产品成型的资源、技术密集型产业，采取建立联盟、兼并重组及配件加工等方式，成为大城市产业链末端，更好为大城市服务；围绕产业发展和农民生产、生活需要，大力发展农村金融、连锁经营、物流配送、信息咨询、观光旅游等第三产业；大力发展农产品加工业，调整农业结构，拉长农业产业链条。

三　加快城乡一体化进程

（一）新型农村建设

在人口城镇化进程中，解决农民居住分散、生活配套设施欠缺、宅基地利用率低等问题，有针对性地推进新农村建设。实施小城镇的村庄整治，将重点开发、经济较发达、具有相对资源优势的区域与村落集中划片，统一规划，建立宜居社区、农业生产区、工业开发区、商贸服务区，整合散居农民宅基地，变适应传统耕作的散居为现代农业聚居生活方式；对中心村和规模较大、实力较强的村，采取合并组建方式，带动周边村镇，建设组团型农村新村镇；对经济条件一般的村，采取整治改建方式，整治环境，改造旧房；对偏僻山区的村庄、小型村和"空壳村"，采取多村合并、移民迁建方式，结合小城镇发展实施新村建设，走特色民居和古村落保护、美丽乡村发展之路。同时，将原有宅基地整理复垦，实现耕地总量占补平衡，将农业用地向种田大户流转，防止土地摺荒；对节余建设用地进行市场开发，所得出让收益用于支付农民住房建设、新农村基础设施建设成本，推动就地城镇化深入发展。

（二）管理体制改革

推进省直管县，减少行政管理层级，下放事权、扩大财权。增强中小城市、中心镇发展能力，适当放宽设市标准，将具有一定常住人口规模、经济实力和特殊地理位置的乡镇转为市，赋予相应行政管理权限，加强土地、规划和投融资制度改革，降低行政成本、提高行政效率，提升基层公共管理和服务能力，建立 15 分钟服务圈，提高吸引力，为人口城镇化深入推进提供支撑。

小　结

本章在现代化的框架下考量我国人口城镇化发展，认为高质量的城镇化是国家现代化的重要标志。人口城镇化带来的城乡结构重大调整将伴随我国现代化的全过程，城镇化可以为经济现代化提供稳定增长动力，也可以为社会现代化提供一体化的社会制度框架。

我国人口城镇化经历了波浪起伏期、稳步增长期、加速发展期，目前已进入稳定成熟期，处于结构调整阶段，其发展将由单纯注重速度向速度与质量并重转变，改革进入以推进深度人口城镇化为特征、促进城乡一体化的新阶段。但我国人口城镇化质量有待提高、结构有待优化。

2020～2035年是我国实现现代化的重要时期，也是人口城镇化深入发展的关键时期，面向现代化的中国人口城镇化战略需要处理好市场和政府、经济驱动和社会驱动、传统战略和现代战略、因地制宜和整体推进、城镇发展和农村发展等的关系，推进以人为核心的新型城镇化。

通过推进户籍人口城镇化提高城镇化质量。推动城乡户籍制度统筹改革，城镇通过扩大基本公共服务范围来实现户籍附属权益的剥离，而农村通过减少农业户籍附属的各种权益来实现户籍附属权益的剥离；鼓励运用租售并举的多元居住方式，重点满足农民工城镇居住需求和购房需求；建立户籍人口和常住人口相结合、以流入地投入为主的财政投入体系。

通过引导人口就近就地城镇化优化城镇化结构。充分利用中西部成本低、资源丰富等比较优势，以创新促进中西部产业升级；通过构建城乡生产力布局和产业结构框架，加快县域经济发展；推进省直管县，减少行政管理层级，加快城乡一体化进程。

参考文献

陈明星、隋昱文、郭莎莎，2019，《中国新型城镇化在"十九大"后发展的新态势》，《地理研究》第1期。

方创琳，2019，《中国新型城镇化高质量发展的规律性与重点方向》，《地理研究》第1期。

桂江丰、马力、姜卫平、王钦池，2012，《中国人口城镇化战略研究》，《人口研究》第3期。

何兴邦，2019，《城镇化对中国经济增长质量的影响——基于省级面板数据的分析》，《城市问题》第1期。

李克强，2012，《协调推进城镇化是实现现代化的重大战略选择》，《行政管理改革》第11期。

马凯，2012，《转变城镇化发展方式提高城镇化发展质量——走出一条中国特色城镇化道路》，《国家行政学院学报》第 2 期。

魏后凯，2015，《中国城镇化的进程与前景展望》，《China Economist》第 2 期。

雷米斯，亚娜，2016，《中国城市消费为何拉动全球经济增长》，《环球时报》9 月 9 日。

张润泽、禹辉映，2014，《新型城镇化的内在要求及路径选择》，《理论导刊》第 3 期。

Chen, M. X. , W. D. Liu, and D. D. Lu. 2018. "Progress of China's New-type Urbanization Construction Since 2014: A Preliminary Assessment. " *Cities* 78.

United Nations. 2018. *World Urbanization Prospects*, *the 2018 Revision*. New York: United Nations, Population Division.

United Nations. 2022. *World Population Prospects*, *the 2022 Revision*. New York: United Nations, Population Division.

第八章 人口老龄化与中国现代化

在人类发展的历史长河中，人口年龄结构大部分时间属于年轻型，人口中 65 岁及以上老年人口的比例在相当长的时期内处于 3% ~ 5% 的水平。19 世纪后半叶，法国人口中 65 岁及以上老年人口的比重达到 7% 并趋于提高，成为历史上首个步入老龄社会的国家，随后不到百年间，西方发达国家悉从其势。这种现象自 20 世纪后半叶起在发展中国家及地区亦趋于蔓延。在此背景下，中国于 2000 年进入了老龄社会，至今已有 20 多年。作为经济发展和社会进步的必然结果，人口老龄化正逐渐成为中国社会的常态（彭希哲、胡湛，2011），它不仅是我国当前的基本国情之一（国家应对人口老龄化战略研究课题组，2014），而且将伴随我国建设社会主义现代化国家的全过程（胡湛、彭希哲，2018）。

第一节 人口老龄化是现代化的重要标志

一般而言，卫生条件的改善、医疗技术的推广、生活水平的提高以及保健意识的增强，大大降低了人类的死亡率，使人类寿命普遍延长。这一进步被国际社会普遍视为 20 世纪最为重要的社会发展成果之一。世界人口的平均预期寿命已从 1950 ~ 1955 年的 46.6 岁提高到 2019 年的 71.0 岁（United Nations，2022）；中国在这方面的变化尤其显著，1949 年新中国成立时中国人口的预期寿命尚不足 40 岁，而 2021 年这一数字

---

* 胡湛，复旦大学教授、博士生导师，复旦大学老龄研究院副院长、人口与发展政策研究中心副主任，国家社科基金重大项目首席专家，获教育部人文社科优秀成果奖、中国人口科学优秀成果奖、上海市哲学社会科学优秀成果奖；檀榕基，管理学博士，复旦大学公共管理与公共政策研究国家哲学社会科学创新基地、珠海复旦创新研究院博士后。

已跃升至 78.2 岁，预计 2035 年中国人均预期寿命将超过 80 岁。

在人口寿命普遍延长的同时，人口的生育行为也发生了显著变化。经历了二战后的人口快速增长之后，发达国家与发展中国家的人口生育水平陆续开始下降，全球的总和生育率已从 1950 年的 5.0 左右下降到 2021 年的 2.3（United Nations，2022）。这种全球范围内的生育转变有效降低了"人口爆炸"的风险，尽管世界人口总量仍在持续增长，但其增长速度已经大大减缓。人口生育行为的变化在中国更为突出，自 20 世纪 70 年代以来，中国人口生育水平显著下降，全国的总和生育率从 1970 年的 5.8 下降到 2020 年的 1.3 左右。中国人口的膨胀性增长早已得到有效抑制，近年人口自然增长率远低于世界平均水平。计划生育政策的实施无疑是中国生育率下降最为关键的推动力之一，与此同时，经济社会的发展、妇女地位的提高、教育的普及、家庭规模的缩小、人口流动的加剧，以及生活观念和生活方式的改变，都直接或间接地对生育率的下降起到了作用。

人口增长模式的这些变化不可避免地加速了老龄化进程，人类社会开始全面进入老龄化阶段。作为一种必须面对的客观趋势，人口的老龄化在任何国家和地区都会发生，差别只是出现之早晚与进程之快慢。2015 年全球尚有 115 个国家和地区未进入老龄化阶段，但至 2050 年这一数字将可能降为 33 个。不仅如此，全球的 65 岁及以上老年人口每年正以 2% 的速度增长，不仅高于同时期的整体人口增长率，而且超出其他各年龄组的增长速度。就中国而言，人口普查资料显示 2000 年时我国人口中 60 岁和 65 岁及以上人口比重分别达到 10.0% 和 7.0%，标志我国正式步入老龄社会，其后老龄化水平便不断提高，2010 年第六次全国人口普查时达到 8.9%（65 岁及以上）和 13.3%（60 岁及以上），而至 2020 年第七次全国人口普查时已达到 13.5%（65 岁及以上）和 18.7%（60 岁及以上），其中 60 岁和 65 岁及以上的人口规模已分别达到 2.6 亿人和 1.9 亿人。学界对于未来中国人口老龄化发展趋势的整体判断亦基本趋同（见图 8-1）。

长远来看，中国老年人口（60 岁及以上）的数量在 2020~2050 年仍将持续快速增长，预计在 2050~2055 年达到峰值，即使之后的人口老龄化速度会有所放慢而进入所谓"高位平台期"，2100 年时中国人口中

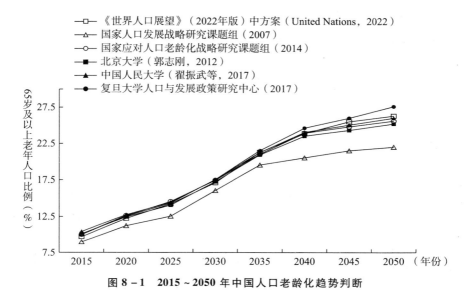

图 8 - 1　2015 ~ 2050 年中国人口老龄化趋势判断

说明：以 65 岁及以上老年人口比例表征人口老龄化水平。

资料来源：复旦大学人口与发展政策研究中心（2017）、翟振武等（2017）、国家
应对人口老龄化战略研究课题组（2014）等。

老年人口比例也仍将维持在 30% 左右的高水平。在一个相当长的时期
内，中国乃至全球人口老龄化的趋势在总体上是不可逆转的，老龄化现
象将在整个 21 世纪持续存在。而随着现代化的进一步发展，现代医学及
生命科学有望得到新的突破，进一步延长人类寿命的可能性将会不断增
大，而恢复到传统社会的高生育率和大家庭模式的概率微乎其微，至少
现在还难以想象这个世界会再次变得"年轻"。

　　不难看出，人口老龄化已成为中国乃至人类社会的常态。它不仅是
现代社会经济发展的必然趋势乃至重要成果，也是人口再生产模式从传
统型（高出生率－高死亡率）向现代型（低出生率－低死亡率）转变的
必然结果，甚至可以说是现代化的一个重要产物乃至重要标志。国家统
计局 2019 年发布了《人口总量平稳增长 人口素质显著提升——新中国
成立 70 周年经济社会发展成就系列报告》，指出我国人口发展在经历了
高速增长阶段（1949 ~ 1970 年）、有调控增长阶段（1971 ~ 1980 年）和
增速回升阶段（1981 ~ 1990 年）之后，进入了平稳增长阶段（1991 ~
2018 年），人口年龄结构的老化是这一阶段人口发展的突出特征并将持

续影响未来的人口发展态势。人口老龄化不是一种短期现象，无论是今天还是未来，我们每个人都注定生活在老龄社会之中，那种"年轻"的社会已经一去而不复返。老龄化的影响已渗入中国社会的方方面面，其发展进程与中国式现代化相同步，并始终伴随建成社会主义现代化强国的奋斗目标的实现过程。在这一进程中，人口老龄化与现代化建设将相互影响、互构共生，我们无法逆转人口老龄化，而只能在适应这一情况的前提下持续发展并最终实现现代化。

第二节　人口老龄化给现代化建设带来的挑战

作为现代化的标志以及当前社会的常态，人口老龄化在本质上并没有好坏之分，但在目前的社会经济制度安排下，人们对这种前所未有的人口学变化仍缺乏必要和及时的反应、适应与相应的调整。尤其是人们的观念转变和社会形态的演变都需要过程，导致这种调整往往滞后于人口年龄结构的改变，从而使得老龄化在今天仍然更多地被视为一种挑战，并涉及社会经济发展和现代化进程的方方面面。在经济层面，人口老龄化会对储蓄、税收、投资与消费、社会福利体系、劳动力市场和产业结构等形成冲击；在社会层面，人口老龄化将对卫生与医疗保健体系提出新的要求，并影响家庭结构、代际关系、住房与迁徙等；在文化层面，老龄化会改变人们的传统观念和生活方式。在中国，庞大的老年人口规模、"未备先老"的基本国情以及敬老尊老的传统道德行为准则等因素，还不同程度地放大了老龄化对经济、社会和文化发展的影响（彭希哲、胡湛，2011）。

不难看出，人口老龄化尽管首先是一种人口现象，但在现代化的进程中，它并不外在于社会稳定、经济繁荣与文化发展，也不是一种与全球化、城市化、家庭核心化、贫富差距等无关的问题，它是中国实现现代化的人口条件及背景之一，正与越来越多的社会、经济、文化问题及趋势联系在一起，并在与它们的相互作用中产生越来越大的影响，甚至可以被视为中国实现现代化的人口条件。考虑到我国社会主义现代化建设的现实情境，本节仅聚焦于经济发展机制、收入分配体制、公共安全体系和文化伦理传统等方面予以分析，以管窥人口老龄化的影响。

一　人口老龄化对经济发展机制的影响

中国改革开放以来的经济高速增长得到了人口结构的有力保障，人口转变所形成的人口年龄结构优势开启了收获"人口红利"的"机会窗口"。这使人口结构因素在我国过去30年的人均GDP增长中的贡献率超过1/4（蔡昉，2009），人口结构已经成为一个比人口数量更为重要的影响经济增长的因素。而随着中国人口老龄化进程的推进，能否在人口结构优势趋于减弱的前提下延缓机会窗口关闭的时间、保持劳动力成本低廉和储蓄率高的发展优势，已经成为中国经济能否持续协调发展以及能否实现经济现代化的关键之一。中国社会的组织和运行在相当漫长的岁月里都以青年型或成年型的人口结构为基础，而今天却不得不考虑到老龄社会的发展需求。

此外，需要特别指出的是，人口老龄化的推进还将直接对现有就业体制形成冲击。根据测算，中国15～64岁的劳动年龄人口将在2025年开始加速萎缩（见图8-2），2030～2080年更是可能每10年便减少1亿人，推迟劳动力退休年龄、为老年人口提供继续参与经济活动的机会将成为必然的政策选择（胡湛、彭希哲，2012a）。不仅如此，本已短缺的劳动年龄人口自身的老化也十分严重，55～64岁人口占劳动年龄人口的比例将迅速攀升，至2050年和2080年将可能达到26.17%和27.16%，这会对就业岗位的生产与配置、就业关系的形态产生重大影响，进而影响阶层结构、消费结构乃至产业结构，尤其是考虑到我国现有就业体制仍将老年人口排斥在正规的就业市场之外，我们对此当未雨绸缪。

二　人口老龄化对收入分配体制的影响

收入分配涉及不同社会群体经济资源的占有比例和获得途径的结构性平等问题。由于现行法定退休年龄仍在延续20世纪50年代以来的制度设计，老年人口在一次分配中受到天然的限制，这在一定程度上剥夺了老年人口得益于发展的权利，这一矛盾将随着人口老龄化的加速而凸显。与此同时，老龄化所带来的养老压力还将与二次分配之间产生结构性张力。我国未来总抚养比的上升将主要来自老年人口增加和老年抚养比提高，在2030～2035年，我国劳动年龄人口抚养的重点将开始从少儿

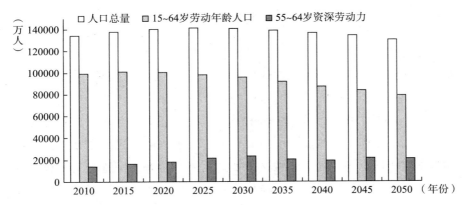

图 8 − 2　2010 ~ 2050 年中国人口总量、劳动年龄人口、资深劳动力

资料来源：笔者根据第六次和第七次全国人口普查资料推算。

人口转向老年人口，这对现有养老服务体系的完善、公共医疗卫生资源的供给都将是严峻的考验，处理不当甚至会引发代际或阶层间的矛盾。

具体到社会保障体系，作为国民收入再分配的一种基本形式，它是推动经济发展和实现社会公平的必要保证，也是实现社会主义现代化的重要内容。建立一个健全完善的老年人社会保障体系不仅直接关系到老年人（特别是中低收入老年人群体）的基本生存状况，而且其运作与分配过程中所产生的问题还会直接影响社会制度的公平与公正。由于人口年龄结构的持续变化，中国大陆劳动年龄人口与老年人口的比例关系正在发生重要的变化，传统意义上的老年抚养比正在不断提高，中国"现收现付"式的养老金制度面临极大压力，这部分是由于领取养老金人口数量的增长，部分是由于个人养老金的提高。与此同时，中国政府 20 世纪 80 年代以来建立的社会保障体系的覆盖面尽管正在稳步扩大，却仍显狭隘。尤其值得注意的是，中国的城乡二元经济结构所形成的二元社会结构，还使城市居民所享受的各类社会保障福利远未能覆盖到农村地区。我国财政用于社会保障的资金投入，大部分拨付给了城市居民，用于农村社会保障的公共支出非常有限，自 2009 年开始试点的新农保尽管发展很快，但覆盖面还极为有限。随着老龄化进程的加快和城乡人口迁移流动的持续，中国农村在养老、医疗等方面的压力相对于城镇将更加突出，特别是在西部和贫困地区。尽管未来养老保险的覆盖率注定会大幅提高，但随着越来越多老年人能领取到养老金，社会养老金计划的支付缺口将会出现并持续扩大。考虑到中国老年人口的规模及人口老龄化的速度，未来缺口一旦出现，其规模的扩大将会非常迅速。如果现在不未雨绸缪地及时进行政策调整，中国社会养老金的支付压力将越来越难以化解。

不仅如此，医疗保健和社会服务的相对滞后与传统家庭养老功能的弱化，也对中国的养老服务体系提出新的要求。无论中国还是外国，居家养老都是最主要的养老形式之一，大多数老年人都要在家庭或社区中得到相应的养老服务（杜鹏，2011）。然而随着中国家庭模式的变迁和老龄化进程的加速，老年人的服务与护理已经由家庭承担的事务演变成必须正视的社会问题，我们的社会却还没有做出及时的反应。例如，仅养老机构的床位数量一项，便难以满足当前老年人群体的服务需求。在目前进入统计口径的养老机构中，救助型的农村敬老院虽然具有较高的比例，但它们大多年久失修，平均床位数较少，有的床位甚至不足 10 张，远不能有效缓解农村老年人群的照料问题（国家卫生健康委员会，2019）。探索解决农村人口的社会保障问题已经迫在眉睫。人口老龄化对于建立城乡统筹、形式多样的养老金和医疗保险制度，增加公共医疗服务资源供给，以及合理控制公共养老金的规模和公共医疗卫生费用的支出，都将是严峻的考验。

从本质上讲，中国所遭遇的养老困境较为突出地反映出老龄化的人口年龄结构与现有制度及政策安排之间的相互不适应，由此导致养老需求与养老资源供给之间的一系列矛盾。这一矛盾的凸显不仅仅是因为老龄化的加速和传统家庭模式的变迁，更是因为养老需求的内容扩充与质量提升。改革开放以来，急剧的社会经济变迁重塑了中国人的生活理念与方式，今天的老年人对于生活质量的追求决不同于二三十年前的老年人群体，这是现代化的必然结果，也是社会进步的表现之一。然而，如果不能及时有效地化解养老需求与资源供给之间的矛盾，老龄化的加剧可能会迫使这一发展成果酿出一杯苦酒。尤其是随着人口老龄化成为中国社会的常态，中国的养老问题已由"如何应急"演化为"如何发展"。它不但直接关系民生，更涉及中国发展模式的转变和现代化的实现，我们所需要的也不仅仅是人道主义的关怀，还有在老龄化的前提下保证中国经济社会发展的可持续性并最终实现社会主义现代化强国的建设目标的路径。

三　人口老龄化对公共安全体系的影响

贝克认为，"我们正处在一个社会风险不断累积、突发事件频发、公共安全危机的破坏性不断扩大的风险社会（risk society）之中"（Beck，1992）。世界金融危机已经证明了当今世界的这一特征，全球化更使得有些风险脱离了时间和空间的限制。中国社会仍处于转型期，不同程度地受到现代风险和传统风险的影响，其公共安全问题不断显现，并随着人口老龄化进程的加速而由"初显"逐渐发展为"凸显"，快速的老龄化在无形中加大了高速现代化所产生的社会与经济压力（Jackson et al.，2009）。因此，中国的公共安全问题，特别是老龄化社会背景下的公共安全问题，开始进入人们的视野。

首先，中国的老龄化超前于现代化，"未富先老"或"未备先老"仍是中国当前的阶段性特征（杜鹏、杨慧，2006；邬沧萍等，2007）。这种快速的老龄化与相对滞后的经济发展和制度安排之间的矛盾，是老龄化社会的社会风险得以积聚、发展的直接原因。特别是在那些欠发达地区，逐渐加剧加快的人口老龄化很可能使其落后的经济难以为继，从而在带来严重的地方财政危机的同时，引发公共安全危机。美国著名智库"战略与国际研究中心"（CSIS，Center for Strategic & International Studies）在2008年与2009年相继发布《大国的银发》和《中国养老制度改革的长征》两份研究报告。报告指出，中国老年抚养比达到峰值时所产生的财政负担会让年轻一代承受沉重的压力，并构成社会的不稳定力量（Jackson & Howe，2008；Jackson et al.，2009）。事实上，随着中国进入老龄化社会，2000年以来，社会阶层日益分化，中产阶层的崛起使中国阶层结构向现代化的"橄榄型"变动，而富裕阶层与社会底层规模的同时扩大又在某种程度上抵消了这一趋势，因而亟须壮大中产阶层、缩小中下阶层规模以防止阶层分化下的利益失衡。然而，过快的人口老龄化和劳动力增长率的降低势必会对未来社会中产阶层的规模扩大起一定的负面作用，这无疑会给中国社会结构变迁带来诸多不确定性。

其次，全球化、城市化、世界性的资源紧张等社会与经济趋势或现象也都不同程度地放大了中国人口老龄化对社会稳定的影响。城市化和农村劳动力向城市与发达地区的集聚，在缓解城市年轻劳动力短缺并为解决城市养老服务提供充足人力资源的同时，势必造成农村人口老龄化的加剧。农村地区的人口老龄化程度本就高于同期的城镇地区（国家统计局，2009）。农村老人面临低收入、少社保的窘境，又遭遇严重的"空巢"问题（唐康芬、许改玲，2007）。同时，那些由农村迁入城市的劳动适龄人口却因户籍制度等的制约而难以获得城市居民的资格或享受与城市居民一样的公共服务，因而在原有城乡二元体制的背景下出现城市内部的新二元结构。

四 人口老龄化对文化伦理传统的影响

从历史上看，中国是一个按照血缘关系和人际关系而非地域原则进行统治的国家（梁治平，1997），其传统文化孕育出浓厚的"崇老文化"或"孝文化"。在传统社会中，该文化模式具有鲜明的制度性和伦理性特征，它不仅规范人的行为，还主导着中国的主流社会价值（姚远，1999）。"孝文化"直接参与塑造中国人"家"的观念，使亲子关系成为中国家庭关系的核心，这与欧美国家以夫妇关系为家庭轴心不同。亦因此，赡养父母对中国人来说是天经地义的职责，是自己对父母养育之恩的延期回报，由此而发展出的中国家庭养老文化绵延千载。然而，随着中国由传统社会向现代社会过渡，传统的养老文化和"孝文化"在不同层面受到了不同程度的冲击，而人口老龄化的出现则无异于推波助澜。

尽管大量的个案研究与社会调查认为，老年人在家庭中权威的弱化似乎并未导致中国现代家庭养老方式的重大变化，无论是住在一起还是分开居住，中国的老年人仍与他们的成年子女保持着频繁的交互关系（Whyte，2005）。但中国传统"孝文化"的衰退，使得以亲子关系为主要形式的家庭关系不得不"用血泪来丝丝切断"（费孝通，1998），老年父母与其成年子女之间越来越广泛地出现"等价交换"关系。有研究表明，父母对子女的投资及帮助（如早年的教育投资、经济援助，以及后期的照看孩子、做家务等家庭服务）同子女为父母提供养老帮助之间存在因果关系（陈皆明，1998）。人口老龄化促使中国的家庭养老由文化模式走向行为模式，具有越来越强的随意性（姚远，1998）。

同时，在中国人口转变和社会转型并进的复杂背景下，伴随着家庭规模的不断缩小，家庭功能不断弱化，在生命周期不同阶段提供给家庭成员的资源和支持也日渐减少，家庭内部的代际关系被迫实现社会化，这一转变在中国远比其他国家和地区更加迅速和深入。以"孝"为核心的中国传统文化只能调节家庭内部资源的代际转移与分配，对社会资源的配置却无能为力（吴帆、李建民，2010）。

伴随中国人口老龄化进程的推进，用于老年照料等的家庭资源与社会资源都变得相对稀缺，已经社会化了的代际关系可能会更多地表现为冲突而不是认同。目前中国的不同社会群体对老年人的主观评价以及他们对老年人生存现状的客观评价，都存在一定的老年歧视（ageism）倾向（吴帆，2008）。人口老龄化进程的加速，使中国人对老年人的社会认知迅速地由伦理本位转向道德本位，这种代际的断裂性或不连续性，已使得代际矛盾和冲突成为一种骤生的社会现实而得到凸显（周晓虹，2008）。

以上我们仅从四个方面分析了中国人口老龄化对现代化建设进程的影响，事实上这些影响已经逐渐波及社会结构中的各个领域和不同层面。而从某种意义上讲，任何社会结构都是制度的产物，它是制度体系运行的结果。因此人口老龄化带来的所谓冲击并不完全来自老年人或者老龄化本身，还源于现有的某些制度安排可能阻碍了我们采取及时有效的行动来应对老龄化所带来的问题，从而无法满足老龄社会在现代化进程中的发展需求。

第三节　应对中国人口老龄化的当代选择

"挑战往往与机遇共存"，人口老龄化在给我们带来挑战的同时也伴随着机遇。尤其是考虑到中国国情及其所处时代的特殊性，我们更需将应对人口老龄化置入新时代现代化建设的大机遇和大背景之中予以系统考量。

实现社会主义现代化的宏伟目标在20世纪就已经提出来了。改革开放以来，我国经济社会发展的速度和水平都远远超过了全世界的预期，国家实力及社会财富也得到了长足积累。2017年，党的十九大提出中国现代化的新蓝图：到2035年，基本实现社会主义现代化；到21世纪中叶，把我国建成社会主义现代化强国。从人口学的视角出发审视这一战略路径，会发现其与我国人口老龄化的发展进程相同步，在实现现代化的过程中积极应对人口老龄化亦当关注其阶段性：2020～2025 年是未来社会抚养比相对最低、老年人口结构相对最年轻的时期，其间还会出现"底部老龄化"和"顶部老龄化"同时弱化的暂时性现象，这是应对老龄化的战略储备期和政策落地期；2030～2035 年的社会抚养比相对较低、老年人口结构相对较年轻，但同时老年人口将全面超过少儿人口，抚养比重点开始倾斜，且 20 世纪 50 年代"婴儿潮"期间出生人口开始进入高龄阶段，这是应对老龄化的政策适应及强化期；2050～2055 年前后的抚养比将提升至峰值，高龄老人群体庞大，人口老龄化水平将达到峰值，区域均衡问题在这一时期内也需要得到妥善解决，这是应对人口老龄化的攻坚期，这一时期应最终夯实中国社会在老龄化的前提下建成社会主义现代化强国的基础（胡湛、彭希哲，2018）。

显然，应对人口老龄化并不是一个局部的、静态的政策问题，我们更应该立足于新时代的新国情，在积极适应人口老龄化客观规律的基础上，从社会整合和长期发展的战略角度来重新思考目前为解决老龄化问题而实施和建立的制度与政策体系（彭希哲、胡湛，2011）。具体而言，联系当前实际，笔者认为以下几个方面是在现代化建设进程中不可回避的重要议题。

一　凝聚共识，重构现代老龄社会治理的价值立场

尽管相当多的研究将人口老龄化视为一种沉重的负担，但那些曾被描绘出的可怕景象并不注定是我们的未来。如果我们能因此而对社会的组织和运行进行再设计，并制定更为巧妙的公共政策，就可以看到一个老龄化的世界仍然蕴藏着不可忽略的机遇与活力。就人口老龄化问题的性质界定而言，人口老龄化问题在宏观上是社会与经济如何继续"科学发展"的问题，在微观上则牵涉到"以人为本"原则的具体落实问题。然而，实际的政策设计经常出现错位，即偏离或忽视了"人口老龄化已经成为中国社会的常态"这一政策制定的重要前提，而依然坚持着"非常态"或者"非老龄社会"的假设。其后果是：其一，政府过于注意对经济发展有影响的硬指标，而忽略了老年人群体的特殊性；其二，关于当前老年人行为与认知新特征的研究资料极为匮乏，政府无从发现和掌

握经济与社会变迁对老年人的影响以及随之产生的问题；其三，将老龄社会简单地等同于老年人的社会，忽略了人口问题的全民性与动态性。所以，应对人口老龄化的公共政策选择，在很大程度上已不再是一个技术性问题，而是包含着价值的判断与战略的选择（胡湛、彭希哲，2012b）。

事实上，所有的治理总是首先通过价值观和意识形态等"软要素"对社会产生影响，再经过一系列的资源分配和制度安排获得相应政策效果，老龄社会治理也不例外。老龄社会治理的首要任务便是引导形成一种关于"社会如何对待老年人"以及"老年人自己如何度过晚年"的新的价值模式，这一模式应嵌套于整个经济社会的可持续发展之中，是社会现代化总体发展成果的一部分。

一方面，家家都有老人，人人都会变老，关注老龄化其实就是在关注我们自己。政府应当引导树立一种新的社会伦理，改变当前社会对老龄化的成见与歧视（吴帆，2008），并确保人们在到了某一年龄之后不会被置于一种无足轻重的消极地位。只有这样，老年人在寿命普遍延长的同时，才能感到晚年仍可有所作为、生活依然充满意义，这无疑也关系到所有人的未来。

另一方面，任何人、任何制度都不能剥夺他人得益于发展的权利。"参与"与"分享"是老年人基本权利不可分割的两个方面，老年人绝不仅是被供养的对象，他们也是消费者、生产者，更是历史的创造者。当我们的社会政策不再机械地将"老年人"与"被供养的人"画上等号，人们自立自强的意识才会增强、不良的生活方式才会减少、平均健康水平才会提高，社会运行的成本才有可能降低，从而才有可能形成积极应对老龄化的良好环境。

鉴于此，现有的治理体系和制度政策安排应实现以下三个层面的转型。

二　微观层面：重新定位老年人角色，变被动接受为主动参与

联合国在 20 世纪中叶所推行的老龄标准（60 岁或 65 岁及以上）依赖于单一的时钟年龄，这与当时的全球人口平均预期寿命以及各国对于养老金系统的考量有关。当时中国的人口平均预期寿命尚不足 45 岁

（1949 年中国人口的平均预期寿命不足 40 岁，1950 年为 41 岁，1951～1955 年为 44 岁）。而国家卫健委 2022 年发布的《2021 年我国卫生健康事业发展统计公报》显示，我国 2021 年的人口平均预期寿命已经达到了 78.2 岁。我们对老龄和老年的认识与定义，显然不能继续停留在传统桎梏中，而更需要立足于现实并着眼于未来以重新审视之。最近十几年来，重新定义老龄一直是国际老龄研究的重要议题之一。这些工作将使得我们对老龄社会逐渐形成更新、更全面的认识，并由此改革与重构未来常态化老龄社会中的治理及公共政策体系，从而更加有效应对老龄化带来的挑战和更加准确把握老龄化带来的机遇（彭希哲、卢敏，2017）。以此为基础，我们才能进一步重新定位老年人的社会角色。事实上，联合国早就把建立一个"不分年龄人人共享"的社会作为应对全球人口老龄化的战略性目标提出。"共享"表明了社会的包容和平等，它蕴含着让老年人有机会继续为社会做出贡献的目标，使老龄发展战略的能动性增强。这一扩容不只是理论的升华，更为公共政策的设计及实施提供了思路。个体的老化是一种渐进并因人而异的过程。尽管老年人的劳动能力会随着年龄的进一步增长而急剧减弱，但其不会因为 60 岁或 65 岁的到来而立即消失。不仅如此，人的各项能力在其毕生发展的过程中是不平衡的，不同年龄阶段的个体有着不同的潜在可塑性，不同年龄的群体在生存和发展中应当通过不断选择和相互弥补来推进社会的现实性发展。从这个意义上讲，年老只是个体生命自然延续的结果，老年人的需求、能力与潜力在整个生命周期都一直存在。而随着老龄社会的来临，如果仍旧只把老人视为被抚养的对象，实行消极养老，将难以使人口老龄化与社会经济发展相协调。老年人口中蕴含庞大的人力资本与社会资本，他们是一种尚未被人们充分察觉的重要资源，具有相当大的社会与经济潜能。而现有就业制度却将老年人排斥出正规就业市场，现行法定退休年龄在很大程度上仍在沿用半个多世纪前的制度设计，这些政策安排人为地增加了社会应对老龄化的成本。此外，未来劳动适龄人口占总人口的比例还将逐年递减。在这样的背景下，重新定位老年人的社会角色，推迟退休年龄，提高老年人口（尤其是年轻老年人）的劳动参与率，便呈现出越来越大的现实意义。一些西方发达国家的经验早已证明，老年人继续就业并不意味着减少年轻人就业的机会，通过抑制老年人就业来增加年轻人就业的政策从来就没有产生过显著效果（王树新、杨彦，2005）。在很多非政府组织和志愿者团体中，老年人的比例一直很高，而且相当活跃，他们已经成为社会进步的巨大推力。帮助老年人更好地参与社会发展，也能使他们更好地共享社会经济发展的诸多成果，这也是"积极老龄化"和"积极老龄观"的应有之义。

三　中观层面：从聚焦于老年人向强调全生命周期转型

老龄化问题常常被认为只是老年人的问题，即如何为老年人提供经济赡养和公共服务的问题。如果人们能够认识到老龄化将成为未来社会的常态，老龄化社会是一种正常的社会形态，便不难理解仅仅聚焦于老年人的公共政策无法应对老龄社会的众多挑战。

WHO 曾于 1990 年将"健康老龄化"作为应对老龄社会的战略性目标提出；联合国也于 1992 年通过《世界老龄问题宣言》，呼吁全球共同开展健康老龄化运动。此后，与该理念相关的研究与实践在很多国家和地区得到高度重视。WHO 对健康的定义是："健康不仅为疾病、羸弱之消除，而且是指一种体格、精神和社会活动能力上的完满状态。"如果人们想以这种状态进入老年，则不仅需要个人的毕生努力，还需要能让这种努力取得成功的制度环境。愈来愈多的研究表明，很多慢性疾病的初始危险，在孩童甚至婴幼儿时期即已出现；长寿的生活方式，及其身体、知识和情绪基础，也多是在青年和孩童时期建立的。"健康老龄化"其实是一个生命全程的主题，在年轻时播下健康的种子，才能在晚年收获健康的果实。2002 年，WHO 继"健康老龄化"之后又向第二届世界老龄大会提交了"积极老龄化"的书面建议书。"健康老龄化"侧重于个体发展的延续性，强调晚年生活能力取决于早年生活的积累；"积极老龄化"则重视参与，它使我们认识到自己在整个生命周期中始终能够发挥潜能，并按照自己的权利、需求与能力参与社会发展。从"健康"到"积极"的升级，使老龄化的议题不再局限于老年人，而是成为全民参与讨论的议题（胡湛、彭希哲，2012b）。

事实上，"健康老龄化"和"积极老龄化"的目标都无法通过仅仅聚焦于老年人的公共政策来实现，老年人的健康水平和医疗保健支出问题往往可以通过对年轻人进行健康投资以转变其生活和行为方式来缓解，老年人的养老金问题也可以通过年轻人劳动生产率和老年人经济参与率的提高来缓解。人生的不同年龄阶段是相互关联、彼此重叠的，是一个整体，只有将个体生命周期的不同阶段和人口结构的各个层次联系起来考虑，才能够夯实老龄化政策设计的基础。

此外，建立一个健康、积极的老龄社会不单要有足以改变个体发展条件的具体政策，还要创造出支助性的社会、经济与文化环境（邬沧萍、姜向群，1996）。随着老龄化的加速，中国政府已经开始对劳动力市场、资本市场、公共养老金制度、社会服务以及传统的支助系统进行调整。除此之外，笔者认为政府的另一更重要的任务是主导建立一种新的社会伦理，改变当前社会对老龄化的成见与歧视，并避免人们到达某一年龄以后被置于一种无足轻重的消极地位。只有这样，老年人在寿命普遍延长的同时，才能感到晚年仍可有所作为、生活依然充满意义，这无疑也关系到所有人的未来。

四　宏观层面：从聚焦于应急补缺向强调可持续性转型

中国社会目前形成的一个共识是希望通过建立健全社会保障制度来应对人口老龄化的冲击（陈友华、沈晖，2010）。然而，传统社会保障的实质只是社会财富的再分配，尽管它能在一定程度上解决社会财富分配的公平性问题，但其本身并不直接创造财富；不仅如此，中国现有的社会保障制度更经常表现为一种针对弱势群体或问题人群的应急补缺策略（张秀兰等，2007），缺乏中长期战略的视野，难以在老龄化已成为常态的社会情境中承载应有的制度抱负。中国仍是一个发展中国家，这是我们进行公共政策模式选择的前提。虽然发展不是纯粹的经济现象，但经济发展无疑是整个发展过程的最重要因素之一，也是使中国社会在老龄化的前提下继续良性发展的有力保障，这无疑需要相关的公共政策着力实现从应急模式向发展模式的转变。

人是经济与社会发展的最终动力，更是中国现代化建设的真正推手。未来中国劳动适龄人口规模及比例的缩减已成定局，而与此同时老年人口比例却将逐年递增。劳动力绝对数量减少对未来老龄社会的负面影响只能通过提高劳动生产率来平衡，这使投资人力资本成为重要的政策安排之一。以社会养老保险制度的改革为例，目前较多的研究专注于筹资模式转轨（转变为现收现付制、基金积累制、混合制等）的可行性，从实物经济的角度来看，养老保险从本质上讲永远是一种靠后代养老的计划，筹资模式的不同仅仅表现为未来老年人口向年轻人口索取物质产品方式的差别（Barr，2002）。不同筹资模式下养老金增长的物质基础完全一样，即下一代就业人口的增长及其劳动生产率的提高（袁志刚，2001），而依赖中国未来就业人口增长来维持养老金水平已几乎是一种幻想，下一代劳动生产率的提高将成为唯一的选项。尤其在当前，中国经济还处在能够收获人口红利的机会窗口开启的时期，如果当代人仅仅享用人口红利却让未来几代人承担人口负债，将是一种严重的代际不公。笔者认为，代际公平是可持续发展的重要原则，也是涉老政策体系的设计中必须坚持的关键理念之一。不少研究者已对中国未来老年抚养比的长期上升趋势忧心忡忡，甚至担心由此大幅增加年轻人口的负担而剥夺未来几代人的利益，招致严重的代际冲突。然而，传统的老年抚养比等人口学指标只涉及劳动力的数量和其与老年人口的比例，将劳动者的能力平均化、无差别化，在研究中国人口老龄化和人口红利时却应当考虑劳动者素质的提高和抚养能力的提升。因此，政府应通过公共政策着力推动善用人口红利，更多地投资于教育、卫生和家庭福利等直接关乎未来劳动生产率的部门，通过产业结构的升级和劳动力素质的提高来"以质量换数量"，使未来相对较少的劳动人口创造出足以满足老龄社会发展需求的社会财富（彭希哲、邬民乐，2009）。

中国教育与人力资本问题报告课题组（2003）曾指出，预防和减轻人口老龄化对经济社会发展所产生的不利影响的重要举措是增加人力资本存量以提高劳动生产率，并称这种通过人力资本投资来缓解未来人口老龄化压力的机制为预防机制。笔者认为，随着人口老龄化的加剧，加强人力资本投资、加快人力资本积累速度，不仅能够促进劳动生产率的长期提升以提高应对老龄社会巨大养老压力的能力，而且更有利于中国经济发展模式的转变。开拓未来中国经济增长的源泉，并切断未来社会问题发育的链条，无疑是新时代现代化建设的应有之义。

此外，在科学技术日新月异的今天，科技发展一直是社会经济发展的重要动力与现代化建设的重要支撑和引领力量之一。科技发展不仅是实现现代化的必要前提和技术准备，而且还为应对人口老龄化提供了更加丰富和多元的选择。例如，方兴未艾的智慧养老（Smart Senior Care，SSC）便致力于利用信息技术等现代科技（如互联网、大数据、物联网、云计算、人工智能、区块链等）围绕老人的生活起居、医疗卫生、休闲娱乐等给予相应的支持，对涉老信息进行自动监测，发出相关预警甚至主动处置问题，实现技术与老年人的友好型、自主式和个性化智能交互（左美云，2019）。科技发展不仅将有效提升老龄社会"老而不衰"的程度，还将释放老年人参与经济社会发展的潜能，开发利用老年人的知识技能资源并使之适应时代发展的步伐，从而有效促进老年人社会经济角色和老龄社会生产生活方式的转变。

小　结

人口老龄化已经成为中国现代化进程中所必须面对的背景或前提之一，它所带来的挑战并不完全在于老年人或老龄化本身，更在于我们的社会可能对这种前所未有的人口学变化缺乏必要和及时的反应、适应和相应调整。2019 年 11 月，中共中央、国务院印发了《国家积极应对人口老龄化中长期规划》，明确提出"到 2022 年，我国积极应对人口老龄化的制度框架初步建立；到 2035 年，积极应对人口老龄化的制度安排更加科学有效；到 21 世纪中叶，与社会主义现代化强国相适应的应对人口老龄化制度安排成熟完备"。不难看出，应对人口老龄化与实现现代化是同步规划而紧密关联的，甚至可以说我们将在人口老龄化的背景下建成社会主义现代化强国。尽管我们仍面临若干挑战，但历史已一次次地证明，机遇往往与挑战共存。当务之急并不是过分担忧现代社会的养老成本，而是使社会各阶层行动起来，重新认识老年人和老龄社会，并以此作为治理模式确立和公共政策制定的出发点。无论年轻还是年老，每个人都是老龄社会的组成部分，每个人都应当健康长寿并终身为社会做出贡献。如果人们能够认识到这些，我们必将进入一个"不分年龄人人共建共治共享"的新时代，在这里，老年人不再被看作领取退休金的人，而是社会发展进步的主体和受益人。这不仅是一个老龄社会所应有的政策诉求，更是实现社会主义现代化的应有之义。

参考文献

蔡昉，2009，《未来的人口红利——中国经济增长源泉的开拓》，《中国人口科学》第 1 期。

陈皆明，1998，《投资与赡养：关于城市居民代际交换的因果分析》，《中国社会科学》第 6 期。

陈友华、沈晖，2010，《关于人口老龄化七大认识问题的反思》，《探索与争鸣》第 6 期。

杜鹏，2011，《推迟退休年龄应对人口老龄化》，《人口与发展》第 4 期。

杜鹏、杨慧，2006，《"未富先老"是现阶段中国人口老龄化的特点》，《人口研究》第 6 期。

费孝通，1998，《生育制度》，北京大学出版社。

复旦大学人口与发展政策研究中心，2017，China's Population Prospects 数据库，http：//cpp. fudan. edu. cn。

高培勇、汪德华，2011，《中国养老保障体系资金缺口分析与对策建议》，《比较》第 2 期。

国家人口发展战略研究课题组，2007，《国家人口发展战略研究报告》，中国人口出版社。

国家统计局，2009，《中国人口和就业统计年鉴 2009》，中国统计出版社。

国家统计局，2018，《中国人口和就业统计年鉴 2018》，中国统计出版社。

国家统计局，2021，《第七次全国人口普查公报（第五号）——人口年龄构成情况》，国家统计局网站，http：//www. stats. gov. cn/xxgk/sjfb/zxfb2020/202105/t20210511_1817200. html。

国家统计局，2021，《第七次全国人口普查主要数据结果新闻发布会答记者问》，国家统计局网站，http：//www. stats. gov. cn/xxgk/jd/sjjd2020/202105/t20210511_1817280. html。

国家卫生健康委员会，2019，《2019 中国卫生健康统计年鉴》，中国协和医科大学出版社。

国家卫生健康委员会，2022，《2021 年我国卫生健康事业发展统计公报》，国家卫生健康委网站，http：//www. nhc. gov. cn/guihuaxxs/http：//www. nhc. gov. cn/guihuaxxs/s3586s/202207/51b55216c2154332a660157abf28b09d. shtml。

国家应对人口老龄化战略研究课题组，2014，《国家应对人口老龄化战略研究总报告》，华龄出版社。

国务院办公厅，2022，《关于印发"十四五"国民健康规划的通知》，中国政府网，http://www.gov.cn/zhengce/content/2022-05/20/content_5691424.htm。

郭志刚，2012，《重新认识中国的人口形势》，《国际经济评论》第1期。

胡湛、彭希哲，2012a，《发展型福利模式下的中国养老制度安排》，《公共管理学报》第3期。

胡湛、彭希哲，2012b，《老龄社会与公共政策转变》，《社会科学研究》第3期。

胡湛、彭希哲，2018，《应对中国人口老龄化的治理选择》，《中国社会科学》第12期。

梁治平，1997，《寻求自然秩序的和谐》，中国政法大学出版社。

彭希哲、胡湛，2011，《公共政策视角下的中国人口老龄化》，《中国社会科学》第3期。

彭希哲、卢敏，2017，《老年人口死亡概率时代变迁与老年定义的重新思考》，《人口与经济》第2期。

彭希哲、邬民乐，2009，《养老保险体系可持续性与劳动生产率增长》，《人口与经济》第2期。

唐康芬、许改玲，2007，《农村人口老龄化的特殊性分析》，《西北人口》第2期。

王树新、杨彦，2005，《老年人力资源开发的策略构想》，《人口研究》第3期。

邬沧萍、姜向群，1996，《"健康老龄化"战略刍议》，《中国社会科学》第5期。

邬沧萍、何玲、孙慧峰，2007，《"未富先老"命题提出的理论价值和现实意义》，《人口研究》第4期。

吴帆、李建民，2010，《中国人口老龄化和社会转型背景下的社会代际关系》，《学海》第1期。

吴帆，2008，《认知、态度和社会环境：老年歧视的多维解构》，《人口研究》第4期。

项怀诚，2005，《中国养老体系面临考验，社会基金任重道远》，搜狐新闻，http://news.sohu.com/20051024/n227289268.shtml。

姚远，1998，《对中国家庭养老弱化的文化诠释》，《人口研究》第5期。

姚远，1999，《老年人社会价值与中国传统社会关系的文化思考》，《人口研究》第5期。

袁志刚，2001，《中国养老保险体系选择的经济学分析》，《经济研究》第5期。

翟振武、陈佳鞠、李龙，2017，《2015-2100年中国人口与老龄化变动趋势》，《人口研究》第4期。

张秀兰、徐月宾、梅志里编，2007，《中国发展型社会政策论纲》，中国劳动社会保障出版社。

中共中央、国务院，2019，《国家积极应对人口老龄化中长期规划》，中国政府网，http://www.gov.cn/zhengce/2019 - 11/21/content_5454347.htm。

中国教育与人力资本问题报告课题组，2003，《从人口大国迈向人力资源强国》，高等教育出版社。

周晓虹，2008，《冲突与认同：全球化背景下的代际关系》，《社会》第 2 期。

左美云，2019，《智慧养老的由来、机遇与建议》，载易鹏、梁春晓主编《老龄社会研究报告（2019）》，社会科学文献出版社。

Barr, N. 2002. "Reforming Pensions: Myths, Truths and Policy Choices." *International Social Security Review* 55.

Whyte, Martin King. 2005. "Continuity and Change in Urban Chinese Family Life." *The China Journal* 53.

Jackson, Richard and Neil Howe. 2008. *The Graying of the Great Powers: Demography and Geopolitics in the 21st Century*. Washington: CSIS Publications.

Jackson, Richard, Keisuke Nakashima, and Neil Howe. 2009. *China's Long March to Retirement Reform: The Graying of the Middle Kingdom Revisited*. Washington: CSIS Publications.

Beck, Ulrich. 1992. *Risk Society: Towards a New Modernity*. London: Sage Publications.

United Nations. 2022. *World Population Prospects*, *the 2022 Revision*. Population Division. https://www.un.org/development/desa/pd/sites/www.un.org.development.desa.pd/files/wpp2022_summary_of_results.pdf.

第九章 人口现代化与中国现代化

徐 愫 田林楠*

第一节 问题的提出

一 人口现代化与国家现代化的关系

"现代化"有两层含义：一是发展进程，指在社会变迁过程中获得现代对应的特点；二是存在状态，是一种已存模式，身处其中的事物都具有一种现代的新特点。

在社会科学中，"现代化"的核心叙事是指从"前现代"或传统社会向现代社会转变的过程，即所谓的传统 – 现代的二分叙事，其典型如德国社会学家滕尼斯的法理社会 – 礼俗社会，法国社会学家迪尔凯姆的机械团结 – 有机团结，美国社会学家帕森斯的情感性 – 非情感性、特殊性 – 普遍性、先赋性 – 自致性、集体取向 – 个人取向、扩散性 – 专一性。因此，在社会科学中，现代化主要指社会变迁所带来的社会转变过程及转变完成后相对稳定的社会状态。例如，有学者指出，"我们把现代化视作各社会在科学技术革命的冲击下，业已经历或正在进行的转变过程。业已实现现代化的社会，其经验表明，最好把现代化看作涉及社会各个层面的一种过程"（罗兹曼，1995）；孙立平（1988）也认为，现代化"是指人们利用近、现代的科学技术，全面改造自己生存的物质条件和精神条件的过程"。因此，无论是在词源学还是在社会科学语境中，国家和

---

* 徐愫，社会学博士，南京大学社会学院副教授，在《人口研究》《人口学刊》等期刊上发表论文多篇，出版《生活质量论》和《人类行为与社会环境》等专著；田林楠，社会学博士，苏州大学社会学院副教授，在《社会学评论》《社会发展研究》等期刊上发表论文多篇，主持国家社会科学基金青年项目1项。

社会的现代化都是指近代以来人类社会诸要素所发生的从传统到现代的突破性变革。

世界上不同国家的现代化进程并不一致。对于发达国家而言，现代化在某种意义上是业已完成的，是对过去变迁历程的总结，它们目前所做的是迈向更高级别的现代化，甚至是另一个版本的现代化。而对于发展中国家如中国而言，现代化则是我们需要实现的目标和正在经历的过程。2017 年 10 月召开的中国共产党第十九次全国代表大会提出，我国要在 2035 年基本实现现代化，在 21 世纪中叶建成现代化强国（习近平，2017）。

人口现代化作为现代化的衍生词，其基本意涵应该从社会科学语境下的现代化概念衍生而来。如上所述，现代化既指先锋国家或先锋社会自工业革命以来深刻的社会变化所带来的新特点，也指后发国家追赶先锋国家时的变迁过程及其阶段性的最终目标。而且，目前测量现代化的 11 项英格尔斯指标中有 8 项直接指向人口，说明现代化的过程也就是婴儿死亡率降低、人口自然增长率下降、平均预期寿命延长、城市人口比重提升以及识字率提升的过程。因此，我们可以认为，人口现代化是现代化这一有机系统的一部分，是先锋国家在实现现代化过程中人口形态发生变化的过程和结果，它具有优越于传统或前现代的形态，但并未达到理想状态，也不可能达到理想状态。因为人口现代化与现代化一样，是一个历史的、相对的、动态的概念，它具有一定的阶段性，但没有最终的顶点。面对现代化的发展，西方学者不断创造新的概念来解释传统意义上的现代化无法解释的现象，也就是说，传统意义上的现代化是对一个阶段的总结和描述，面对新的发展，就有了后现代、第二次现代化、高级现代化等概念的出现，但这都是对先锋国家而言的。同样，人口现代化也是一个阶段性的概念，许多先锋国家已经完成了这一阶段的人口现代化，但对于发展中国家来说，这种人口现代化还是一种追求的目标。

综上所述，我们认为人口现代化是国家现代化进程中一系列与人口有关的因素的变迁过程及其阶段性的结果形态，它的实现既是国家现代化进程的结果，也是国家现代化的一部分。具体而言，人口现代化与国家现代化是两个相互影响、互为因果的因素。其中，人口现代化是国家现代化的必要条件，没有人口现代化，国家现代化就无法实现，同时，人口现代化又依赖于国家现代化所带来的客观条件和社会环境。

二　中国现代化进程中的人口现代化之定位及意义

近代以来，在西方列强冲击下，中国也开启了自身的现代化进程。与世界其他国家一样，中国的现代化也是一个长期的过程，且具有多面性。中国的现代化也涉及方方面面的因素与条件，既有与其他国家相一致的要素，也包括中国自身特殊的原因与条件。我们需要做的是，在这些普遍和特殊条件中，明确中国的现代化需要哪些基础与条件，而人口条件或曰人口现代化状况是其中重要的一部分，中国只有在人口现代化的基础上才能最终实现现代化。

"在中国，影响现代化的因素，不管是本土的诸种前现代化条件，是国际关系方面的问题，还是中国现代化的领导人推行的各项政策，都不是其他任何地方种种因素的一模一样的复本。最重要的是，这些因素只适合一种与众不同的社会背景，即特殊的中国背景。"（罗兹曼，1995）而中国的人口背景可以说是中国的现代化背景中最为特殊的一个。中国是世界上人口第二多的国家，并且曾长期实行人口控制政策，人口政策和人口状态与多数国家有所不同。中国的现代化建立在中国人口的数量、结构、素质与分布基础之上。例如，人口条件既可能带来"人口红利"推动经济快速增长，也可能因为养老负担增加而减缓经济增长或抵消其效果。因此，人口条件对于中国现代化有着不可估量的重要作用。正如席小平所言，"特别是在中国这样一个人口多、底子薄、人均资源相对不足的国家，如果在整个现代化的过程中，不注意解决与人口相关的问题，人口问题最终将成为发展的桎梏，现代化也就无从谈起。因此，人口现代化是中国全面现代化的基础，可以说，没有人口现代化的实现，也就没有全面现代化的实现"（李婷，2002）。

事实上，人口条件是中国现代化不可回避的问题，中国的现代化进程离不开人口现代化。孙立平（1992）明确指出，人口条件与地理条件一样，都是国家现代化进程必须面对的既定因素，中国的人口条件将对中国现代化进程产生深刻的影响，而中国在现代化的前夜也即清末未能真正启动现代化进程就与清朝的人口条件密切相关。《中国的现代化》这本对中国从18世纪到当代的现代化历程进行研究的著作，更是把人口与国家环境、政治与经济结构等并列为考察中国现代化历程的主要方面。

综上所述，正如"中国现代化进程中的人口现代化研讨会"中诸多中国人口学家所达成的共识，人口现代化是中国全面现代化的基础（李婷，2002）。

第二节　文献回顾

人口现代化由中国学者提出，并只在中国成为一个单独的研究领域，西方学术界并没有对人口现代化的专门论述。这与中国和西方不同的现代化进程及人口的不同状况密切相关。刘铮（1992）在《人口现代化与优先发展教育》中，首先提出了人口现代化概念并进行了具体论述。他认为为了更好、更全面和更科学地认识与解决我国的人口问题，有必要提出人口现代化。而所谓人口现代化有两个基本含义：一是人口再生产类型的现代化，即向现代人口类型转变；二是人口素质的现代化。查瑞传（1994）明确指出，人口现代化问题与经济社会发展密切相关，是现代化的一部分。在他看来，人口现代化应该包括五个方面的内容：人口自然变动、人口年龄结构、人口受教育水平、人口行业和职业分布、人口地区迁移量。

进入21世纪后，更多学者加入对人口现代化的研究之中。王涤和李南寿（2000）认为人口现代化可以理解为一个"化"的过程，即人们的生理特征，社会心理和社会生产水平、技能，以及人口再生产类型随着经济社会发展，逐步由传统向现代转变的过程。人口现代化与国家现代化一体两面，互为基础，没有任何一方可以离开另一方而单独存在，它们相辅相成。他们还对人的现代化和人口现代化进行了区分，首先人的现代化不同于人口现代化，但它们是一个系统的两个层面，人的现代化从属于人口现代化，是人口现代化的一个子系统，对于实现人口现代化具有重要作用。总之，在他们看来，国家现代化依赖于人口现代化的实现，但没有国家现代化，也就没有人的现代化，人口现代化也就无从谈起。陈友华（2003）认为，人口现代化是人口再生产类型由传统转向现代、人口素质不断提高、工业化与城市化齐头并进、经济发展趋于现代化的发展变化过程，它包含生育现代化、人口素质现代化、人口结构现代化和经济现代化四个方面的内容。徐愫和李享（2014）指出，人口现代化是现代化进程与人口相关因素的转变过程与结果，它既是现代化的组成部分，也是现代化的前提。

但对于人口现代化究竟是一个人口的优化形态，还是仅仅是一个中性描述，学界也有争论。王学义（2006）认为，人口现代化是伴随现代化过程而推进的，对人口现代化的理解必须被纳入国家现代化的框架之内，人口现代化与现代化是互为基础和前提的，不能分而论之。就此，他认为所谓人口现代化，指与经济社会现代化要求相适应的人口发展优化形态，以人口再生产、人口结构、人口素质、生育观念、人口分布等相关变量从传统向现代转变为标志，体现了具有社会历史性、渐进性、动态性、相对性特征的人口发展过程。人口现代化是现代化的有机组成部分，是一种过程，是一种人口发展优化形态。陈友华和吴凯（2007）通过对中德两国人口的性别和年龄结构在人口现代化过程中的变化的分析，得出结论：人口现代化并不一定意味着人口形态的优化，它具有正反两方面的社会功能。人口现代化可以超前于、同步于、滞后于社会经济现代化而实现。人口现代化可以成为社会经济发展的助推器，但也可能对社会经济发展产生某些不利的影响。

总结到目前为止中国学者的研究发现，一方面，他们就许多问题基本达成共识，比如人口现代化所应涉及的内容基本限定在人口再生产类型、人口结构和人口素质三大维度，他们亦多赞同人口现代化是国家现代化的题中应有之义，认为两者互为基础，这既为本章的研究奠定了基础，也为本章提供了思路；另一方面，既有研究主要集中在指标体系的建立和中国人口现代化阶段的测评上，缺乏经验层面对人口现代化和国家现代化的量化研究，也很少涉及省级层面的人口现代化程度评估，而这正是本章在既有研究基础上进行拓展的方向。

第三节　方法和数据

本章主要采用指标建构法和比较研究法。首先，以使指标具有较强的综合性和系统性、适应性、易获得性、独立性并简明实用为原则，科学编制人口现代化指标体系，通过在这一指标体系基础上计算所得的指数来评估中国及各地区人口现代化进程。我们所建立的人口现代化指标体系将以我们对人口现代化的定义为基础，参考既有研究，充分考虑与本章研究目的、研究内容的适配性。同时我们还将设置单一指标来测算中国各省份的经济现代化程度。

在此基础上，我们将采用比较研究法对人口现代化与现代化的关系进行研究，其主要操作方式是以经济现代化为例，通过比较各省份人口现代化和经济现代化指数相关性和协调性来分析人口现代化与经济现代化的关系，并在此基础上进行理论总结和分析。

本章所用国家层面数据主要来自联合国《世界人口展望》（2022年版）、中国国家统计局《中国统计年鉴2018》和联合国《世界城市化展望》（2018年版），国内各省份数据主要来自中国国家统计局《中国统计年鉴2018》和2015年全国1%人口抽样调查资料。

第四节　中国人口现代化进程评估与趋势分析

一　人口现代化指标体系

正如上文所述，既有研究在人口现代化指标体系建构方面进行了诸多有益的探索。其中，陈友华（2003）、伍小兰（2001）、王秀银（2002）所提出的人口现代化指标体系，构成了我们建构指标体系的重要参考。但我们在此所建构的指标体系并不是既有指标体系的简单复制，而是以既有研究为基础，并广泛参考其他类型指标体系，尤其是现代化指标体系［英格尔斯现代化指标体系、宋林飞（2012）构建的我国基本实现现代化指标体系以及中国现代化报告课题组所构建的第一次现代化指标体系构成了重要的指标来源］，根据本章对人口现代化的界定与研究目的和研究内容，来确定构成指标体系的一级和二级指标。

在指标的基准值确定上，我们按照徐愫和李享（2014）的方法进行操作，也即以中国现代化报告课题组所确定的第一次现代化指标标准为基准值，对于存在于本章指标体系中但第一次现代化指标未包含的指标，我们以宋林飞所设定的我国基本实现现代化指标的目标值为基准值。对于总和生育率和出生人口性别比等在人口学上有明确界定的指标，我们将人口学的标准作为基准值。在确定指标基准值之后，我们将此基准值作为人口现代化各指标的最低标准，然后根据每个指标的基准值，对每个指标进行数学计算，具体指标及其基准值和计算方式如表9-1所示。

表 9-1　人口现代化指标体系

一级指标	二级指标	基准值	计算方式
生育现代化	生育数量：总和生育率	2.1	$\begin{cases} 100 & TFR \leq 2.1 \\ 100\left(\dfrac{8-TFR}{8-2.1}\right)^2 & 2.1 < TFR < 8 \\ 0 & TFR \geq 8 \end{cases}$
生育现代化	生育偏好：出生人口性别比	105	$100 \cdot e^{-12\left|\frac{出生人口性别比}{105}-1\right|}$
人口素质现代化	平均预期寿命	70岁	$\begin{cases} \left(\dfrac{预期寿命-25}{70-25}\right)^2 \times 100 & 25\,岁 \leq 预期寿命 \leq 70\,岁 \\ 100 & 预期寿命 > 70\,岁 \\ & 预期寿命 < 25\,岁 \end{cases}$
人口素质现代化	（6岁及以上人口中）大专及以上人口比重	16%	$\begin{cases} \dfrac{大专及以上人口比重-3\%}{16\%-3\%}\times100 & 3\% \leq 大专及以上人口比重 \leq 16\% \\ 100 & >16\% \\ 0 & <3\% \end{cases}$
人口结构现代化	城镇人口比例	60%	$\begin{cases} \dfrac{城镇人口比例-10\%}{60\%-10\%}\times100 & 10\% \leq 城镇人口比例 \leq 60\% \\ 100 & >60\% \\ 0 & <10\% \end{cases}$
人口结构现代化	总抚养比（其中劳动年龄人口范围为15~59岁）	45%	$\begin{cases} \dfrac{45\%}{总抚养比}\times100 & \geq45\% \\ 100 & <45\% \end{cases}$

在权重方面，我们赋予每个一级指标下的二级指标以相同的权重。同时，每个一级指标也都赋予同样的权重。如此，最终的人口现代化指数的计算方式为：人口现代化指数 = 1/3 × 生育现代化指数 + 1/3 × 人口素质现代化指数 + 1/3 × 人口结构现代化指数。

那么，人口发展到一个怎样的状况才算实现了人口现代化？这就需要我们对人口现代化指数的不同数值所代表的意涵进行界定。如上文所述，人口现代化是一个历史发展阶段，也是一个不断演进的过程。本章利用陈友华（2003）的划分标准，将人口现代化划分为三个阶段——前人口现代化社会（指数≤50）、人口现代化社会（50＜指数＜100）与后人口现代化社会（指数＝100），并进一步将人口现代化社会发展细分为初始（50＜指数＜60）、起步（60≤指数＜70）、发展（70≤指数＜80）、成熟（80≤指数＜90）与过渡（90≤指数＜100）五个发展阶段。将50视为由前人口现代化社会跨入人口现代化社会的"门槛"，而100则是由人口现代化社会转变到后人口现代化社会的标志。换言之，人口现代化指数达到100也就意味着人口现代化已经完成。

此划分标准也适用于三个一级指标的考察，即指数≤50，对应前生育现代化、前人口素质现代化、前人口结构现代化；50＜指数＜100，对应生育现代化、人口素质现代化、人口结构现代化；指数＝100，对应后生育现代化、后人口素质现代化、后人口结构现代化。同样，这三个客观指标所对应的现代化也可以进一步细分为初始（50＜指数＜60）、起步（60≤指数＜70）、发展（70≤指数＜80）、成熟（80≤指数＜90）与过渡（90≤指数＜100）五个发展阶段。

二　中国生育现代化进程评估与趋势分析

表9－2数据显示，2015～2020年中国生育现代化指数为（100＋40.08）/2＝70.04，已进入生育现代化的第三阶段，即发展阶段。如果继续分析其二级指标，可以发现，在生育数量方面，中国已经完全现代化，但在生育偏好方面仍然有较强的传统特质，出生人口性别比高达113，偏离103～107的正常取值区间。

表9－2　2015～2020年中国人口现代化各项指标原始数据与对应指数

	生育现代化		人口素质现代化		人口结构现代化	
	生育数量：总和生育率	生育偏好：出生人口性别比	平均预期寿命（岁）	大专及以上人口比重（%）	城镇人口比例（%）	总抚养比（%）
原始数据	1.55	113.00	77.7	13.87	59.20	55.32
二级指标对应指数	100.00	40.08	100.00	83.61	98.40	81.34

续表

	生育现代化		人口素质现代化		人口结构现代化	
	生育数量：总和生育率	生育偏好：出生人口性别比	平均预期寿命（岁）	大专及以上人口比重（%）	城镇人口比例（%）	总抚养比（%）
一级指标对应指数	70.04		91.81		89.87	

资料来源：城镇人口比例的数据来自《世界城市化展望》（2018 年版），大专及以上人口比重的数据来自《中国统计年鉴 2018》，其余数据来自《世界人口展望》（2022 年版）。

根据图 9 - 1 可知，1950 年以来中国生育现代化程度首先开始提高，在 1975～1995 年达到高位，生育现代化指数在 75～77，进入生育现代化的发展阶段。在此之后由于生育偏好指数下降，即出生人口性别比上升，中国生育现代化程度有所下降，在 2005～2010 年达到了最低点，指数为 62.69，之后又缓慢回升到 2015～2020 年的 70.04。

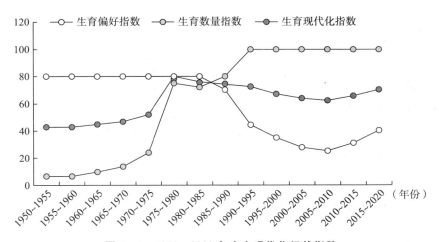

图 9 - 1 1950～2020 年生育现代化相关指数

资料来源：笔者根据《世界人口展望》（2022 年版）数据计算得到。

三 中国人口素质现代化进程评估与趋势分析

表 9 - 2 数据显示，2015～2020 年中国人口素质现代化指数为 91.81，已经进入人口素质现代化阶段，具体来说是从人口素质现代化向后人口素质现代化过渡的阶段。通过二级指标的数据可知，中国人口平均预期寿命已经实现了现代化，而代表科学文化素质的大专及以上人口

比重指数为 83.61，进入成熟阶段。要想完全实现人口素质现代化，需要着力提升的是我国人口的受教育水平。

在图 9-2 中可以看到，1950~2020 年中国人口素质现代化指数一直稳步提升，其中 1960~1985 年和 2005~2020 年提升较快，只不过前者得益于平均预期寿命指数的提高，而 2005~2020 年的快速提升得益于大专及以上人口比重指数的提高。在 2000 年之前我国大专及以上人口比重一直在 3% 以下，而 2000 年以来，得益于人口科学文化素质的提高，我国的人口素质现代化迅速进入了最后一个阶段。

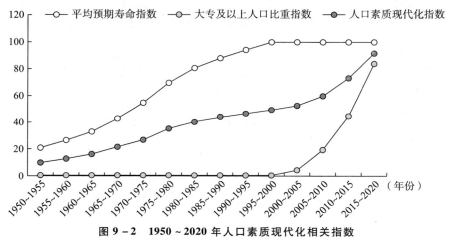

图 9-2　1950~2020 年人口素质现代化相关指数

资料来源：笔者根据《中国统计年鉴 2018》和《世界人口展望》（2022 年版）数据计算得到。

四　中国人口结构现代化进程评估与趋势分析

2015~2020 年中国人口结构现代化指数约为 90，同样基本进入人口结构现代化的最终阶段——过渡阶段，这意味着我国人口结构已经基本实现了现代化。对二级指标的分析可以发现，在总抚养比方面中国已经进入了现代化阶段，而在城镇人口比例方面的现代化已经进入最后的过渡阶段，其指数达到了 98.4。

如图 9-3 所示，中国人口结构现代化指数在 1980 年之前基本保持平稳，维持在 40 以下，略有波动，基本处在前人口结构现代化阶段，这主要是由于人口城镇化程度较低。1980 年之后，随着总抚养比的下降和城镇人口比例的上升，中国人口结构现代化程度迅速提高。

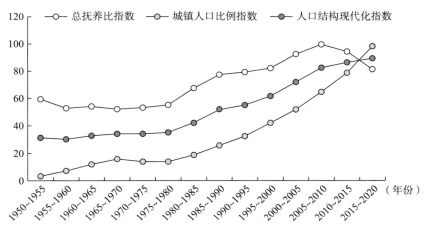

图 9 - 3　1950～2020 年人口结构现代化相关指数

资料来源：笔者根据《世界城市化展望》（2018 年版）和《世界人口展望》（2022 年版）数据计算得到。

五　总体评析：中国人口现代化进程评估与趋势分析

2015～2020 年中国人口现代化指数为 83.91，按照我们的划分标准，尚未完全实现人口现代化，处于人口现代化的成熟阶段。由表 9 - 2 可知，中国完全实现人口现代化的短板在于生育现代化，主要是男孩偏好。图 9 - 4 显示，中国的人口现代化主要经历了两个快速发展阶段：一是 1965～1980 年，二是 2005～2020 年。第一个阶段主要得益于生育现代化和人口素质现代化的发展，后一个阶段则主要是因为中国的人口结构越来越具有现代的特性与人口素质不断攀升。

第五节　中国各省份的人口现代化
及其与现代化的协调性
——以经济现代化为例

在本节中，我们对中国各省份①人口现代化进程进行了评估，并以

――――――――――

①　不包括香港、澳门和台湾地区。

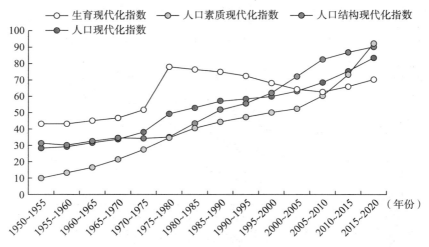

图 9-4 1950~2020 年中国人口现代化相关指数

资料来源：笔者根据《世界城市化展望》（2018 年版）、《中国统计年鉴 2018》、《世界人口展望》（2022 年版）数据计算得到。

经济现代化为例对人口现代化与现代化的协调性进行分析。

一 中国各省份人口现代化

图 9-5 和表 9-3 显示，2018 年，我国所有省（区、市）人口现代化指数都在 70 以上，具体来说，有 7 个省（区、市）在 70（不含）~ 80（不含）（发展阶段），各有 12 个省（区、市）在 80（含）~ 90（不含）

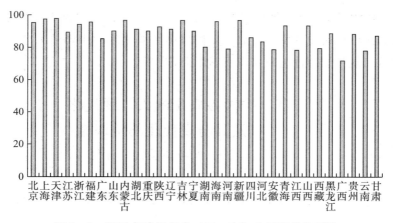

图 9-5 2018 年我国各省（区、市）人口现代化指数

（成熟阶段）和 90（含）~ 100（不含）（过渡阶段），指数最高的天津为
96.12，指数最低的广西为 70.49。其中，19 个省（区、市）的人口现代
化水平超过了全国平均水平，广西、云南、西藏等 12 个省（区、市）的
人口现代化水平低于全国平均水平。值得一提的是，作为中国经济第一
强省的广东人口现代化指数只有 84，居全国第 23 位，其原因是生育现代
化指数较低，出生人口性别比高达 119。而青海作为经济欠发达地区，
人口现代化指数为 91.70，是因为其生育现代化水平较高。

表 9-3　2018 年中国各省（区、市）人均 GDP 与人口现代化相关指数

省 （区、市）	人均 GDP （万元）	人口现代化 指数	生育现代化 指数	人口素质 现代化指数	人口结构 现代化指数
全国	6.46	87.02	70.04	91.81	99.2
北京	14.02	93.44	80.33	100.00	100.00
上海	13.50	95.83	87.49	100.00	100.00
天津	12.07	96.12	88.35	100.00	100.00
江苏	11.52	88.00	64.01	100.00	100.00
浙江	9.86	92.53	79.21	98.37	100.00
福建	9.12	93.89	85.23	96.45	100.00
广东	8.64	84.00	59.56	92.45	100.00
山东	7.63	88.38	75.68	89.47	100.00
内蒙古	6.83	95.01	85.03	100.00	100.00
湖北	6.66	89.64	69.62	100.00	99.30
重庆	6.59	88.49	74.52	90.96	100.00
陕西	6.35	91.16	79.45	97.24	96.79
辽宁	5.80	89.59	68.78	100.00	100.00
吉林	5.56	95.17	93.41	95.46	96.65
宁夏	5.41	88.59	68.89	98.91	97.98
湖南	5.29	78.87	58.10	83.90	94.62
海南	5.20	94.44	96.37	88.92	98.04
河南	5.02	77.62	70.95	71.76	90.16
新疆	4.95	94.92	95.38	100.00	89.38
四川	4.89	84.70	83.74	79.57	90.79
河北	4.78	82.03	74.19	76.88	95.01

省 （区、市）	人均 GDP （万元）	人口现代化 指数	生育现代化 指数	人口素质 现代化指数	人口结构 现代化指数
安徽	4.77	77.57	66.54	75.08	91.10
青海	4.77	91.70	98.75	83.28	93.07
江西	4.74	77.17	67.72	70.90	92.89
山西	4.53	91.82	82.27	95.86	97.34
西藏	4.34	77.99	92.41	70.67	70.89
黑龙江	4.33	87.26	72.47	89.93	99.40
广西	4.15	70.49	56.55	67.90	87.02
贵州	4.12	86.83	99.66	75.27	85.55
云南	3.71	76.87	72.72	71.18	86.69
甘肃	3.13	85.55	78.32	91.92	86.39

如果进一步对各一级指标进行细分，我们发现，各省（区、市）人口现代化进程的主要阻碍首先在于生育现代化，31 个省（区、市）中有 18 个省（区、市）的生育现代化指数在 80 以下，更有 9 个省（区、市）的生育现代化指数在 70 以下，所有省（区、市）平均指数只有 78.25。其中广西、湖南和广东的指数更是不到 60，其主要原因是出生人口性别比太高，生育偏好明显。与此相对，目前中国人口结构现代化已经达到了很高水平，除西藏外的所有省（区、市）的人口结构现代化指数都在 85 以上，其中在 90 以上的省（区、市）有 25 个，更有 11 个省（区、市）完全实现了人口结构现代化，即人口结构现代化指数为 100，所有省份的平均指数为 94.81。而西藏在人口结构现代化方面的主要问题在于城镇人口比例太低。在人口素质现代化方面，有 22 个省（区、市）的指数在 80 以上，平均指数为 88.78，绝大多数省（区、市）的人口素质现代化都达到了较高水平，其中广西的人口素质现代化指数只有 67.90，主要是因为广西大专及以上人口比重太低。

二　人口现代化与经济现代化的相关性分析

在本部分，我们以人口现代化和经济现代化的关系为例对人口现代化与现代化的相关性进行分析，其中我们以人均 GDP 作为经济现代化的指标。

从图9-6和表9-4中可以看到，各省（区、市）的人均GDP和人口现代化指数具有一定的相关性，两者之间的相关系数为0.5109，并在0.01的水平上显著。继续分解可以发现，人均GDP与人口素质现代化指数、人口结构现代化指数都有着较高的相关性，其相关系数分别达到了0.5884和0.5711，并且都在0.01的水平上显著。而生育现代化指数与人均GDP的相关性则不显著。这是因为人口素质事关劳动力素质，而人口结构事关劳动力的数量和结构，都与经济发展直接相关，而在人口高度流动的当下，各地区的生育数量和生育偏好短时间内都不会对其自身的劳动力数量、结构和质量产生直接影响。事实上，如果仅以人口结构现代化和人口素质现代化作为一级指标来构造人口现代化指数，会发现这个版本的人口现代化指数与人均GDP的相关系数高达0.6252，并且是在0.001的水平上显著。

表9-4 各省（区、市）人均GDP与人口现代化相关指数的相关系数

变量	人口现代化指数	生育现代化指数	人口素质现代化指数	人口结构现代化指数	人口现代化指数（仅采用人口结构现代化和人口素质现代化两个一级指标）
人均GDP	0.5109 *	0.0213	0.5884 *	0.5711 *	0.6252 **

* $p < 0.01$；** $p < 0.001$。

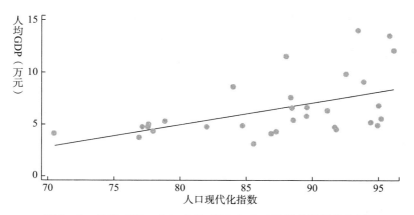

图9-6 各省（区、市）人均GDP与人口现代化指数散点图

因此，可以认为人口现代化，尤其是人口结构现代化和人口素质现代化与经济现代化有着很强的相关性和协调性，一个地区的经济现代化程度越高，其人口素质和人口结构现代化程度也越高。具体来说，一方面，一个地区的经济现代化程度越高，其在健康医疗、教育培训方面的投入可能越多，而生活在该地区的人们的身体素质就可能越好，预期寿命就可能越长，受教育程度就可能越高，从而有利于推进人口素质现代化进程。同时，经济现代化程度越高，其城镇化水平就越高，而这有利于人口结构的现代化。另一方面，一个地区的人口身体越健康，受教育程度越高，越集中于城市，抚养比越低，该地区就拥有质量越高的劳动力、越多的人口红利和越大的人口聚集带来的规模效应，其经济就越可能高速发展。

第六节　人口现代化对未来中国现代化的可能影响

一　生育现代化对未来中国现代化的可能影响

所谓生育现代化是指生育数量（总和生育率）和生育偏好（出生人口性别比）达到了现代国家的状态，前者的标准是低于更替水平，而后者的标准则是出生人口性别比在 105 左右。正如本章前面反复强调的，人口现代化只是一种区别于传统形态的人口形态，是对已经完成现代化的国家的人口形态的一种中性描述。而已经完成了现代化的国家也都面临着各种各样的现代化之后的经济、社会与文化问题，其中之一便是"低生育率陷阱"。仅以东亚而论，日本与韩国都面临着生育率低水平徘徊带来的一系列问题。其中，日本总和生育率在 1975~1980 年降到 1.83 之后持续走低，1990 年以来更是在 1.40 上下波动，联合国《世界人口展望》（2022 年版）的中方案假设预测，直到 2100 年，日本的总和生育率都会在 1.7 以下。中国的总和生育率在 1990~1995 年下降到 1.83 之后，也一直徘徊在 1.7 以下，联合国的中方案假设预测，2020~2100 年，中国总和生育率始终会低于 1.8（United Nations，2022）。这意味中国人口在短期内达到峰值之后，会在未来出现严重萎缩。根据联合国的预测，中国人口将从 2030 年的 14.64 亿人降至 2100 年的 10.65 亿人，中国人口占世界比重也将从 2020 年的 18.47% 降至 2100 年的 9.79%，不足世界总人口的 1/10（United Nations，2022）。随着中国总人口的减少和占世界人口比例的降低，中国目前因为人口众多而形成的大市场优势和规模优势将逐步消减，经济发展、文化进步以至于综合国力都会因此受到负面影响，中国的现代化进程可能因此被延宕。总和生育率长期低于更替水平，不仅意味着人口总量的降低，而且意味着劳动力规模的缩小和老龄化程度的加深，对于这一问题对现代化进程的影响我们将在人口结构现代化部分进行详述。

生育偏好现代化则有利于社会的稳定，且意味着社会文化观念的进步和现代化。张翼（1997）认为，出生人口性别比失常将带来家庭结构失衡、中小学生性别比失常、婚姻买卖增多、男性单身家庭增多、性犯罪比例上升、离婚率增高等一系列问题。这些问题将严重冲击婚姻、家庭甚至是社会的稳定，从长期看还会妨碍人口的可持续发展。而生育偏好现代化则意味着出生人口性别比接近正常状态，也意味着人们的性别观念、社会文化观念等更为现代，不再人为干预胎儿的性别，这些都会为我国的现代化提供一个稳定良好的社会文化环境，加快现代化进程。

二　人口素质现代化对未来中国现代化的可能影响

人口素质现代化在本章中是指人口平均预期寿命在 70 岁及以上，6岁及以上人口中大专及以上人口占比高于 16%。2019 年 5 月 23 日国家卫健委宣布西藏人均预期寿命达到 70.6 岁，至此中国 31 个省（区、市）在平均预期寿命上都完全实现了现代化，而中国的平均预期寿命早在1990 年就达到了 70.47 岁，实现了现代化。根据联合国的中方案假设预测，中国男性和女性平均预期寿命在 2100 年将分别达到 86.51 岁和88.82 岁（United Nations，2022）。平均预期寿命的延长意味着人们生活质量的提高，尤其是医疗、营养和社会环境的改善。国家现代化的最终目标就是国家富强和人民生活质量的提高，而平均预期寿命的现代化则意味着这一目标在医疗卫生方面得到了相当程度的实现。同时，平均预期寿命的延长还意味着人口的健康状况越来越好，拥有健康体魄的国人将在经济、文化等方面推动中国的现代化。

大专及以上人口比重代表了人口的科学文化素质，人口科学文化素质现代化对于国家现代化意义重大。在经济增长的影响因素中，劳动者受教育程度占有十分重要的地位，在很大程度上关系着人力资本的高低。

随着人口科学文化素质的提高，我国劳动力素质也随之提高，从而有利于提高劳动生产率。2015～2020年，我国大专及以上人口比重只有13.87%，有很大的提升空间，随着这一比例的上升，我国将能够挖掘更多的人才红利，推动我国的科技发展和创新创业，为国家各个领域的现代化提供人才支撑和智力支持。

三　人口结构现代化对未来中国现代化的可能影响

人口结构现代化在本章具体指人口城乡结构的现代化和人口年龄结构的现代化，前者用城镇人口比例测算，后者以总抚养比为指标。城镇人口比例上升是城市化过程，而大量农村人口集聚到城市也将通过"分享、匹配和学习"这三个方面的效应促进经济效率提高和经济快速增长（陆铭，2016）。城镇人口比例上升以及城市规模扩大所带来的规模效应，不仅有利于经济的现代化，还将通过把大量人口集聚在一定的空间之内而带来医疗、体育、艺术等各个方面的发展，因为大量人口集聚在城市为这些领域提供了消费群体。不仅如此，大量人口集聚在城市之中，还会带来"人力资本的外部性"，即迁移到城市的人可以在与城市中其他人的交往互动中获得知识、技能和信息，从而提高自身的经济收入。因此，城镇人口比例提升，不仅意味着增强人口集聚的规模效应，还将促使人力资本的外部性得到实现，提升劳动力的素质。2015～2020年我国人口中城镇人口的比例为59.2%，还有巨大的潜力可以挖掘。根据联合国《世界城市化展望》（2018年版）（United Nations，2018），我国2050年城镇人口比例将达到80%，随着人口城乡结构现代化的实现，我国现代化程度会进一步提高。但另一方面，城镇人口比例上升也会有其负面影响，环境污染、犯罪增加、交通拥堵等大城市病可能会出现，对我国的现代化产生不利影响。因此，在现代化进程中，需要通过各种措施来控制城市人口集聚的负外部性，放大其正外部性。

总抚养比下降意味着劳动年龄人口所占比例的上升，此时国家将具有充足的劳动力、高投资率和高资本形成率，为国家经济高速增长提供基础，这就是所谓的"人口红利"（陆旸、蔡昉，2014）。根据联合国的预测（United Nations，2022），2020年后我国16～64岁劳动年龄人口规模和比例都会逐年下降，这意味着人口负担会越来越重，中国在实现现代化过程中将面临人口红利消失和未富先老等一系列问题。因此，我们必须提高生育率，优化人口年龄结构，降低总抚养比，为现代化建设提供基础。

第七节 对策建议：中国实现现代化的人口现代化路径

一 充分认识人口现代化对于实现国家现代化的重要作用

人口现代化不是现代化的自然结果，社会、经济、政治和文化等方面的现代化并不必然带来人口的现代化，相反，人口现代化会推进或者延缓整个社会的现代化进程。例如，尽管学界对于测量人口现代化的指标体系持有不同的观点，但毫无例外地将总和生育率作为人口现代化的指标之一，而经济、政治等的现代化并不一定使总和生育率维持在更替水平左右，反过来，一旦总和生育率远离更替水平便会严重影响现代化的实现。因此，人口现代化是现代化的重要组成部分，没有人口的现代化就不会有真正的完整的现代化。在这个意义上，人口现代化是整个社会现代化的先决条件，只有在人口素质、人口结构等方面实现了现代化，才能推动经济和政治的现代化，没有高素质的劳动者和公民就不会有经济和政治的现代化。因此，首先要牢固树立人口现代化对于整个社会现代化具有重要作用的观念，认识到人口现代化是社会现代化的先决条件，采取各种政策措施，推动现代生育观念的形成，提高人口素质，完善人口结构，从而为整个社会现代化奠定良好的人口基础。

人口现代化对于中国实现现代化的意义不仅在于其实践功用，也在于其价值取向，现代化的最终目的在于人的现代化，坚持人口现代化的优先地位可以确保现代化事业始终坚持以人为本，确保现代化事业不变质、不异化。总之，随着现代化事业的推进，要不断加深对现代化的理解，要深刻认识到人口现代化对于整个社会现代化的重要作用。德国社会学家韦伯认为，"直接支配人类行为的是（物质上及精神上的）利益，而不是理念。但是，通过'理念'创造出来的'世界图像'，经常如铁路上的转辙器一般，规定了轨道的方向"（施路赫特，2004：6），即我们的理念和认识决定了我们行动的方向。因此，只有我们从观念上认识到人口现代化的重要作用，才能在正确的道路上率先实现整个社会的现代化。

二　有效控制出生人口性别比

前文数据显示，不论是在国家层面还是在省（区、市）层面，都是出生人口性别比过高这个单一因素影响了生育现代化的实现，进而影响到人口现代化的进程。不仅如此，出生人口性别比偏高还有严重的社会后果，会造成男女婚配结构的失衡，也即婚姻挤压，导致落后和农村地区的男性进入婚姻困难，从而制造潜在的社会矛盾。因此，控制出生人口性别比对于实现现代化尤为关键。出生人口性别比偏高是生育政策导致的生育数量下降和男孩偏好共同作用的结果（乔晓春，2008），而胎儿性别鉴定和性别选择性生育则是出生人口性别比偏高的最直接原因。因此，控制出生人口性别比首先要严格执行《禁止非医学需要的胎儿性别鉴定和选择性别人工终止妊娠的规定》，采用行政、法律等手段，加大对非法胎儿性别鉴定和非法选择性别人工终止妊娠行为的打击力度；其次要做好政策的宣传和实施，通过自然生育来满足男孩偏好，而不是有选择地针对女胎人工终止妊娠而生育男孩；最后也是最重要的是，要通过教育、宣传以及养老保障制度建立等方式弱化并最终消除人们的男孩偏好，推动人们的生育性别偏好的现代转型，从而真正实现生育现代化和人口现代化，而不仅仅是通过各种政策手段降低出生人口性别比以达到数据上的生育现代化和人口现代化。总之，控制出生人口性别比最为关键之处在于改变人们的性别偏好，树立性别平等的观念，从思想根源处实现生育观念的现代化，只有如此，才能在真正意义上进入生育现代化和人口现代化的阶段，从而为国家实现现代化奠定人口基础。

三　不断提升人口科学文化素质

改革开放以来我国的经济增长和现代化进程与"生之者众、食之者寡"的人口结构所带来的人口机会窗口密切相关，但正如前文数据和分析所表明的，我国的劳动年龄人口无论是比例还是规模都会不断下降，总抚养比会逐年上升，人口负担加重，人口红利会消失，这将对现代化产生不利影响。为此，我们需要通过普及和改善不同类型的教育（如职业教育和高等教育）来提高人口的科学文化素质，以提高人力资本质量为抓手创造有利于经济增长和现代化发展的第二次人口红利（蔡昉，2009）。目前我国已经基本普及了九年义务教育，但高等教育和职业教育覆盖面仍然有待扩大，与发达国家还有不小的差距。2015～2020年大专及以上人口所占比例只有13.87%，劳动力素质仍有较大上升空间。为了获得高质量人力资本驱动的第二次人口红利，以下策略至关重要。首先，推行全民终身教育计划，确保教育机会的普及与持续性。其次，加强职业教育和培训系统建设，确保其与行业需求紧密对接。构建以实践能力为核心的评价体系，更好地反映劳动力的实际技能。最后，增加公立和私立高等教育机构的资金投入，扩大招生规模，并重点提高教师质量、课程内容的实用性以及研究和创新能力。

四　加快推进城市化进程

中国现代化进程中似乎出现了很多问题，如留守儿童和留守老人，但正如陆铭（2016）所言，这是其他制度扭曲所造成却由城市化背负的问题，中国现代化的负面效应不是城市化过度的结果，而恰恰是城市化的制度性受阻所导致的。为此，我们必须不断破除阻碍农村人口在城市落户生根的各种制度性障碍，为农民工转化为城市人口提供有效的政策和制度保障。例如，为进城农民工子女提供同等的入学机会，破除城乡二元分割的户籍制度以及与此相关的社会保障和公共服务二元分割制度等。只有经济要素和人口同步集聚于城市，只有人口城乡结构实现了现代化，才能真正利用好中国作为一个统一国家的大市场，才能充分发挥规模效应对经济增长的作用，从而加快中国的现代化进程。同时，在加快城市化的过程中，必须采取措施防治城市病，包括优化城市规划、提高公共交通效率、扩大绿化和公共空间、完善市政设施管理等，以保证城市的可持续发展。

五　努力加强人口综合治理

人口现代化与国家现代化互为表里，相互依赖。人口现代化的实现不是自发的和自动的，而是需要包括政府在内的社会机构和社会组织参与人口治理，或者说人口现代化的实现离不开人口治理现代化所提供的制度保障。随着我国各种与人口有关的政策的变更以及人口形势的变化，尤其是在全面二孩政策、三孩生育政策陆续实施和流动人口激增的大变迁背景下，人口现代化的结构背景和资源条件前所未有地复杂，这就需要一个良好的人口治理体系来对此做出制度性的反应和规划。一个良好的人口治理体系应该同社会治理体系保持一致。党的十九届四中全会提出，要完善党委领导、政府负责、民主协商、社会协同、公众参与、法治保障、科技支撑的社会治理体系。就此而言，一个良好的人口治理体系也应该从这七个方面入手，根据经济社会发展的实际需要，构建党委领导、政府负责、民主协商、社会协同、公众参与的人口治理体系，以立法和现代信息技术如大数据作为主要治理手段，最终建立经济与人口可持续发展的综合决策机制。总之，要以人口综合治理作为实现人口现代化的制度保障，通过有效的人口治理为国家实现现代化提供良好的人口和人力基础。

小　结

本章通过梳理人口现代化的来龙去脉，以现代化的概念界定为基础，对人口现代化和国家现代化的关系进行了分析总结。在参考已有研究基础上，本章以生育现代化、人口素质现代化和人口结构现代化作为一级指标，建立了一个评估人口现代化进程的人口现代化指标体系。综合利用《世界人口展望》（2022 年版）、《中国统计年鉴 2018》和《世界城市化展望》（2018 年版）、2015 年全国 1% 人口抽样调查资料中的数据，对中国人口现代化进程进行了评估。研究发现：2015～2020 年中国人口现代化指数为 83.91，按照我们的划分标准，尚未完全实现人口现代化，处于人口现代化的成熟阶段。同时，我们还利用上述数据，计算了中国31 个省（区、市）的人口现代化指数，并以人均 GDP 作为经济现代化指标，分析了人口现代化和经济现代化的关系。研究发现，人口现代化指数和人均 GDP 的相关系数超过了 0.5，并在 0.01 的水平上显著。以此结果为基础，我们在理论上分析了中国的人口现代化对国家现代化的可能影响。在此基础上，本章提出了实现国家现代化的五种人口现代化路径：充分认识人口现代化对于实现国家现代化的重要作用、有效控制出生人口性别比、不断提升人口科学文化素质、加快推进城市化进程、努力加强人口综合治理。

参考文献

蔡昉，2009，《未来的人口红利》，《中国人口科学》第 1 期。

查瑞传，1994，《人口现代化问题》，《人口与计划生育》第 3 期。

陈友华，2003，《人口现代化评价指标体系研究》，《中国人口科学》第 3 期。

陈友华、吴凯，2007，《人口现代化对人口结构的影响分析》，《人口学刊》第 2 期。

李婷，2002，《人口现代化的再思考——中国现代化进程中的人口现代化研讨会综述》，《人口研究》第 5 期。

刘铮，1992，《人口现代化与优先发展教育》，《人口研究》第 2 期。

陆铭，2016，《大国大城：当代中国的统一、发展与平衡》，上海人民出版社。

陆旸、蔡昉，2014，《人口结构变化对潜在增长率的影响：中国和日本的比较》，《世界经济》第 1 期。

罗兹曼主编，1995，《中国的现代化》，"比较现代化"课题组译，江苏人民出版社。

乔晓春，2008，《中国出生性别比研究中的问题》，《江苏社会科学》第 2 期。

宋林飞，2012，《我国基本实现现代化指标体系与评估》，《南京社会科学》第 1 期。

施路赫特，2004，《理性化与官僚化：对韦伯之研究与诠释》，顾忠华译，广西师范大学出版社。

孙立平，1992，《传统与变迁：国外现代化及中国现代化问题研究》，黑龙江人民出版社。

孙立平，1998，《社会现代化》，华夏出版社。

汤兆云、王俊祥，2007，《出生性别比偏高的技术性原因》，《河北大学学报（哲学社会科学版）》第 3 期。

王涤、李南寿，2000，《21 世纪人口现代化问题的几点认识与思考》，《市场与人口分析》第 6 期。

王秀银，2002，《关于人口现代化的几点思考》，《人口研究》第 4 期。

王学义，2006，《人口现代化的测度指标体系构建问题研究》，《人口学刊》第 4 期。

伍小兰，2001，《中国生育现代化问题的定量研究》，《人口与经济》第 3 期。

习近平，2017，《决胜全面建成小康社会 夺取新时代中国特色社会主义伟大胜
　　利——在中国共产党第十九次全国代表大会上的报告》，中国网，www. chi-
　　na. com. cn。

徐愫、李享，2014，《江苏省人口现代化进程评价研究》，《人口与社会》第 2 期。

张翼，1997，《中国人口出生性别比的失衡、原因与对策》，《社会学研究》第
　　6 期。

中国现代化战略研究课题组，2010，《中国现代化报告概要：2001～2010》，北
　　京大学出版社。

United Nations. 2018. *World Urbanization Prospects*, *the 2018 Revision*. New York：
　　United Nations，Population Division.

United Nations. 2022. *World Population Prospects*, *the 2022 Revision*. New York：United
　　Nations，Population Division.

第十章　人口红利与中国现代化

邬思怡[*]

人口问题始终是我国面临的全局性、长期性和战略性问题。改革开放以来，人口因素在中国现代化进程中发挥了重要作用，庞大的人口基数为中国经济提供了充裕且廉价的劳动力，为我国经济的外向型发展奠定了坚实基础，是推动中国经济增长和经济现代化建设的重要动力源泉之一，被有关专家学者称为"第一次人口红利"。同时，受到现代化不断推进和独生子女文化遗传性的双重影响，根据人口普查数据，2000年后尤其是2010年以来，我国人口低生育率、少子化等结构性危机充分暴露，中国传统的人口优势在不断丧失。然而，伴随着人口老龄化程度的加深，人口红利表现形式开始转型，人力资本在中国经济增长中的作用越来越明显，这就是所谓的"第二次人口红利"。学术界对人口红利有不同定义。基于人口红利的延伸概念，为分解第二次人口红利和凸显人口红利转型趋势，本章将人口结构转变带来的人口红利称为"数量型人口红利"，将人力资本质量提升带来的人口红利称为"素质型人口红利"。

近几年来，随着武汉、西安、长沙、成都、郑州、济南等城市密集出台人才落户和创业政策，各地人才竞争不断升级和加剧，政策覆盖范围不断扩大。进入2019年，广州、深圳、杭州接连出台重磅人才政策，将这场"抢人（才）大战"推向高潮。尽管当前学术界对我国数量型人口红利何时消失存在分歧，但是数量型人口红利机会窗口虽依然开放但正在关小的事实不容忽视。今后，如何充分抓住数量型人口红利尚存、素质型人口红利开始出现的历史机遇，最终实现从数量型人口红利向素

* 邬思怡，经济学博士，中共广西区委党校（广西行政学院）经济学教研部副教授，参与多项国家社会科学基金项目，主持中共中央党校（国家行政学院）重大项目子项目，出版著作两本，在核心期刊上发表论文多篇，撰写的咨政报告多次获广西壮族自治区领导肯定性批示。

质型人口红利转变，持续推动中国经济高质量发展，是关系到优化中国实现现代化人口条件的重大战略问题。

第一节　文献综述

人口红利既是人口问题，也是经济问题。人口与经济的关系，尤其是人口与经济增长的关系一直是经济学持续探寻的重要命题，而"人口转变"对经济增长的促进作用又一度让人口红利的衍生研究成为人口问题的热点方向。仔细梳理文献不难发现，人口与经济增长关系的相关研究根本上来说是从人口的数量、质量、结构三个维度展开的（见图10－1）。人口红利（demographic gift）是首先由布鲁姆和威廉姆森（Bloom & Williamson，1998）提出的，他们认为人口红利实质上是人口转变过程中基于人口出生率下降滞后于死亡率下降导致的人口中劳动适龄人口比例的上升而形成的人口结构优势促进经济持续增长的潜在契机。2002年以后，学术界正式使用demographic dividend表示人口红利，即基于人口年龄结构机会之窗所能实现的经济效益。人口红利并非现实红利，它是经济发展潜在的可能性机会，只有把握了人口机会之窗，才能将潜在的人口结构优势转化为实实在在的经济红利（钟水映、吴珊珊，2019）。从人口与经济两者关系发展的历史看，一个国家（地区）经济发展层次越低，对人口数量和规模的依赖程度就越高，而随着经济社会发展层次的提高和结构的升级，人口对经济增长的驱动力也越来越多地源自结构改善和质量强化。

一　国内外文献梳理

国内外研究学者采用不同的分析工具和研究方法对人口红利与经济增长的关系进行实证研究。结合各类数学分析模型，国内学者测算了1978年以来我国经济高速增长中人口红利的作用（王丰，2007；陈友华，2008；车士义等，2011），尽管具体的研究结论存在一定差异，但基本可以认定的是，人口红利对中国经济高速增长做出了贡献。当然，这种贡献是我国牢牢把握人口机会之窗，并辅之以与之匹配的经济政策和社会政策的结果（王德文等，2004；穆光宗，2008；毛新雅、彭希哲，

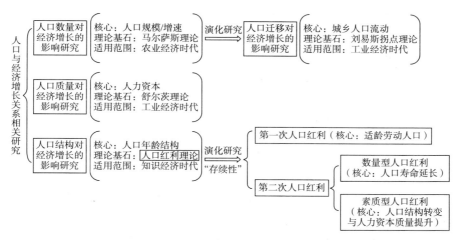

图 10 − 1　人口与经济增长关系相关研究思路与脉络

2012）。在指标选取时，学者们较多倾向于用人口抚养比，包括少儿抚养比、老年抚养比、总抚养比等的变化（汪伟，2009；王金营、杨磊，2010；刘志杰，2010；姚林华，2012；唐代盛等，2014）表示人口结构变动的趋势。

1998 年联合国人口基金会发布的《世界人口现状》提到的"一个国家在人口转变过程中，由于生育率快速下降、劳动年龄人口比重持续上升而形成 demographic bonus，即'两头小中间大'橄榄型的人口结构条件，对经济持续快速增长会产生积极作用"，指向的就是当前学术界所说的"第一次人口红利"。李和梅森（Lee & Mason，2006）在提出"第一次人口红利"和"第二次人口红利"的同时，也强调人口老龄化趋势不可逆转，个人或家庭"未雨绸缪"可能产生新的储蓄动机，进而形成新的储蓄来源。但蔡昉（2011）等学者对此持反对态度，认为仅从储蓄动机视角进行观察，第二次人口红利对经济增长的推动作用很难与第一次人口红利相提并论，第二次人口红利只有从劳动力供给和人力资本积累双重角度来分析才具有显著意义。进一步地，如果在创造第二次人口红利条件的同时延长第一次人口红利，中国就可以在一定程度上减轻人口老龄化对经济增长的负面影响，保持经济增长的可持续性（丁守海、丁洋，2019）。在对第二次人口红利的分析中，有学者认为人口寿命延长收获的是数量型人口红利（王叶涛，2013；陈纪平，2017），而素质型人口红利必须同时具备人口结构转变和人力资本质量提升两大关键要素（吕宏玉，2014；李钢等，2016；赵雨等，2017），且素质型人口红利对经济增长的作用已经开始超越数量型人口红利，成为经济增长的主导力量（薛斯、邓力源，2016；杨成钢、闫东东，2017）。

二　国内外文献述评

目前，中国经济正由高速增长阶段向高质量发展阶段转变，基于经济新常态中数量型人口红利逐渐减少的事实（原新、刘绘如，2019），人口红利嬗变要充分考虑素质型人口红利的释放。因此本章在前人研究基础上进行以下几个方面的拓展。一是认为进入老龄社会并不意味着人口红利的结束，随着我国健康水平的不断提升，我国人口转变有了新特征，同时，教育水平的不断提高使我国人力资本得到正向强化，我国正面临着数量型人口红利向质量型人口红利转变的历史机会（且存在机会叠加期）。本章提出的"嬗变"正是这一人口机会中的转型。二是以往研究人口红利与经济增长的关系都是论证其存在性、影响机制、实现机制、持续性等方面的问题，尚未有人口红利预测方面的研究，尤其是缺少基于素质型人口红利的预测研究。三是在认识人口红利与经济的关系时，要立足于新时代的国情，建成现代化强国是我们的战略目标，现代化是以人民为中心的全面发展的现代化，要求推进国家治理体系和治理能力现代化，而没有经济的现代化就没有全面的现代化，所以人口红利对未来经济增长的影响必须落实到对经济现代化的影响上，要与建成现代化强国的奋斗目标充分对接。

第二节　中国数量型人口红利的存续性及素质型人口红利的挖掘

一　中国数量型人口红利的存续性问题

在找到合适且被广泛接受的数量型人口红利代理变量之前，人口抚养比和劳动年龄人口占比依然是判断数量型人口红利存续与否的重要依据。为准确回答我国数量型人口红利的存续问题，本章设定以下三个数量型人口红利存续的标准：第一，15～64 岁劳动年龄人口占总人口的比例不断上升，生产性人口总量持续增加；第二，人口总抚养比（0～14岁人口和 65 岁及以上人口之和与 15～64 岁人口的比值 ×100%）持续下降，且低于 50%（国际社会标准）；第三，劳动年龄人口中，青年人口（15～44 岁）占 50% 以上。上述三条标准同时施加约束，具体分析如下。

如表 10－1 所示，根据联合国人口司《世界人口展望》（2022 年版）（United Nations，2022）的数据，以 15～64 岁为劳动年龄，我国劳动年龄人口占总人口比例从 1970 年左右开始持续上升，2010 年左右达到峰值，随后转入下降，2050 年下降到 58.46%；从人口总抚养比指标角度进行分析，该指标于 1965 年左右开始转入下降阶段，1975 年后迅速下降，2010 年左右达到最低值，2000～2030 年持续维持在低于 50% 的水平。在劳动年龄人口中，青年人口比例 2020 年首次低于 60%，随后继续下降，但维持在 50% 以上；中年人口比例自 20 世纪 90 年代初开始上升，2020年突破 40%。将以上三项衡量标准取交集，本章得出如下结论：中国数量型人口红利窗口期开始于 1990 年，数量型人口红利于 2010 年左右达到峰值。该结论与蔡昉（2011）等相关专家学者的观点一致。在数量型人口红利存续期方面，随着人口寿命的延长，人口红利并没有马上减少，在这一时期，我国社会劳动力供给相对充分，其中青年人口占主要比例，非生产性人口则以少年儿童为主，蕴藏着丰富的潜在劳动力资源，总体社会负担较轻，在此背景下，人均收入增长、劳动力流动加快、社会储蓄率上升等因素对经济增长产生了持续推动作用，使数量型人口红利在2010～2020 年有一个小的波峰，随后人口机会窗口逐渐缩小。

表 10－1　1950～2050 年中国人口总抚养比和劳动年龄人口相关指标变动

单位：%，亿人

年份	人口总抚养比	劳动年龄人口（15～64 岁）占总人口比例	青年人口（15～44 岁）占劳动年龄人口比例	中年人口（45～64 岁）占劳动年龄人口比例	劳动年龄人口（15～64 岁）总数
1950	66.21	60.17	73.63	26.37	3.2729
1955	74.41	57.34	73.93	26.07	3.4592
1960	79.57	55.69	74.06	25.94	3.6429
1965	82.23	54.88	74.68	25.32	3.9721

年份	人口总抚养比	劳动年龄人口（15～64岁）占总人口比例	青年人口（15～44岁）占劳动年龄人口比例	中年人口（45～64岁）占劳动年龄人口比例	劳动年龄人口（15～64岁）总数
1970	80.52	55.39	75.95	24.05	4.5564
1975	79.51	55.71	76.19	23.81	5.0980
1980	68.11	59.48	76.57	23.43	5.8436
1985	56.58	63.87	77.55	22.45	6.7713
1990	51.93	65.82	78.24	21.76	7.5936
1995	50.42	66.48	76.70	23.30	8.0983
2000	45.89	68.55	73.45	26.55	8.6648
2005	39.03	71.93	71.69	28.31	9.3855
2010	37.12	72.93	67.66	32.34	9.8322
2015	39.62	71.62	62.32	37.68	9.9823
2020	44.14	69.38	58.75	41.25	9.8857
2025	44.25	69.32	57.73	42.27	9.8743
2030	45.57	68.70	56.94	43.06	9.7245
2035	50.40	66.49	54.89	45.11	9.3055
2040	58.96	62.91	53.62	46.38	8.6663
2045	64.12	60.93	52.58	47.42	8.2242
2050	71.06	58.46	52.47	47.53	7.6737

资料来源：联合国《世界人口展望》（2022年版），2020年后为预测数据。

二　素质型人口红利的挖掘

当前，城市间掀起的新一轮抢才大战，主要针对青年大学生，包括海内外高端人才和有荣誉称号的优质人才。优惠政策不断加码升级，涵盖了零门槛落户、家属随迁、人才公寓、租房购房补贴、创业补贴和优惠贷款等。这一轮城市之间的揽才竞争，其背后正是对素质型人口红利的争夺，目的是在未来经济发展格局中拥有核心竞争优势。但引才仅仅是第一步，人尽其才、释放人才效能、将潜在人口机会转化为增长动能并收获人口红利才是关键，"抢人（才）大战"不是终点而是起点，人才的质量和可持续性才是决定未来现代化水平的关键。同时，与数量型人口红利相比，素质型人口红利的窗口期可以延长，且红利本身更加优质和稳定。但素质型人口红利不会自然产生，必须有相关的经济政策和社会政策与之匹配。

来自世界银行的数据显示，1982～2018年，中国成人识字率整体呈现上升态势（见表10-2），基础教育取得重要进步。具体来说，高等教育处于循序渐进发展的过程之中，改革开放以来，就业人口中高中及以上级别学校毕业生比例总体提升，高等教育毕业生比例也随之总体上升（见表10-3），大大提升了劳动力供给质量和配置效率。但对比分析中国、美国、日本、印度四国的平均受教育年限和预计受教育年限（见表10-4）可以发现，中国与美国和日本还有明显差距，人力资本水平仅高于印度。2012年开始，中国平均受教育年限上升速度放缓，而印度、日本上升较快，中日之间差距进一步拉大，与此同时中印之间差距不断缩小。在未来国际竞争中，人才是第一资源，我国应更多关注素质型人口红利，从教育制度、创新机制和人才培养等方面提高教育质量，培育我国素质型人口红利新优势，提升国家产业竞争力。

表 10 - 2　1982～2018 年我国成人识字率变迁

单位：%

	1982 年	1990 年	2000 年	2006 年	2007 年	2008 年	2009 年	2010 年	2018 年
成人识字率	65.51	77.79	90.92	91.63	93.35	99.28	98.29	95.12	96.84

资料来源：世界银行数据。

表 10 - 3　1978～2018 年中国就业人口的受教育状况

单位：%

年份	高中及以上级别学校毕业生占就业人口比例	高等教育毕业生占就业人口比例
1978	1.74	0.04
1979	1.79	0.02
1980	1.49	0.03
1981	1.15	0.03
1982	0.79	0.10
1983	0.58	0.07
1984	0.45	0.06
1985	0.46	0.07
1986	0.52	0.08

续表

年份	高中及以上级别学校毕业生占就业人口比例	高等教育毕业生占就业人口比例
1987	0.57	0.11
1988	0.57	0.11
1989	0.55	0.11
1990	0.46	0.10
1991	0.44	0.10
1992	0.44	0.10
1993	0.44	0.09
1994	0.41	0.10
1995	0.42	0.12
1996	0.42	0.13
1997	0.44	0.13
1998	0.48	0.12
1999	0.49	0.13
2000	0.56	0.14
2001	0.62	0.15
2002	0.72	0.19
2003	0.89	0.27
2004	1.08	0.34
2005	1.32	0.44
2006	1.51	0.54
2007	1.68	0.64
2008	1.83	0.72
2009	1.84	0.75
2010	1.85	0.81
2011	1.88	0.85
2012	1.91	0.88
2013	1.93	0.90
2014	1.96	0.92
2015	1.98	0.95
2016	2.00	0.98
2017	2.02	1.02
2018	2.05	1.05

资料来源：WIND 数据库。

表 10 - 4 1990～2017 年中美日印四国平均及预计受教育年限对比

单位：年

年份	平均受教育年限				预计受教育年限			
	中国	美国	日本	印度	中国	美国	日本	印度
1990	4.8	12.3	9.6	3	8.8	15.3	13.3	7.6
1991	5	12.4	9.7	3.1	8.8	15.3	13.4	7.7
1992	5.2	12.5	9.8	3.2	8.9	15.6	13.5	7.9
1993	5.3	12.6	10	3.3	8.9	15.8	13.8	8
1994	5.5	12.7	10.1	3.4	8.9	15.9	14.1	8.1
1995	5.7	12.7	10.2	3.5	9.1	15.9	14.2	8.2
1996	5.8	12.7	10.3	3.7	9.2	15.8	14.3	8.2
1997	6	12.7	10.4	3.9	9.2	15.8	14.4	8.2
1998	6.2	12.7	10.5	4	9.3	15.9	14.1	8.3
1999	6.3	12.7	10.6	4.2	9.5	15.8	14.1	8.3
2000	6.5	12.7	10.7	4.4	9.6	15.5	14.3	8.3
2001	6.5	12.7	10.8	4.5	9.7	15.6	14.3	8.4
2002	6.6	12.7	10.9	4.6	9.9	15.7	14.4	8.6
2003	6.7	12.8	11	4.7	10.2	15.9	14.5	9.2
2004	6.8	12.8	11.1	4.7	10.6	15.9	14.6	9.4
2005	6.9	12.8	11.2	4.8	11	16	14.6	9.7
2006	6.9	12.8	11.2	4.9	11.5	16.1	14.8	9.9
2007	7	12.9	11.3	5	12	16.2	14.8	10.2
2008	7	13.2	11.4	5.2	12.3	16.3	14.8	10.5
2009	7.1	13.2	11.4	5.3	12.6	16.4	14.9	10.4
2010	7.3	13.2	11.5	5.4	12.9	16.6	15	10.8
2011	7.4	13.3	11.8	5.4	13.1	16.7	15.2	11.3
2012	7.5	13.3	12	5.6	13.3	16.6	15.2	11.5
2013	7.5	13.3	12.2	5.8	13.5	16.4	15.2	11.6
2014	7.6	13.3	12.5	6.1	13.8	16.4	15.2	11.9
2015	7.7	13.3	12.5	6.3	13.8	16.5	15.2	12
2016	7.8	13.4	12.7	6.4	13.8	16.5	15.2	12.3
2017	7.8	13.4	12.8	6.4	13.8	16.5	15.2	12.3

注：平均受教育年限和预计受教育年限是联合国人类发展指数较常用的指标。预计受教育年限是指现有的一名学龄儿童预计将接受的教育年限，它是一般学龄儿童将接受在校教育的总年数的估计值，也可以被理解为以在校年数表示的反映一个儿童在校时期所能获得的全部教育资源总和的指标，或反映一个教育系统的总体发展水平的指标。

资料来源：WIND 数据库、联合国开发计划署公布的《人类发展报告》（1990～2017 年）。

　　2020 年左右，中国数量型人口红利开始减少，未来经济高质量发展想要从中攫取动力将难上加难。根据联合国《世界人口展望》（2022 年版）的数据，以 15～64 岁为劳动年龄人口划分标准，2020 年后，中国人口总抚养比将不断上升，且上升速度将明显加快，2035 年左右突破50%，到 2045 年达到 64.12%，从此转入人口负债期，2050 年将达到71.06%。其中，2020～2050 年，少儿抚养比将维持在 16%～26%，老年抚养比则一路上升，2025 年左右突破 20%，2040 年超过 40%，2050年将超过 50%，届时老年抚养比将是少儿抚养比的两倍多（见表 10 - 5），这将为经济社会带来巨大的压力。

表 10 - 5　2020～2050 年中国人口抚养比变动情况

单位：%

年份	总抚养比	少儿抚养比	老年抚养比
2020	44.14	25.98	18.16
2025	44.25	22.78	21.47
2030	45.57	19.04	26.54
2035	50.40	16.53	33.87
2040	58.96	17.39	41.57
2045	64.12	18.43	45.69
2050	71.06	19.58	51.47

资料来源：联合国《世界人口展望》（2022 年版）。

　　如表 10 - 6 所示，2020～2050 年，劳动年龄人口占总人口比例继续下降，2025 年（69.32%）相当于 2000 年左右水平，2050 年（58.46%）将接近改革开放初期约 57% 的水平。同时，在劳动年龄人口中，青年人口（15～44 岁）占比从 58.75% 下降至 52% 左右并逐渐趋于稳定，中年人口（45～64 岁）占比则由 41.25% 上升到 47.53%，至此橄榄型的人口年龄结构最终转变为倒金字塔型，劳动力不足问题更加凸显，数量型人口红利的优势不复存在，素质型人口红利亟待开发和利用，但效果犹未可知，根本上取决于与人口和经济发展趋势相关的生育、社保、养老、住房、医疗等配套制度建设和改革的成效。

表 10 – 6　2020～2050 年中国劳动年龄人口结构变化

单位：亿人，%

年份	劳动年龄人口 （15～64 岁） 总数	劳动年龄人口 （15～64 岁） 占总人口比例	青年人口（15～ 44 岁）占劳动 年龄人口比例	中年人口（45～ 64 岁）占劳动 年龄人口比例
2020	9.8857	69.38	58.75	41.25
2025	9.8743	69.32	57.73	42.27
2030	9.7245	68.70	56.94	43.06
2035	9.3055	66.49	54.89	45.11
2040	8.6663	62.91	53.62	46.38
2045	8.2242	60.93	52.58	47.42
2050	7.6737	58.46	52.47	47.53

资料来源：联合国《世界人口展望》（2022 年版）。

第三节　经济现代化评价标准演进与评价体系确立

作为一个世界性的历史过程，广义层面的现代化是指人类社会自工业革命以来所经历的一系列急剧变革，它以工业化为推动力，并渗透到经济、政治、文化、思想各领域，引起深刻社会革命（罗荣渠，1997）。中国要建成的社会主义现代化强国要求实现以人民为中心的全面现代化，经济、政治、文化、社会、生态五位一体的综合现代化，建设的根本目标在于不断完善和发展中国特色社会主义制度，本质则是推进国家治理体系和治理能力现代化。中国社会主义现代化进程关系到人民福祉，关乎民族发展的未来。经济现代化是现代化的核心（中国现代化战略研究课题组，2005；乔臣，2009）。历史经验和实践都已证明，没有经济的现代化，就没有全面的现代化。当前，学术界普遍认为，经济现代化不仅包括经济增长、工业化和知识化，还包括与世界经济前沿差距的变化，因此它是一个高度综合的概念。

经济现代化评价是经济领域的现代化评价，是现代化评价的重要组成部分，目前评价指标体系主要有三种（见表 10 – 7）。一是经典经济现代化评价指标体系（侧重工业化水平测度），二是第二次经济现代化评价指标体系（侧重知识化水平测度），三是综合经济现代化评价指标体系（侧重相对水平测度）。上述三种经济现代化评价指标体系的适用范围存在差异，经典经济现代化评价指标体系比较适合发展中国家，第二次经济现代化评价指标体系更适合发达国家，而综合经济现代化评价指标体系最适合中国等坚持走工业化和信息化互促道路的发展中国家。

表 10 - 7　三种经济现代化评价指标体系中的评价指标和参考指标

	经典经济现代化	第二次经济现代化	综合经济现代化
评价指标			
经济增长指标	人均 GDP	人均 GNP	人均 GNP
			农业生产率
	农业生产率	工业生产率	工业生产率
			服务业生产率
经济进步指标	人均制造业增加值	知识资本投入	知识资本投入
			因特网普及率
	全员劳动生产率	全员劳动生产率	能源使用效率
			人均国际贸易
经济转型指标	农业劳动力比例	物质产业劳动力比例	农业劳动力比例
			农业增加值比例
	农业增加值比例	物质产业增加值比例	服务业劳动力比例
			服务业增加值比例
参考指标			
经济发展	人均 GDP 增长率	人均 GNP 增长率	人均 GNP 增长率
	工业生产率	服务业生产率	劳动生产率
经济转型	工业比例	高技术产业比例	工业比例
	制造业比例	服务业比例	高技术产业比例
经济流通	股市和信贷规模	平均关税率	中高技术出口
	交通基础设施	信息基础设施	能源基础设施
收入分配	基尼系数	基尼系数	基尼系数
	最高收入者的比例	最高收入者的比例	最高收入者的比例
经济制度	最低工资	风险投资	风险投资
	地区差距	转移支付	地区差距
经济观念	工作时间和失业率	工作时间和失业率	工作时间和失业率
	储蓄和投资率	文化和绿色消费	投资和绿色消费

注：农业和工业合称为物质产业。"物质产业劳动力比例"是指工农业劳动力之和占全体劳动力的比例；"物质产业增加值比例"是指工农业增加值在 GDP 中所占比例。

资料来源：中国现代化战略研究课题组（2005：281~282）。

党的十九大报告首次提出"贯彻新发展理念，建设现代化经济体系"的重大战略布局，并认为当前"我国经济已由高速增长阶段转向高质量发展阶段，正处在转变发展方式、优化经济结构、转换增长动力的攻关期"，因此"建设现代化经济体系是跨越关口的迫切要求和我国发展的战略目标"。当前，学术界对现代化经济体系的框架、内涵、特征、路径以及重大意义的论述已经十分充分和成熟（陈希琳等，2017；周绍朋，2018；刘志彪，2018）。本章将经济现代化与建设现代化经济体系相结合，认为二者存在紧密联系。经济现代化涉及经济总量、经济质量、经济发展速度、经济转型等多方面内容，是一个综合系统的变化；而建设现代化经济体系是在贯彻新发展理念的前提下做出的战略部署，是经济现代化的高级阶段，体现的是经济现代化的精和尖。尽管现代化经济体系也包含产业结构、创新能力、收入分配、驱动模式、绿色发展、合作开放、体制机制等内在约束，但它显然具有更高的投入产出要求，受到更强的环境资源能耗约束。因此，本章在已有的经济现代化理论基础上，充分参考中央关于工业化、信息化、城镇化、农业现代化以及国家治理体系和治理能力现代化的建设目标，结合经济高质量发展水平评价指标体系，构建了包括工业化、知识化、绿色化和全球化4个子系统，共包含16个指标的经济现代化水平测度指标体系（见表10-8）。

表 10-8　经济现代化水平测度指标体系

目标	子系统	评价指标	指标计算方法	指标说明
经济现代化	工业化	人均 GDP	人均 GDP/世界平均水平	正向指标
		产业结构合理化	产业结构合理化指数	正向指标
		产业结构高级化	产业结构高级化指数	正向指标
		人口城镇化率	城市常住人口/总常住人口	正向指标
	知识化	研发投入强度	R&D 经费支出/GDP	正向指标
		人员投入力度	R&D 人员数/全部从业人员数量	正向指标
		人均专利占有量	国内三种专利授权数/总人口	正向指标
		人均专利申请量	国内三种专利申请数/总人口	正向指标

续表

目标	子系统	评价指标	指标计算方法	指标说明
经济现代化	绿色化	建成区绿化覆盖率	建成区绿化覆盖率	正向指标
		单位 GDP 耗电量	用电量/GDP	负向指标
		单位工业产值废水排放量	废水排放总量/工业产值	负向指标
		单位工业产值二氧化硫排放量	二氧化硫排放量/工业产值	负向指标
	全球化	外贸依存度	进出口贸易总额/GDP	正向指标
		对外资本依赖度	实际利用外国直接投资/GDP	正向指标
		服务贸易比重	服务贸易额/GDP	正向指标
		高新技术贸易比重	高新技术产品贸易额/GDP	正向指标

以往学者们对中国经济现代化水平的测度主要有两种方法。第一种是根据英格尔斯提出的 10 条现代化评价标准,测算一定时期内中国经济现代化的实现程度,但往往被质疑既有的评价标准不够全面,且未能与时俱进反映经济社会发展的动态特征,因而结论往往被认为过于乐观。第二种是将研究视角扩展至全球,采用联合国或世界银行的既有数据计算中国历年经济现代化相关指标的排名以及位序变化情况,这种研究思路更科学合理,但缺点是指标数量有限,且时间跨度受到制约。

本章充分借鉴后一种研究思路和方法,在已有经济现代化水平测度指标体系基础上,采用客观权重法计算得出 1983 年、1990 年、2000 年、2010 年、2018 年的中国经济现代化水平得分(表 10 - 9)。

表 10 - 9   部分年份中国及上海、北京经济现代化水平得分

年份	中国	上海	北京
1983	0.05	0.49	0.77
1990	0.14	2.13	2.27
2000	0.44	2.31	2.54
2010	2.76	11.51	8.51
2018	9.03	18.92	26.63

注:表中所用到的数据中,除北京市历年的用电量、废水排放总量、二氧化硫排放量、服务贸易额 4 个指标来源于中经网统计数据库和《北京统计年鉴》(2000 ~ 2018 年)外,其余数据均来源于 WIND 数据库,个别缺省指标按照相关年份的变化趋势采用插值法补齐。各指标权重计算方法采用熵值法,避免了主观打分或等权重法等带来的片面性。

改革开放以来，中国的经济现代化水平大幅提升，其经济现代化水平得分从 1983 年的 0.05 提高到了 2018 年的 9.03，年均增长 16.0%。从纵向时间轴来看，几乎每一个十年都比上一个十年发展更快，尤其 2010 年以来，中国的经济现代化程度显著提高，远远高于以往任何时段。但全国平均水平与北京、上海相比差距还是比较明显的，1983 年、1990 年、2000 年、2010 年、2018 年全国的经济现代化水平得分分别相当于北京的 6%、6%、17%、32%、34%，以及上海的 10%、7%、19%、24%、48%，2018 年全国的经济现代化水平大约相当于北京、上海 2010 年前后的水平。这说明一线城市目前已经处于制度创新和技术创新双重驱动的高级阶段，而全国整体还仅停留于要素驱动和资本驱动层面，想要实现全社会的经济现代化还有很长的一段路要走。

第四节　素质型人口红利嬗变对未来中国经济现代化的影响：模型构建与实证研究

一　数据来源与研究方法

（一）数据来源

本章尝试从人口总量、劳动年龄人口比重、劳动参与率和劳动生产率等多维度，预测素质型人口红利嬗变对未来中国经济现代化可能产生的影响。数据来源是联合国人口司的人口回测和预测数据（United Nations，2022）以及 WIND 数据库中国历年经济数据，由此计算得到 2020~2050 年中国人口总量、劳动年龄人口、经济活动人口、潜在经济增长率、GDP 等核心指标的预测值。同时这些预测值也是预测 2020~2050 年人口红利对经济现代化影响的基础指标（见表 10-10）。

表 10-10　2016~2050 年劳动年龄人口、中国人口总量、
潜在经济增长率等核心指标预测值

时期	劳动年龄人口（15~64 岁）（亿人）	人口总量（亿人）	人口中劳动年龄人口（15~64 岁）占比（%）	经济活动人口（亿人）	潜在经济增长率（%）	GDP（亿元）
2016~2020 年	9.9361	14.1521	70.21	7.2248	6.28	938217

续表

时期	劳动年龄人口（15～64 岁）（亿人）	人口总量（亿人）	人口中劳动年龄人口（15～64 岁）占比（%）	经济活动人口（亿人）	潜在经济增长率（%）	GDP（亿元）
2021～2025 年	9.8511	14.2540	69.11	7.1103	5.57	1230285
2026～2030 年	9.8375	14.1974	69.29	6.9032	4.82	1556778
2031～2035 年	9.5087	14.0653	67.60	6.5067	3.94	1888601
2036～2040 年	8.9058	13.8675	64.22	6.0895	3.40	2232250
2041～2045 年	8.4015	13.6144	61.71	5.8743	3.46	2646094
2046～2050 年	7.8968	13.2840	59.45	5.7096	2.98	3064571

资料来源：人口总量、劳动年龄人口的预测值来源于联合国人口司发布的《世界人口展望》（2022 年版）；经济活动人口预测值借鉴齐明珠（2010）等人的研究成果，采用劳动力供给规模作为经济活动人口的代理变量，并按照 5 年一区间相应进行平行趋势处理；潜在经济增长率预测值采用白重恩和张琼（2017）的研究成果；GDP 预测值以 2015 年不变价为基准，根据潜在经济增长率计算得到。

（二）研究方法

对于预测模型选择，本章采用 LMDI 乘数分解模型[①]（也称对数平均迪氏指数分解法）（曹冲等，2019；文扬等，2018；黄勤、何晴，2017；刘继旺、孟彦菊，2014；华小全，2015；辛冲冲、陈志勇，2018；景辛辛等，2018），其可以将分解出来的各个因素看成时间的连续可微函数，有效消除传统回归方程受残差项影响较大的弱点，实现影响因素的完全分解，使模型更具有说服力，因而多用于某一国家或地区的多个自变量对因变量增长贡献的研究。

借鉴 Kaya（1989）恒等式，对其进行改写和分解以使其适用于本章研究，分解后的表达式为：

$$GDP = \frac{GDP}{PY} \times \frac{PY}{PRO} \times \frac{PRO}{P} \times P \qquad (10-1)$$

其中，GDP 为经济总量，PY 为经济活动人口，PRO 为劳动年龄人

---

① 该模型以往经常被应用于区域碳排放或能源消耗影响因素的识别与分解等问题，近年来被引入人口学和经济学研究，频繁用于分析人口红利、财政支出等对经济增长、居民消费的驱动效应，受到学者们广泛关注和认同。与此同时，该方法很好地解决了本章中可供选用的指标不足的问题，研究结论扎实可靠，具有一定的前瞻性。

口，P 为人口总量，$\dfrac{GDP}{PY}$、$\dfrac{PY}{PRO}$、$\dfrac{PRO}{P}$ 分别表示全员劳动生产率、劳动参与率和人口中 15~64 岁劳动年龄人口比例，用 LPY、$LPRE$、和 $LPRO$ 替代表示。式（10-1）又可以表达为下式：

$$GDP = \sum_i LPY_i \times LPRE_i \times LPRO_i \times P \tag{10-2}$$

在本章的研究中，GDP 为经济总量在 2021~2050 年的预测值，$LPY_i = \dfrac{GDP_i}{PY_i}$ 表示第 i 年的全员劳动生产率，又称劳均生产率；$LPRE_i = \dfrac{PY_i}{PRO_i}$ 表示第 i 年的劳动参与率，$LPRO_i = \dfrac{PRO_i}{P_i}$ 表示第 i 年的 15~64 岁劳动年龄人口比例。

LMDI 模型包括加法和乘法两种形式，分别对应数量和强度研究，虽形式上存在显著差异，但本质是一致的，并且可以相互转化。本章采用 LMDI 模型的加法形式，进行定量分解研究。

经济总量变化为 ΔGDP，根据 Kaya 恒等式因素分解模型，经济总量变化受全员劳动生产率、劳动参与率和 15~64 岁劳动年龄人口比例变化的影响。因此，驱动因素的分解如下：

$$\Delta GDP_{\text{tot}} = GDP_T - GDP_{T-1} = \Delta GDP_{lpy} + \Delta GDP_{lpre} + \Delta GDP_{lpro} + \Delta GDP_p \tag{10-3}$$

其中，ΔGDP_{lpy}、ΔGDP_{lpre}、ΔGDP_{lpro}、ΔGDP_p 分别表示加法法则分解下全员劳动生产率、劳动参与率、劳动年龄人口比例、人口总量变动对潜在经济增长的影响效应。

根据 LMDI 模型，各分解因素贡献值表达式如下：

$$\Delta GDP_{lpy} = \sum_i \frac{GDP_i^T - GDP_i^{T-1}}{\ln GDP_i^T - \ln GDP_i^{T-1}} \ln \frac{LPY_i^T}{LPY_i^{T-1}} \tag{10-4}$$

$$\Delta GDP_{lpre} = \sum_i \frac{GDP_i^T - GDP_i^{T-1}}{\ln GDP_i^T - \ln GDP_i^{T-1}} \ln \frac{LPRE_i^T}{LPRE_i^{T-1}} \tag{10-5}$$

$$\Delta GDP_{lpro} = \sum_i \frac{GDP_i^T - GDP_i^{T-1}}{\ln GDP_i^T - \ln GDP_i^{T-1}} \ln \frac{LPRO_i^T}{LPRO_i^{T-1}} \tag{10-6}$$

$$\Delta GDP_p = \sum_i \frac{GDP_i^T - GDP_i^{T-1}}{\ln GDP_i^T - \ln GDP_i^{T-1}} \ln \frac{P_i^T}{P_i^{T-1}} \tag{10-7}$$

在式（10-3）两边同时除以 ΔGDP_{tot}①，可以得到：

$$1 = \frac{\Delta GDP_{lpy}}{\Delta GDP_{tot}} + \frac{\Delta GDP_{lpre}}{\Delta GDP_{tot}} + \frac{\Delta GDP_{lpro}}{\Delta GDP_{tot}} + \frac{\Delta GDP_{p}}{\Delta GDP_{tot}} \tag{10-8}$$

式（10-8）中，$\frac{\Delta GDP_{lpy}}{\Delta GDP_{tot}}$、$\frac{\Delta GDP_{lpre}}{\Delta GDP_{tot}}$、$\frac{\Delta GDP_{lpro}}{\Delta GDP_{tot}}$、$\frac{\Delta GDP_{p}}{\Delta GDP_{tot}}$分别表示全员劳动生产率、劳动参与率、人口结构、人口总量变动对潜在经济增长的驱动效应。

二　研究结果

表10-11 是根据 LMDI 分解方法得到的 2021～2050 年人口红利对潜在经济增长贡献率分因素的预测结果。结果显示，不同时期全员劳动生产率变动对经济增长的预期贡献率都超过 100%，似乎不符合常理，但全员劳动生产率多出的那部分贡献率正是保持一定的潜在产出所必需的。换言之，数量型人口红利、劳动参与率、人口总量变动等因素对经济增长的负向效应需要依靠全员劳动生产率的不断提高予以抵消。表10-11 的预测结果显示，2021～2050 年劳动参与率变动对经济增长的贡献率将转为负数，2021～2035 年这种负向效应不断增强，随后减弱并转为正向，但贡献率有限。数量型人口红利（人口结构变动）对经济增长的贡献率将彻底变为负数，其变动趋势呈 U 形，预计 2036～2040 年这种负向作用最为显著。人口总量增长在一定程度上有助于扩大内需，增加有效劳动力供给，因此，2021～2035 年人口总量的变化对经济增长存在一定的正向促进作用，但从数值看，其边际效应不断递减，直至 2036 年以后彻底消失，庞大的人口基数终将成为经济可持续增长和高质量发展的负担。

表10-11　2021～2050 年人口红利对潜在经济增长的贡献率

单位：%

时期	全员劳动生产率变动贡献率（包含素质型人口红利的贡献率）	劳动参与率变动贡献率	人口结构变动贡献率（数量型人口红利贡献率）	人口总量变动贡献率
2021～2025 年	105.89	-3.18	-9.28	6.56

---

①　此处的下标"tot"，即 total，在式（10-3）中是加总求和的意思。

时期	全员劳动生产率变动贡献率（包含素质型人口红利的贡献率）	劳动参与率变动贡献率	人口结构变动贡献率（数量型人口红利贡献率）	人口总量变动贡献率
2026～2030 年	112.56	-7.13	-9.08	3.65
2031～2035 年	130.61	-13.91	-17.27	0.56
2036～2040 年	139.64	-11.68	-24.82	-3.14
2041～2045 年	121.15	2.39	-17.09	-6.45
2046～2050 年	119.37	4.12	-12.37	-11.12

经过对比模型预测结果，我们发现 2021～2050 年数量型人口红利对经济增长、潜在产出的拉动作用将逐步消失，直至转为负向作用。面对这一现实，大力挖掘和提升素质型人口红利，提高劳动者素质尤其是高层次人才的科技和创造能力，进而提升全员劳动生产率，变得十分必要且紧迫。事实上，人口红利、人才红利与全要素生产率关系密切，有学者甚至认为，人力资本作为知识和技术进步的重要载体，是影响一国全要素生产率的决定性因素（孙婧，2013），从根本上决定着经济增长的质量和资本产出的效率。2021～2050 年中国经济要保持中高速增长，必然会越来越依赖于全要素生产率，这是唯一的可持续性增长源泉（蔡昉，2018）。因此，全面深化教育投融资制度改革，提高高等教育普及程度，推动职业教育融合发展，同时建立健全事关劳动者切身权益的户籍、医疗、养老、住房等配套制度势在必行。

第五节　研究结论与对策建议

一　研究结论

（一）人口红利的实质是一种具有实现前提条件的特殊资源，它以人口年龄结构的调整和变迁为主要特征与标志

数量型人口红利和素质型人口红利代表着人口红利的两种利用形态，从数量型人口红利向素质型人口红利转变需要充分利用人口年龄结构转变的新特征并提升人力资本水平。当前，我们正处于数量型人口红利与素质型人口红利并存的历史机遇期，联合国人口预测数据显示，中国数量型人口红利在 2010～2020 年有一个小的波峰，随后人口机会窗口逐渐缩小，同时素质型人口红利不会自然获得，必须有相关的经济政策和社会政策与之匹配，且根本上取决于与人口和经济发展趋势相关的生育、社保、养老、住房、医疗等配套制度建设和改革的成效。

（二）经济现代化与建设现代化经济体系存在十分紧密的联系

经济现代化涉及经济总量、经济质量、经济发展速度、经济转型等多个方面，是一个综合系统变量；而建设现代化经济体系是在贯彻新发展理念前提下做出的战略部署，是经济现代化的高级阶段，体现的是经济现代化的精和尖。2021～2050 年，建设现代化经济体系将成为中国经济现代化建设的主要方面和重点领域。通过测算可以发现，改革开放以来，中国经济现代化飞速发展，北京、上海等一线城市的经济现代化目前已经处于制度创新和技术创新双重驱动的高级阶段，但全国整体经济现代化还仅停留于要素驱动和资本驱动层面，要最终实现全社会的经济现代化还有很长的一段路要走。

（三）人口红利有利于以往中国经济的高速增长，其作用机制可以区分为六种

人口红利通过以下几方面因素推动经济增长：第一，充足而成本低廉的劳动力供给；第二，较高的劳动参与率；第三，较高的储蓄率；第四，城乡劳动力配置效应；第五，更高的人力资本投资水平和人力资本积累水平；第六，创新能力的不断增强。2021～2050 年数量型人口红利对经济增长、潜在产出的拉动作用将逐步减弱，直至转为负向作用，这势必影响和制约宏观经济持续健康发展。面对这一现实，大力挖掘和提升素质型人口红利，提高劳动者素质，尤其是高层次人才的科技和创新能力，进而提升全员劳动生产率，变得十分必要且紧迫。

二　对策建议

（一）提升制度供给质量以获得释放素质型人口红利的前提条件

改革开放以来我们能够创造经济奇迹是充分利用了人口优势的结果，但必须清醒认识到，其根本原因是改革开放。人口红利的释放依赖于机

会之窗的开启,即制度供给能力的提升。深化经济体制改革,辅以与之适应的市场经济体制以及社会保障政策,才能将潜在的人口机会转变为现实的经济红利,获得制度红利和人口红利的叠加效应。

(二) 着力推进人才培养以获得素质型人口红利的质量保障

挖掘素质型人口红利的根本是提高人力资本质量。我国人口健康素质的持续改善和受教育程度的普遍提升,为未来收获素质型人口红利奠定了坚实的基础。要持续发挥人才强国战略的作用,必须重视基础科学与研究类人才的培养,重视人才"从无到有"方法论的形式,鼓励人才在学科"无人区"锻炼,注重孕育原始性创新、颠覆性创新,提升人才整体创新能力,以适应中国未来高质量发展。

(三) 积极参与开放合作以获得素质型人口红利的区域再平衡

建成社会主义现代化强国,需要各行各业人才在各地区充分发挥技术优势、管理优势、创新优势等,以高效的人才流动和充分的劳动力市场配置,提升欠发达地区素质型人口红利的获取便利程度。通过人口城镇化加速农民工市民化,着重加强职业教育以提升产业工人专业化和技术化水平,抓住"一带一路"有利契机,坚持"引进来"和"走出去"战略,多层次全方位实施优秀人才引入计划和留学归国人才创业计划,加快跨国劳务交流与合作,实现共建"一带一路"国家共享素质型人口红利机遇。

小 结

2017年以来,为应对全国范围内数量型人口红利的衰减,诸多城市掀起"人才争夺"大战。新一轮城市间揽才竞争,实质上是对素质型人口红利的重视和争夺,目的是在未来经济发展格局中拥有核心竞争优势。本章在论述数量型人口红利在以往经济起飞和长期高速增长中重要作用及其机制的基础上,立足于联合国人口司关于中国人口的预测数据,探讨2021~2050年中国全面建成小康社会以后,在人口年龄结构、经济发展环境、潜在经济增长速度等发生根本性变化的情况下,素质型人口红利嬗变对经济现代化产生的影响。本章采用LMDI乘数分解模型得到

2021～2050 年人口红利对经济增长的贡献率，研究发现，当前我国正处于数量型人口红利与素质型人口红利并存的历史机遇期，未来 30 年内数量型人口红利对经济增长、潜在产出的拉动作用逐渐减退，直至转为负向作用，但素质型人口红利不会自然获得，必须有相关的经济政策和社会政策与之匹配，根本上取决于与人口和经济发展趋势相关的生育、社保、养老、住房、医疗等配套制度建设和改革的成效。为此，应通过提升制度供给质量获得释放素质型人口红利的前提条件，通过着力推进人才培养获得素质型人口红利的质量保障，通过积极参与开放合作获得素质型人口红利的区域再平衡。应当通过提高劳动者素质，尤其是提高高层次人才的创新和创造能力，增加素质型人口红利，助力以中国式现代化全面推进中华民族伟大复兴。

参考文献

白重恩、张琼，2017，《中国经济增长潜力预测：兼顾跨国生产率收敛与中国劳动力特征的供给侧分析》，《经济学报》第 4 期。

蔡昉，2011，《中国的人口红利还能持续多久》，《经济学动态》第 6 期。

蔡昉，2018，《中国如何通过经济改革兑现人口红利》，《经济学动态》第 6 期。

曹冲、夏咏、陈俭，2019，《虚拟土视阈下中国重点大宗农产品贸易流的驱动因素研究——基于 LMDI 模型的再检验》，《农业技术经济》第 8 期。

车士义、陈卫、郭琳，2011，《中国经济增长中的人口红利》，《人口与经济》第 3 期。

陈纪平，2017，《我国老龄化进程中的第二次人口红利：理论与实证》，《西北人口》第 4 期。

陈希琳、许亚岚、于佳乐，2017，《全面解读现代化经济体系 六大特征、三个难点、五条路径》，《经济》第 23 期。

陈友华，2008，《人口红利与中国的经济增长》，《江苏行政学院学报》第 4 期。

丁守海、丁洋，2019，《中国应着力开发二次人口红利》，《湖南大学学报》（社会科学版）第 2 期。

华小全，2015，《人口红利对中国经济增长影响的因素分解》，《财经理论研究》第 3 期。

黄勤、何晴，2017，《长江经济带碳排放驱动因素及其空间特征——基于 LMDI

模型》，《财经科学》第 5 期。

景辛辛等，2018，《民生性财政支出对中国居民消费的动态驱动效应研究——基于 LMDI 模型的再检验》，《西南民族大学学报》（人文社科版）第 6 期。

李钢等，2016，《质量型人口红利对中国未来经济影响评估》，《中国经济》第 1 期。

刘继旺、孟彦菊，2014，《基于 EKC 理论与 LMDI 因素分解的经济增长与碳排放关系研究》，《产业经济评论》第 6 期。

刘志彪，2018，《高质量建设现代化经济体系的着力点与关键环节》，《区域经济评论》第 4 期。

刘志杰，2010，《人口转变对经济增长的影响研究——基于人口红利理论框架的深入分析》，博士学位论文，南开大学。

吕宏玉，2014，《二次人口红利促进我国经济增长的动力、内涵和机制》，《商业时代》第 20 期。

罗荣渠，1997，《传统与中国的现代化》，《天涯》第 2 期。

毛新雅、彭希哲，2012，《城市化、对外开放与人口红利——中国 1979 - 2010 年经济增长的实证》，《南京社会科学》第 4 期。

穆光宗，2008，《中国的人口红利：反思与展望》，《浙江大学学报》（哲学社会科学版）第 3 期。

齐明珠，2010，《我国 2010～2050 年劳动力供给与需求预测》，《人口研究》第 5 期。

乔臣，2009，《经济现代化范式的评价基点：范例分析及其借鉴》，《湖南文理学院学报》（社会科学版）第 2 期。

孙婧，2013，《人力资本与全要素生产率》，博士学位论文，复旦大学。

唐代盛、乌拉尔·沙尔赛开、邓力源，2014，《人口红利：基于中国的储蓄数据的实证研究》，《社会科学研究》，第 2 期。

汪伟，2009，《经济增长、人口结构变化与中国高储蓄》，《经济学季刊》第 1 期。

王德文、蔡昉、张学辉，2004，《人口转变的储蓄效应和增长效应——论中国增长可持续性的人口因素》，《人口研究》第 5 期。

王丰，2007，《人口红利真的是取之不尽、用之不竭的吗?》，《人口研究》第 6 期。

王金营、杨磊，2010，《中国人口转变、人口红利与经济增长的实证》，《人口学刊》第 5 期。

王叶涛，2013，《新型人口红利及其对经济增长的影响研究》，博士学位论文。

西南财经大学。

文扬、马中、吴语晗、周楷、石磊、王萌，2018，《京津冀及周边地区工业大气
　　污染排放因素分解——基于 LMDI 模型分析》，《中国环境科学》第 12 期。

辛冲冲、陈志勇，2018，《FDI 持续流入对中国经济增长与就业的驱动效应研
　　究——基于 LMDI 模型的再检验》，《软科学》第 5 期。

薛斯、邓力源，2016，《人口红利的结构分析与经济增长的实证研究》，《劳动经
　　济》第 9 期。

杨成钢、闫东东，2017，《质量、数量双重视角下的中国人口红利经济效应变化
　　趋势分析》，《人口学刊》第 5 期。

姚林华，2012，《基于储蓄因素的我国人口红利与经济增长的实证》，《区域金融
　　研究》第 9 期。

原新、刘绘如，2019，《中国人口红利研究的发展——基于文献综述的视角》，
　　《西北人口》第 5 期。

赵雨、钟水映、任静儒，2017，《经济发展过程中"人口红利"的反思与再定
　　义》，《中南财经政法大学学报》第 4 期。

中国现代化战略研究课题组，2005，《中国现代化报告 2005 经济现代化研究》，
　　北京大学出版社。

钟水映、吴珊珊，2019，《新格局下中国人口经济关系的几个认识误区》，《人口
　　研究》第 2 期。

周绍朋，2018，《强国之路：建设现代化经济体系》，《国家行政学院学报》第
　　5 期。

Bloom, D. E. and J. G. Williamson. 1998. "Demographic Transitions and Economic
　　Miracles in Emerging Asia." *World Bank Economic Review* 12.

Kaya, Yoichi. 1989. "Impact of Carbon Dioxide Emission on GNP Growth: Interpreta-
　　tion of Proposed Scenarios." Presentation to the Energy and Industry Subgroup,
　　Response.

Lee, R. and A. Mason. 2006. "What is the Demographic Dividend?" *Finance and De-
　　velopment* 3.

United Nations. 2022. *World Population Prospects*（*1950 - 2100*）, *the 2022 Revision*.
　　https://population. un. org/wpp/.

第四篇

对策方略

第十一章　通过优化生育政策优化中国现代化的人口条件

莫　龙[*]

第一节　问题的提出

21世纪上半叶，中国最伟大的壮举将是开辟人类现代化的东方路径，在这个世界上数一数二的人口大国[①]全面实现现代化。2022年10月召开的党的二十大提出，"从现在起，中国共产党的中心任务就是团结带领全国各族人民全面建成社会主义现代化强国、实现第二个百年奋斗目标，以中国式现代化全面推进中华民族伟大复兴"（习近平，2022）。

中国实现现代化面临复杂严峻重大的人口挑战，如何优化中国现代化的人口条件，是摆在中国人口学者面前的重大课题，对其进行研究是人口研究为国家发展服务的重大使命。一方面，人口是人类一切经济社会活动的主体，从这个意义上说，人口是现代化的主体。人口（主体）状况的优劣和嬗变势必深刻影响（推进或延缓）现代化（客体）。另一方面，现代化是有条件的，其中人口条件是实现现代化的基础而重要的条件。有利、不利或利弊兼具的人口条件，势必深刻影响（推进或延缓）现代化。

从中国以往的实践看，优化实现现代化的人口条件有诸多政策工具和成功经验。例如，20世纪70年代开始大规模实施的计划生育，有效控制了人口过快增长，为现代化提供了更好的、必要的人口数量条件和

---

[*]　莫龙，人口学博士、双博士后，中共广西区委党校（广西行政学院）二级教授，享受国务院政府特殊津贴专家，中国人口学会常务理事，曾为加拿大蒙特尔大学合作教授。

[①]　据联合国2022年预测（United Nations, 2022），印度将在2023年历史性地超过中国，成为世界第一人口大国。

数量型人口红利条件；教育、科学、文化、卫生和健康领域一系列战略举措的实施，使 1949 年新中国成立以来，人口的身体素质和科学文化素质大幅提升，为现代化提供了更好的、必要的人口质量条件；80 年代以来取消人口流动限制的政策引领促成了快速的人口城镇化，为现代化提供了更好的、必要的人口分布条件。

展望未来，继 2014 年起实施"单独二孩"生育政策、2016 年起实施"全面二孩"生育政策之后，2019 年 10 月召开的党的十九届四中全会首次提出，要"优化生育政策"，从战略高度指明了优化现代化人口条件的一个重要方向。2021 年，国家发布实施"三孩生育政策"，这是进一步优化生育政策的重大举措。从某种意义上说，优化生育政策的根本目的就是提高生育率，进而优化现代化的人口条件。

本章研究的问题是：对中国而言，2020 年起到 21 世纪末，有必要优化生育政策①，提高生育率，进而优化现代化的人口条件吗？通过优化生育政策，提高生育率，哪些现代化的人口条件将得以优化（变好），哪些会劣化（变差）？通过优化生育政策，提高生育率，能够在多大程度上优化现代化的人口条件？如何选择优化生育政策的力度？优化生育政策的人口学预后（人口效益）将会怎样？

第二节　方法、方案和数据

一　模拟优化生育政策的方法和方案

为了模拟以不同力度优化生育政策时中国人口的变动，本章没有循常规自己设计模拟方案（做出生育率假设）并应用人口预测（模拟）软件进行模拟，而是借用具有权威性、科学性、可比性和可靠性的联合国人口司中国人口预测数据。

联合国人口司 2022 年发布的《世界人口展望》，用三个方案分别预测了 2022～2100 年中国的人口变动。这三个预测方案基年（2022 年）的初始分性别年龄别人口、期内（2022～2100 年）的分性别平均出生预

____

① 生育政策是指规范育龄夫妇生育行为（包括生育数量和质量）的政策。本文聚焦于生育数量政策及其配套政策的优化，不涉及生育质量政策的优化。

期寿命，以及期内净国际迁入率的参数假设都是相同的，只是期内生育率参数（总和生育率）的假设不同。也就是说，实际上这三个方案预测了 2022~2100 年不同生育率水平假设之下中国人口的变动（United Nations，2022）。

鉴于此，可以把上述三个方案的人口预测，看成 2022~2100 年以三个不同力度优化生育政策（导致期内出现不同水平的生育率）时的人口模拟，即看成期内三个方案下优化生育政策的效果模拟。其中，本章把联合国的"生育率保持期初水平方案"视作"生育政策不变方案"；把联合国的"生育率中方案"视作"低力度优化生育政策方案"；把联合国的"生育率高方案"视作"高力度优化生育政策方案"。另外，我们把联合国的"生育率中方案"和"生育率高方案"的折中方案（期内总和生育率折中）作为"笔者建议中高力度优化生育政策方案"（简称"笔者建议方案"或"中高力度优化生育政策方案"）。如此建构的四个优化生育政策模拟方案的参数假设见表 11-1。

按此设计，联合国上述三个方案和笔者建议方案的人口预测结果，就是四个不同力度优化生育政策模拟方案的人口模拟结果。其中，"笔者建议中高力度优化生育政策方案"的人口模拟结果，为期内联合国的"生育率中方案"和"生育率高方案"人口预测结果的折中值。

本章模拟和分析的时期为 2020~2100 年。其中，2020 年和 2021 年的指标值为回测值，2022~2100 年的指标值为预测值。

二　其他方法

除上述方法，本章还提出和运用了另外两个定量分析方法。

（一）评估人口条件可能优化区间的方法

2020 年起到 21 世纪末，通过优化生育政策，可能把实现现代化的各项人口条件（指标）优化到哪个范围？答案取决于通过优化生育政策，未来总和生育率可以提高到哪个范围。关于下限，上述"生育政策不变方案"（联合国的"生育率保持期初水平方案"）的总和生育率，可以视作模拟的期内总和生育率的下限。关于上限，上述"高力度优化生育政策方案"（联合国的"生育率高方案"）的总和生育率，可以视作模拟的期内通过优化生育政策，总和生育率可以提高到的上限（见表 11-1）。

表11-1　2020~2100年中国不同力度优化生育政策模拟方案

优化生育政策模拟方案	指标	2020~2025年	2025~2030年	2030~2035年	2035~2040年	2040~2045年	2045~2050年	2050~2055年	2055~2060年
联合国方案 生育率保持期初水平方案	总和生育率	1.18	1.18	1.18	1.18	1.18	1.18	1.18	1.18
低力度优化生育政策 生育率中方案	总和生育率	1.20	1.24	1.29	1.33	1.35	1.38	1.40	1.41
笔者建议中高力度优化生育政策 中、高方案折中方案	总和生育率	1.28	1.42	1.53	1.58	1.60	1.63	1.65	1.66
高力度优化生育政策 生育率高方案	总和生育率	1.37	1.60	1.76	1.83	1.85	1.88	1.90	1.91
所有方案	男性出生平均预期寿命（岁）	76.0	77.2	78.3	79.4	80.5	81.5	82.4	83.2
所有方案	女性出生平均预期寿命（岁）	81.4	82.3	83.1	83.8	84.5	85.2	85.9	86.6
所有方案	净国际迁入率（‰）	-0.18	-0.22	-0.22	-0.22	-0.23	-0.23	-0.24	-0.25

优化生育政策模拟方案	指标	2060~2065年	2065~2070年	2070~2075年	2075~2080年	2080~2085年	2085~2090年	2090~2095年	2095~2100年
联合国方案 生育率保持期初水平方案	总和生育率	1.18	1.18	1.18	1.18	1.18	1.18	1.18	1.18
低力度优化生育政策 生育率中方案	总和生育率	1.43	1.44	1.45	1.46	1.47	1.47	1.48	1.49
笔者建议中高力度优化生育政策 中、高方案折中方案	总和生育率	1.68	1.69	1.70	1.71	1.72	1.72	1.73	1.74
高力度优化生育政策 生育率高方案	总和生育率	1.93	1.94	1.95	1.96	1.97	1.97	1.98	1.99

续表

优化生育政策模拟方案	联合国方案	指标	2060 ~ 2065 年	2065 ~ 2070 年	2070 ~ 2075 年	2075 ~ 2080 年	2080 ~ 2085 年	2085 ~ 2090 年	2090 ~ 2095 年	2095 ~ 2100 年
所有方案	所有方案	男性出生平均预期寿命（岁）	83.9	84.6	85.2	85.9	86.5	87.1	87.7	88.3
		女性出生平均预期寿命（岁）	87.3	87.9	88.5	89.2	89.8	90.4	91.0	91.6
		净国际迁入率（‰）	-0.26	-0.28	-0.29	-0.31	-0.33	-0.35	-0.37	-0.39

资料来源：基于 United Nations（2022），由作者设计、计算得到（具体见前文）。

由此，2020～2100 年，通过优化生育政策，各项人口条件（指标）可能的优化区间，将落在上述总和生育率下限和上限分别对应的生育政策模拟中，该人口条件（指标）的模拟结果之间。也就是说，在本章下文的各图中，各项人口条件（指标）可能的优化区间，将落在"生育政策不变"模拟结果曲线和"高力度优化生育政策"模拟结果曲线之间的区域。

（二）预测优化生育政策人口效益及其显著性的方法

本章中，优化生育政策的人口效益，用以该力度优化生育政策导致的人口条件优化率/劣化率来衡量。以某一力度优化生育政策导致的某一人口条件的优化率/劣化率，定义为相对于生育政策不变，以该力度优化生育政策后人口模拟中该人口条件（人口指标）的改变率。至于是优化（率）还是劣化（率），取决于对人口指标改变是优还是劣的价值判断。例如，一般认为，优化生育政策导致老龄化程度的降低是优化（此时改变率为优化率，且优化率为负值）。具体参见表 11 - 2 和文中对优化生育政策对各人口指标影响的讨论。

本章人口条件优化/劣化效果显著性的判定标准为人口条件优化率/劣化率的绝对值，在 4% 以下为效果不显著，大于等于 4% 小于 8% 为显著，大于等于 8% 小于 16% 为很显著，在 16% 及以上为极显著。

三　数据

本章采用联合国人口司《世界人口展望》（2022 年版）中，有关中国人口预测等的数据（United Nations，2022）。

在通常每两年更新一次的联合国世界人口预测中，关于各国人口的预测，是基于各国政府（包括中国政府）提供的人口普查和人口抽样调查等数据，运用人口分析和预测技术加以评估、修正、回测和预测而形成的。

联合国人口司的人口预测数据，在国际上被认为具有权威性、科学性、可比性和可靠性。不仅整个联合国系统（包括世界银行、国际货币基金组织、联合国开发计划署、世界卫生组织、联合国教科文组织等）都利用该数据作为其工作的基础和审议全球性问题的依据，而且很多国际组织和各国政府以及各种非政府组织，也采用该数据来制定发展目标、评估政策选择等（蔡泳，2012）。联合国关于中国人口的预测，相当于第三方评估，相对较为客观准确，具有重要参考价值。

　　联合国人口司《世界人口展望》（2022 年版）中的中国人口预测，一方面，是在中国"单独二孩"政策和"全面二孩"政策以及"三孩生育政策"先后于 2014 年、2016 年和 2021 年启动实施一段时间后做出的；另一方面，是在获取了 2020 年中国人口普查数据后做出的。因此，联合国人口司 2022 年发布的中国人口预测的基年人口指标、未来参数假设等，比以往更准确合理，因而一般来说预测结果更准确可靠。

第三节　通过优化生育政策优化现代化
人口条件的必要性[①]

　　本章 2020～2100 年"生育政策不变"人口模拟（即联合国"生育率保持期初水平不变"人口预测）的结果表明：假如 2020～2100 年保持期初 2020 年生育政策不变（期内不优化生育政策，不实行包括"三孩生育政策"在内的优化生育政策举措，下同），中国的现代化将面临前所未有、极其不利的人口条件[②]，体现在以下九个方面。

　　第一，从人口总量（人口总量大是当前中国实现现代化的人力资源禀赋，未来过小不利）条件看，如果 2020～2100 年保持期初 2020 年生育政策不变，导致期内总和生育率保持期初水平不变，中国于 2022 年下半年开始出现人口负增长，人口总量将从 2022 年的 14.3 亿人，持续快速减少到 2050 年的 12.8 亿人，到 2100 年为 6.3 亿人。2023 年，中国的人口总量将历史性地被印度超越，届时中国将不再是世界第一人口大国。

　　第二，从人口老龄化（一般来说老龄化程度越低越有利）条件看，如果 2020～2100 年保持期初 2020 年生育政策不变，导致期内总和生育率保持期初水平不变，中国的人口老龄化程度（人口中 60 岁及以上人口的比重）将从 2020 年的 17.8%，超常规持续急剧上升至 2050 年的

---

① 本节数据均来自 United Nations（2022）。

② 假如 2020～2100 年保持期初 2020 年生育政策不变，随着现代化，期内生育率其实很可能低于期初水平，中国的现代化将面临的不利人口条件，很可能比本章以下预测的更为不利。由此，2020 年开始通过优化生育政策优化现代化人口条件，实际上更为必要。

39.8%和2100年的55.3%。这不仅在中国人口史上前所未有，也极大地高于同期中国以外发展中国家的平均水平（2050年为16.6%，2100年为27.0%），甚至也将显著高于发达国家的平均水平（2050年为34.3%，2100年为38.2%），尤其是在·21世纪下半叶。发达国家是老龄化先驱，其应对老龄化的物质基础和经济实力（如人均GDP），在可见的将来将长期优于中国。因此，如果保持2020年生育政策不变，中国人口老龄化程度之高将前所未有，且显著高于发达国家平均水平，这意味着中国的现代化将面临人口过快过度老龄化这一难以承受之重，尤其是在21世纪下半叶。

第三，从老年抚养比（一般来说越低越有利）条件看，如果2020～2100年保持期初2020年生育政策不变，导致期内总和生育率保持期初水平不变，中国的老年抚养比（60岁及以上人口数量与15～59岁人口数量之比值×100%）将从2020年的27.8%，超常规持续大幅攀升至2050年的79.1%和2100年的145.7%，远远高于中国以外发展中国家的平均水平（2050年为27.7%，2100年为48.8%），甚至也将显著高于发达国家的平均水平（2050年为66.6%，2100年为78.8%），尤其是在21世纪下半叶。

第四，从高龄老人抚养比（一般来说越低越有利）条件看，如果2020～2100年保持期初2020年生育政策不变，导致期内总和生育率保持期初水平不变，中国的高龄老人抚养比（80岁及以上人口数量与15～59岁人口数量之比值×100%）将从2020年的3.5%，超常规持续大幅攀升至2050年的21.0%和2100年的73.8%，远远高于中国以外发展中国家的平均水平（2050年为4.4%，2100年为13.0%），从2050年起将高于发达国家的平均水平（2100年为32.1%）。

第五，从总抚养比（一般来说越低越有利）条件看，如果2020～2100年保持期初2020年生育政策不变，导致期内总和生育率保持期初水平不变，中国的总抚养比（0～14岁和60岁及以上人口数量之和与15～59岁人口数量之比值×100%）将从2020年的55.9%，持续大幅攀升至2050年的98.7%和2100年的163.4%，远远高于中国以外发展中国家的平均水平（2050年为67.2%，2100年为80.4%），甚至也将高于发达国家的平均水平（2050年为94.1%，2100年为106.2%），尤其是在21世纪下半叶。

第六，从劳动年龄人口数量（劳动力短缺时期越多越有利）条件看，如果 2020～2100 年保持期初 2020 年生育政策不变，导致期内总和生育率保持期初水平不变，中国 15～59 岁劳动年龄人口数量将从 2020 年的 9.1 亿人，持续快速地减少到 2050 年的 6.4 亿人和 21 世纪末的 2.4 亿人。

第七，从人口中劳动年龄人口的比重（一般来说越高越有利）条件看，如果 2020～2100 年保持期初 2020 年生育政策不变，导致期内总和生育率保持期初水平不变，中国该指标（人口中 15～59 岁人口比重）将从 2020 年的 64.1%，持续降低为 2050 年的 50.3% 和 2100 年的 38.0%，低于中国以外发展中国家的平均水平（2050 年为 59.8%，2100 年为 55.4%），甚至也将低于发达国家的平均水平（2050 年为 51.5%，2100 年为 48.5%）。

第八，从青壮年人口数量（一般来说越多越有利）条件看，如果 2020～2100 年保持期初 2020 年生育政策不变，导致期内总和生育率保持期初水平不变，中国 20～49 岁青壮年人口数量将从 2020 年的 6.2 亿人，持续快速地减少到 2050 年的 4.3 亿人和 21 世纪末的 1.5 亿人。

第九，从人口负增长速度（一般来说人口负增长过快不利）条件看，如果 2020～2100 年保持期初 2020 年生育政策不变，导致期内总和生育率保持期初水平不变，中国将于 2022 年年末前后开始出现速度超常规的人口负增长，人口总量将从 2022 年的 14.3 亿人（峰值），快速减少到 2050 年的 12.9 亿人，到 21 世纪末将仅有 6.4 亿人。中国人口负增长不仅比发达国家总体（2035 年开始出现）出现早，而且中国人口负增长的速度之快（2023～2100 年人口年平均减少 1.04%），将是发达国家总体人口负增长速度的 6.5 倍（2035～2100 年人口年平均减少 0.16%）。

综合上述分析，如果 2020～2100 年不优化生育政策，中国现代化的十个人口条件中将有（上述）九个人口条件变得极其不利，仅少年儿童抚养比除外（下文将讨论）。通过优化生育政策优化中国现代化的人口条件，利远大于弊，极其必要，势在必行。

上述分析还表明，2021 年启动实施"三孩生育政策"以优化生育政策，影响深远，十分必要，具有积极重大的战略意义。

第四节　现代化人口条件的可能优化区间评估①

通过优化生育政策可以在多大程度上优化现代化的人口条件？本节测度 2020～2060 年中国现代化人口条件的可能优化区间。

一　人口总量的可能优化区间

适度的人口数量是中国实现现代化的重要人口条件。图 11－1 显示了 2020～2100 年以不同力度优化生育政策时中国人口总量的变化。

按照上文提出的方法，由图 11－1 可知，2020～2060 年，通过优化生育政策，各年人口总量在"生育政策不变（期内生育政策保持期初2020 年政策不变，意即期内不优化生育政策，下同）曲线"与"高力度优化生育政策曲线"（以下简称"高力度曲线"）之间的区域。这个区域就是期内各年人口总量的可能优化区间。例如，通过优化生育政策，2030 年人口总量可能在 14.1 亿～14.4 亿人，2040 年可能在 13.6 亿～14.4 亿人，2050 年可能在 12.8 亿～14.1 亿人，2060 年可能在 11.5 亿～13.5 亿人。

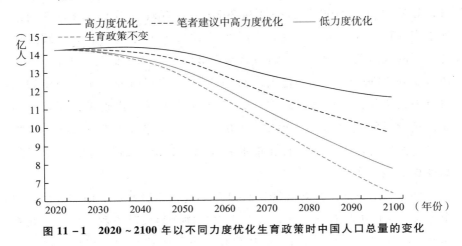

图 11－1　2020～2100 年以不同力度优化生育政策时中国人口总量的变化

---

① 本节数据均来自 United Nations（2022）。

二　人口老龄化程度的可能优化区间

人口老龄化是中国实现现代化面临的最大人口挑战之一。从实施"单独二孩"生育政策，到实施"全面二孩"生育政策，再到实施"三孩生育政策"，积极应对人口老龄化都是放宽生育政策的最主要动因之一。

模拟结果表明，优化生育政策有可能在一定程度上有效降低 2035 ~ 2060 年人口老龄化程度，把各年老龄化程度（人口中 60 岁及以上老年人口的比重，下同）控制在图 11 - 2 中的"生育政策不变曲线"和"高力度曲线"之间的区域。这个区域就是期内各年老龄化程度的可能优化区间。例如，通过优化生育政策，人口中 60 岁及以上老年人口的比重，2030 年可能控制在 25.8% ~ 26.3%，2040 年可能控制在 31.1% ~ 32.8%，2050 年可能控制在 36.1% ~ 39.8%，2060 年可能控制在 37.4% ~ 43.8%。

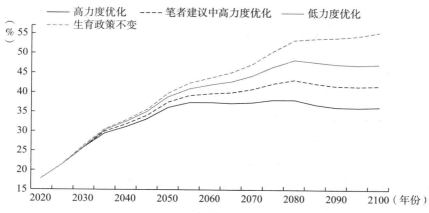

图 11 - 2　2020 ~ 2100 年以不同力度优化生育政策时中国人口中
60 岁及以上老年人口的比重的变化

三　老年抚养比的可能优化区间

老龄化阻碍现代化的主要原因之一是，老龄化导致老年抚养比大幅度攀升，使个人、家庭、社区、社会保障体系和公共财政体系面临向老年人提供经济赡养、生活照料、社会保障、医疗服务等的巨大压力。降低（优化）老年抚养比是优化现代化人口条件的重点之一。

通过优化生育政策，有可能把老年抚养比（以 15～59 岁为劳动年龄，下同）降低（优化）到如下区间：2040 年在 56.8%～57.4%，2050年在 73.5%～79.1%，2060 年在 77.4%～91.4%（见图 11-3）。

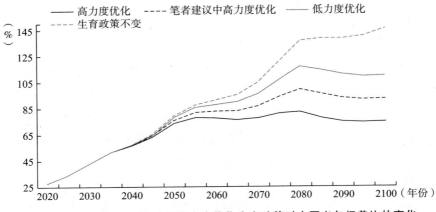

图 11-3　2020～2100 年以不同力度优化生育政策时中国老年抚养比的变化

四　高龄老人抚养比的可能优化区间

未来中国将快步走向长寿社会。据联合国 2022 年中方案预测，中国80 岁及以上高龄老人的数量，将从 2020 年的 0.32 亿人，连年持续大幅增加到 2050 年的 1.35 亿人，2060 年更将增加到 1.52 亿人（United Nations，2022）。中国从来没有这么多高龄老人，而且其增长又非常快。高龄老人增长快、数量多是现代化的成就，同时也使高龄老人抚养比急剧提高，构成未来现代化将面临的严峻的人口挑战。

通过优化生育政策，不可能降低 2020～2035 年的高龄老人抚养比（指 80 岁及以上高龄老人数量与 15～59 岁劳动年龄人口数量之比值，下同），但可能小幅降低 2040～2060 年的高龄老人抚养比。具体来说，通过优化生育政策，有可能把高龄老人抚养比降低（优化）到如下区间：2040年在 10.7%～10.8%，2050 年在 19.5%～21.0%，2060 年在 23.3%～27.5%（见图 11-4）。

五　总抚养比的可能优化/劣化区间

优化生育政策并不一定能降低（优化）总抚养比，相反，将在一定

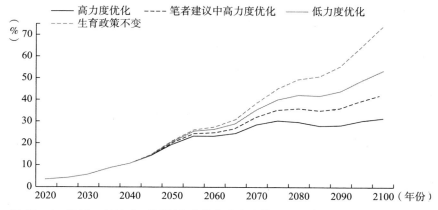

图 11 - 4　2020～2100 年以不同力度优化生育政策时中国高龄老人抚养比的变化

时期内以较低强度导致总抚养比提高（见图 11 - 5）。原因在于，优化生育政策以提高生育率意味着出生人口增加，导致少年儿童抚养比提高，进而导致总抚养比提高。

量化这种"政策反效果"发现，2020～2055 年，优化生育政策将导致总抚养比（以 15～59 岁为劳动年龄，下同）轻微提高。例如，优化生育政策导致总抚养比达到的可能范围，2030 年在 64.2%～67.2%，2040 年在 75.1%～82.4%，2050 年在 98.7%～103.5%，2055 年在 106.5%～108.3%。相反，到 2060 年，优化生育政策将使总抚养比略有下降，在 106.7%～108.8%（见图 11 - 5）。

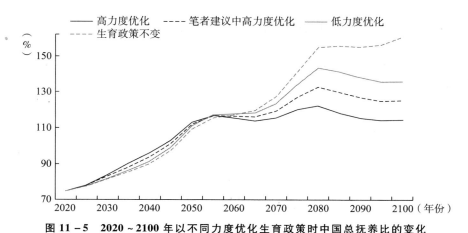

图 11 - 5　2020～2100 年以不同力度优化生育政策时中国总抚养比的变化

六　少年儿童抚养比的可能劣化区间

2020～2060 年，优化生育政策将导致 0～14 岁少年儿童抚养比波动上升，这种"政策反效果"不仅强而且持久。优化生育政策推高少年儿童抚养比（以 15～59 岁为劳动年龄，下同）所能达到的可能范围，在图 11－6 中表现为"生育政策不变曲线"和"高力度曲线"之间的区域。例如，优化生育政策可能会使 2030 年少年儿童抚养比被推高到 21.1%～24.1%，2040 年达到 17.7%～25.7%，2050 年达到 19.6%～30.0%，2060 年达到 17.5%～29.3%（见图 11－6）。

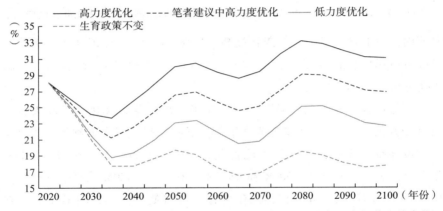

图 11－6　2020～2100 年以不同力度优化生育政策时中国少年儿童抚养比的变化

七　劳动年龄人口数量的可能优化区间

中国现代化面临的另一个重大人口挑战是劳动年龄人口迅速减少。优化生育政策可以从 2035 年起，在一定程度上减缓劳动年龄人口（15～59 岁的人口，下同）的减少。通过优化生育政策优化劳动年龄人口数量的可能范围，在图 11－7 中表现为"生育政策不变曲线"和"高力度曲线"之间的区域。例如，通过优化生育政策，劳动年龄人口 2040 年有可能达到 7.8 亿～7.9 亿人，2050 年有可能达到 6.4 亿～6.9 亿人，2060 年有可能达到 5.5 亿～6.5 亿人。

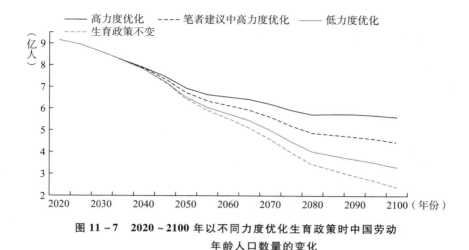

图 11 - 7　2020～2100 年以不同力度优化生育政策时中国劳动
年龄人口数量的变化

八　劳动年龄人口比重的可能优化/劣化区间

人口中劳动年龄人口的比重，是反映数量型人口红利的主要指标之一，一般来说越高越有利。图 11 - 8 直观反映了中国 2020～2100 年以不同力度优化生育政策时，人口中劳动年龄人口比重的变化。对其进行分析发现，2020～2055 年，优化生育政策将不能优化人口中劳动年龄人口的比重，相反，将会使这一指标轻微变差。变差的可能强度，体现为图 11 - 8 中 2020～2055 年"生育政策不变曲线"和"高力度曲线"之间的狭窄区域。例如，根据优化政策力度的不同，人口中劳动年龄人口的比重在 2030 年有可能降低到 59.8% ～60.9%，在 2040 年有可能降低到 54.8% ～57.1%，在 2055 年有可能降低到 48.0% ～48.4%。到 2060 年，优化生育政策可以轻微提升人口中劳动年龄人口的比重，使其达到 47.9% ～48.4%。

九　青壮年人口数量的可能优化区间

如果说 15～59 岁劳动年龄人口是现代化建设的主力军，那么 20～49 岁青壮年人口则是现代化建设主力军中的中坚力量。优化生育政策，增加出生人口，可以增加未来 20～49 岁青壮年人口。增加未来青壮年人口的数量，是通过优化生育政策优化现代化人口条件的重中之重。

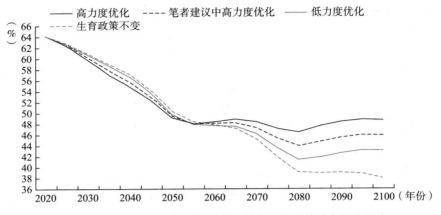

图 11 - 8　2020 ~ 2100 年以不同力度优化生育政策时中国人口中
劳动年龄人口的比重

　　图 11 - 9 显示了中国 2020 ~ 2100 年以不同力度优化生育政策时青壮年人口（20 ~ 49 岁人口，下同）数量的变化。解析该图发现，优化生育政策可能将从 2040 年起，在较大程度上减缓青壮年人口数量的减少，时间越往后效果越好。通过优化生育政策，青壮年人口数量可能增加到的范围，表现为图 11 - 9 中"生育政策不变曲线"和"高力度曲线"之间的区域。例如，通过优化生育政策，2045 年青壮年人口数量有可能增加到 4.6 亿 ~ 4.7 亿人，2050 年达到 4.3 亿 ~ 4.5 亿人，2060 年达到 3.5 亿 ~ 4.3 亿人。

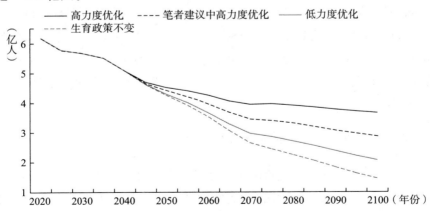

图 11 - 9　2020 ~ 2100 年以不同力度优化生育政策时中国
青壮年人口数量的变化

十　人口负增长速度的可能优化区间

根据联合国的中方案预测（United Nations，2022），从 2022 年下半年开始，中国人口将长期负增长，人口总量将从 2022 年的 14.3 亿人快速减少到 2050 年的 13.1 亿人，到 21 世纪末将仅有 7.7 亿人。

对中国现代化而言，人口负增长不利于保持人口总量巨大的人力资源禀赋，特别是人口负增长过快不利于经济社会发展与人口长期负增长相适应，从而对现代化产生负面影响。

中国人口负增长具有两个特点。一是出现早。一般认为，发达国家是现代人口负增长的先行者。把所有发达国家作为一个总体，其人口负增长将从 2035 年开始。中国出现人口负增长比发达国家总体早 13 年。二是速度快。据联合国中方案预测，在人口负增长的最初 30 年，中国人口负增长的速度（2022～2052 年人口年平均减少 0.32%）是发达国家平均速度（2035～2065 年人口年平均减少 0.15%）的 2.2 倍（United Nations，2022）。

生育政策人口模拟发现，如果维持现行生育政策不变，中国人口开始负增长的时间是 2022 年，人口负增长的初始速度（指人口负增长最初 30 年人口减少的年平均速度，下同）是人口年平均减少 0.42%；如果以高力度优化生育政策，人口开始负增长的时间将推迟到 2036 年，人口负增长的初始速度较低，人口年平均减少 0.32%。

也就是说，优化生育政策可以显著推迟人口负增长的出现（最多可推迟 14 年），并把其最初 30 年的速度控制在人口年平均减少 0.32%～0.42%。

第五节　优化生育政策的力度选择

一　力度选择：必须考虑的约束因素

以上研究表明，从优化现代化人口条件的角度看，优化生育政策的利远大于弊。然而，以上研究同时也表明了以下几点。第一，优化生育政策并不能优化所有人口条件，某些人口条件不但不能被优化，甚至还会变差（劣化）。第二，优化生育政策的力度并不是越大越好。力度过小，则优化生育政策的正面价值和积极意义过小；力度过大，则优化生育政策的负面作用和消极意义过大。第三，优化生育政策是有代价的。积极支持生育，乃至大力鼓励奖励生育需要投入大量的经济社会资源。优化生育政策的力度越大，投入也越大。选择优化生育政策的力度，必须考虑到政策的投入产出比。第四，生育率的提升是有限度的，优化生育政策不仅要考虑提升生育率的必要性，还要考虑可行性。

二　折中方案：以中高力度优化生育政策

综合上述分析，采用低力度方案和高力度方案之间的折中方案，即以中高力度优化生育政策，不失为必要且可行的合理选择。具体政策建议见本章小结。

中高力度优化生育政策方案（笔者建议方案）下 2020～2100 年的总和生育率，是低力度优化生育政策方案（联合国的生育率中方案）和高力度优化生育政策方案（联合国的生育率高方案）的折中值（见表 11 － 1）。

现代化是最好的避孕药。随着快速现代化，中国的生育率已经降得很低（据联合国 2022 年估计，中国 2021 年的总和生育率为 1.16），并仍将面临日益强大的生育率下行压力。要把总和生育率提高到上述笔者建议方案要求的水平，难度很大，但经过积极大力的努力，并非没有可能实现。根据概率人口预测，联合国人口司估计 2020～2060 年中国总和生育率的平均值，有 80% 的概率低于 1.59，有 95% 的概率低于 1.72（United Nations，2022），而本章笔者建议方案对应的总和生育率平均值为 1.56。

第六节　优化生育政策的人口效益预测

一　优化生育政策的中短期（2020～2060 年）人口效益

以中高力度优化生育政策（使总和生育率提高到前述笔者建议方案的水平，下同），将使 2020～2060 年中国现代化的一系列人口条件略为改善。① 其中，人口总量将得以保持在 12.8 亿～14.3 亿人，从而避免出现生育政策不变（指保持期初 2020 年政策不变，下同）导致的人口规模过低（期内最低值低至 11.5 亿人）；人口老龄化程度（人口中 60 岁及以上老年人口的比重）的峰值，从生育政策不变的 43.8%，优化降低为 39.7%；老年抚养比（60 岁及以上人口与 15～59 岁人口之比值 × 100%）的峰值，从生育政策不变的 91.4%，优化降低为 82.6%；高龄老人抚养比（80 岁及以上人口与 15～59 岁人口之比值 × 100%）的峰值，从生育政策不变的 27.5%，优化降低为 24.9%；15～59 岁劳动年龄人口数量的最低值，从生育政策不变的 5.5 亿人，优化增加为 6.1 亿人；20～49 岁青壮年人口数量的最低值，从生育政策不变的 3.5 亿人，优化增加为 4.0 亿人。

由于采取了折中策略，以中高力度优化生育政策，在优化上述人口条件的同时，也在一定程度上减缓了优化生育政策造成的另外一些人口条件的劣化（变差）。这些人口条件包括总抚养比、少年儿童抚养比和人口中劳动年龄人口的比重。

二　优化生育政策的长期（2020～2100 年）人口效益

优化生育政策的人口效益具有战略性和长远性。优化生育政策的人口效益，往往要数十年甚至上百年才能完全展现。因此，考察优化生育政策的人口效益，不仅要考察其中的中短期人口效益（本章以上考察的 2020～2060 年的效益），还必须考察长期人口效益（本章以下着重考察其中 2060～2100 年的效益）。

第一，考察以中高力度优化生育政策对于优化人口总量的长期效益。从 2020 年起以中高力度优化生育政策，一方面，可以在 2020～2100 年将人口总量保持在 9.6 亿人以上，避免不优化生育政策而导致 21 世纪末人口总量低至 6.3 亿人。另一方面，可以在 2060～2100 年避免人口总量的过快负增长（相对于生育政策不变方案）（见图 11-1）。

---

① 下文中以笔者建议的中高力度优化生育政策的人口学效果，不是用建议的总和生育率（低力度和高力度优化生育政策时总和生育率的算术平均值，见表 11-1）进行该优化力度下人口模拟的结果，而是用低力度和高力度优化生育政策人口模拟结果的算术平均值替代。有理由推断两者近似。

根据本章设定的人口条件优化效果、劣化效果显著性判定标准（见本章第二节），以中高力度优化生育政策带来的人口总量的优化（增加）效果在 2020～2045 年不显著（优化率绝对值不高于 3.9%），2045～2055 年显著（优化率绝对值在 5.4%～7.3%），2055～2070 年很显著（优化率绝对值在 9.5%～14.9%），2070～2100 年极显著（优化率绝对值高达 18.5%～48.1%）（见表 11－2）。

第二，考察以中高力度优化生育政策对于优化（降低）人口老龄化程度的长期效益。通过对图 11－2 做直观分析和对表 11－2 做优化率分析发现，和生育政策不变相比，如果 2020 年起以中高力度优化生育政策，可以在 2020～2100 年缓解人口老龄化，人口老龄化程度的优化（降低）效果，在 2020～2045 年不显著（优化率绝对值不高于 3.7%），2045～2055 年显著（优化率绝对值在 5.1%～6.7%），2055～2075 年很显著（优化率绝对值在 8.4%～14.9%），2075～2100 年极显著（优化率绝对值在 17.6%～24.2%）。

尤其重要的是，2020 年起以笔者建议的中高力度优化生育政策，将使人口老龄化在 2055～2080 年放缓，老龄化程度在 2080～2100 年由升转降、趋于稳定，构成届时继续推进现代化[①]的有利人口条件（见图 11－2）。

第三，考察以中高力度优化生育政策对于优化（降低）老年抚养比的长期效益。和生育政策不变相比，2020 年开始以中高力度优化生育政策对老年抚养比的优化（降低）效果，在 2020～2050 年不显著（优化率绝对值不高于 3.1%），2050～2055 年显著（优化率绝对值为 5.4%），2055～2070 年很显著（优化率绝对值在 8.1%～15.2%），2070～2100 年极显著（优化率绝对值高达 19.6%～35.8%）（见图 11－3、表 11－2）。

重要的是，和生育政策不变方案相比，2020 年开始以中高力度优化生育政策，将使老年抚养比在 2055～2070 年很显著优化（降低），在 2070～2100 年极显著优化（降低），构成彼时继续推进现代化的又一有利人口条件。

---

① 根据现代化理论，人类第一次现代化，指 18 世纪起由工业革命催生的、从传统的农业社会向现代的工业社会转变的历史过程。人类第二次现代化，指 20 世纪起由科技革命催生的、从工业社会向知识社会转变的历史过程。各国在实现第一次现代化之后，将继续现代化，以实现第二次现代化。

表11-2　2020~2100年以中高力度优化生育政策时中国现代化人口条件的优化率/劣化率及优化/劣化效果

单位：%

人口条件	2020~2025年	2025~2030年	2030~2035年	2035~2040年	2040~2045年	2045~2050年	2050~2055年	2055~2060年	2060~2065年	2065~2070年	2070~2075年	2075~2080年	2080~2085年	2085~2090年	2090~2095年	2095~2100年
人口总量	0.1	0.7	1.6	2.6	3.9	5.4	7.3	9.5	11.9	14.9	18.5	22.8	27.9	33.8	40.4	48.1
人口老龄化程度	-0.2	-0.7	-1.5	-2.5	-3.7	-5.1	-6.7	-8.4	-10.3	-12.5	-14.9	-17.6	-20.2	-22.1	-23.2	-24.2
老年抚养比	0	0	0	-0.3	-1.3	-3.1	-5.4	-8.1	-11.3	-15.2	-19.6	-24.7	-29.0	-31.8	-33.8	-35.8
高龄老人抚养比	0	0	0	-0.3	-1.3	-3.1	-5.4	-8.1	-11.3	-15.2	-19.6	-24.7	-29.3	-33.1	-36.7	-40.5
总抚养比	0.4	1.8	3.9	5.5	5.6	4.4	2.8	0.7	-2.2	-6.0	-10.3	-15.2	-19.2	-21.7	-23.8	-26.1
少年儿童抚养比	1.0	5.3	14.1	23.6	29.2	33.1	38.1	43.9	47.9	49.2	49.3	49.4	51.1	54.1	55.1	53.5
劳动年龄人口数量	0	0	0	0.3	1.4	3.3	5.9	9.2	13.4	19.0	26.5	36.3	46.7	56.4	66.8	79.4
人口中劳动年龄人口比重	-0.2	-0.7	-1.5	-2.2	-2.4	-2.0	-1.4	-0.3	1.2	3.4	6.4	10.3	13.7	15.7	17.5	19.6
青壮年人口数量	0	0	0	0	0.5	2.3	5.4	9.8	16.0	25.2	35.4	44.0	52.3	62.3	75.2	89.8
人口负增长速度		-94.0	-68.2	-55.9	-51.1	-46.6	-40.4	-36.5	-37.9	-42.6	-47.6	-51.0	-53.1	-55.7	-59.5	-63.6

注：表中▨部分数据为不显著（优化率/劣化率绝对值小于4%）；▨部分数据为显著（优化率/劣化率绝对值大于等于4%小于8%）；▨部分数据为极显著（优化率/劣化率绝对值大于等于16%）；▨部分数据为很显著（优化率/劣化率绝对值大于等于8%小于16%）；▨部分数据

资料来源：笔者据 United Nations (2022) 数据计算。人口条件指标的定义、优化率/劣化率的定义和计算方式参见前文。

第四，考察通过优化生育政策，优化（降低）高龄老人抚养比的长期效益。生育政策不变，从现在起到 21 世纪末高龄老人抚养比将持续急剧攀升。而以中高力度优化生育政策，则可以改变这一不利趋势，优化未来的这个指标。优化效果在 2020～2050 年不显著（优化率绝对值不高于 3.1%），2050～2055 年显著（优化率绝对值为 5.4%），2055～2070 年很显著（优化率绝对值在 8.1%～15.2%），2070～2100 年极显著（优化率绝对值高达 19.6%～40.5%）（见图 11-4、表 11-2）。

第五，考察以中高力度优化生育政策对于优化（降低）总抚养比的长期效益。图 11-5 和表 11-2 的数据表明，以中高力度优化生育政策，会使总抚养比在 2020～2060 年略为劣化（升高），在 2060～2100 年优化（降低）。优化的效果在 2060～2065 年不显著（优化率绝对值仅为 2.2%），2065～2070 年显著（优化率绝对值为 6.0%），2070～2080 年很显著（优化率绝对值 10.3%～15.2%），2080～2100 年极显著（优化率绝对值为 19.2%～26.1%）。

第六，考察以中高力度优化生育政策对于推动少年儿童抚养比劣化（上升）的长期效果。图 11-6 和表 11-2 的数据表明，相对于生育政策不变，以中高力度优化生育政策将导致 2020～2100 年少年儿童抚养比劣化（升高），劣化的效果于 2025～2030 年开始显著（劣化率绝对值为 5.3%），2030～2035 年很显著（劣化率绝对值为 14.1%），2035～2100 年极显著（劣化率绝对值在 23.6%～55.1%）。

第七，考察以中高力度优化生育政策对于缓解未来劳动年龄人口数量急剧减少问题的长期效果。通过分析图 11-7 和表 11-2 的数据发现，和生育政策不变相比，如果 2020 年开始以中高力度优化生育政策，未来 15～59 岁劳动年龄人口数量的优化（增加），在 2020～2050 年并不显著（优化率绝对值不高于 3.3%），2050～2055 年显著（优化率绝对值为 5.9%），2055～2065 年很显著（优化率绝对值在 9.2%～13.4%），2065～2100 年极显著（优化率绝对值高达 19.0%～79.4%）。

重要的是，2020 年起以中高力度优化生育政策，劳动年龄人口数量急剧减少的趋势在 2065～2100 年将得到明显弱化，大大有利于彼时中国的继续现代化。

第八，考察以中高力度优化生育政策对于缓解未来人口中劳动年龄人口比重急剧下降问题的长期效果。通过分析图 11 – 8 和表 11 – 2 的数据发现，如果 2020 年起生育政策一直不变，该指标在 2020～2080 年将出现"断崖式"急剧下降。如果 2020 年起以中高力度优化生育政策，该指标在 2020～2060 年将轻微劣化（下降），继而有望从 2060 年起优化（升高），直至 2100 年。这种优化效果在 2060～2070 年不显著（优化率绝对值不高于 3.4%），在 2070～2075 年显著（优化率绝对值为 6.4%），在 2075～2090 年很显著（优化率绝对值在 10.3%～15.7%），在 2090～2100 年极显著（优化率绝对值在 17.5%～19.6%）。

这表明，以中高力度优化生育政策，可以从 2060 年起到 21 世纪末，使人口中劳动年龄人口比重的"断崖式"急剧下降趋势被有效弱化，构成届时继续推进更高水平现代化的又一相对有利人口条件。

第九，考察以中高力度优化生育政策对于缓解未来青壮年人口数量急剧减少问题的长期效果。通过分析图 11 – 9 和表 11 – 2 的数据发现，如果 2020 年起生育政策不变，青壮年人口数量在 2020～2100 年将持续急剧减少。如果 2020 年起以中高力度优化生育政策，有望从 2040 年起弱化这一不利趋势。该人口条件的优化效果在 2050 年前不显著（优化率绝对值不高于 2.3%），在 2050～2055 年显著（优化率绝对值为 5.4%），在 2055～2065 年很显著（优化率绝对值在 9.8%～16.0%），在 2065～2100 年极显著（优化率绝对值在 25.2%～89.8%）。

通过优化生育政策优化该人口指标，将带来 21 世纪下半叶继续推进更高水平现代化的又一相对有利人口条件。

第十，考察以中高力度优化生育政策对于缓解未来人口过快负增长问题的长期效果。2020 年开始以中高力度优化生育政策，可以从 2025 年起直至 2100 年，极大地减缓人口负增长，优化效果极为显著，优化率绝对值高达 36.5%～94.0%（见表 11 – 2）。

小　结

一　结论

本章通过研究，回答了关于通过优化生育政策提高生育率，进而优化中国现代化人口条件的若干重要问题。

第一，对中国而言，2020 年起到 21 世纪末，通过优化生育政策，哪些现代化的人口条件可以优化，哪些会变差？本章的研究发现，通过在 2020～2100 年优化生育政策，可以使人口总量、人口老龄化程度、老年抚养比、高龄老人抚养比、劳动年龄人口数量、青壮年人口数量、人口负增长速度等七个现代化的人口条件在 2020～2100 年变优；会使少年儿童抚养比这个现代化的人口条件在 2020～2100 年变差；会使总抚养比和人口中劳动年龄人口比重在前期（2020～2060 年）变差，在后期（2060～2100 年）变优。

第二，通过优化生育政策可能在多大程度上优化现代化的人口条件？本章定量测度出 2020～2060 年，通过优化生育政策优化/劣化十个现代化人口条件的可能区间。

第三，应当如何选择优化生育政策的力度？本章研究的结论是，应当在 2020～2100 年以中高力度优化生育政策。

第四，优化生育政策的人口学预后（人口效益）将会怎样？本章定量预测出了如果 2020～2100 年按笔者建议的中高力度优化生育政策，期内中国现代化十个人口条件的优化率/劣化率及优化/劣化效果显著性。研究结论是，2020～2100 年以中高力度优化生育政策，首先，可以优化人口总量、老龄化程度、老年抚养比、高龄老人抚养比、劳动年龄人口数量、青壮年人口数量等六个现代化的人口条件，效果在 2020～2055 年不显著或轻微显著，在 2055～2100 年则很显著或极显著；其次，会使少年儿童抚养比这个现代化的人口条件变差，从 2035 年起直至 21 世纪末，效果都极显著；再次，会使总抚养比和人口中劳动年龄人口比重这两个现代化的人口条件，在前期（2020～2060 年）变差，效果不显著或轻微显著，在后期（2060～2100 年）变优，效果逐步变得显著直至极显著；最后，可以极大地降低人口负增长速度，效果极显著（详见表 11－2 和本章各图）。

第五，有必要通过优化生育政策提高生育率吗？研究结论是，极其必要，势在必行。本章通过生育政策人口模拟发现，一方面，假如 2020 年起到 21 世纪末保持 2020 年生育政策不变，中国的现代化将面临前所未有、极其不利的人口条件。另一方面，如上所述，从 2020 年开始到 21

世纪末以中高力度优化生育政策，可以优化除少年儿童抚养比以外的所有现代化人口条件，虽大多数条件短期优化效果不显著，但长期效果十分显著。

二　建议

基于本章的研究，建议在 2020～2100 年以中高力度优化生育政策。2021 年开始实施的"三孩生育政策"是在 2020～2100 年以中高力度优化生育政策的良好开局，具有积极重大深远的战略意义。建议以此为基础，从 2020 年起到 21 世纪末，逐步大力提倡、支持和鼓励乃至奖励按"三孩生育政策"生育，全面建设生育友好型社会；逐步做到对一对夫妇生育一个孩子给予支持，对一对夫妇生育两个孩子给予支持和鼓励，对一对夫妇生育三个孩子给予支持、鼓励及奖励。也就是说，在政策范围内，生育孩子越多的家庭，获得国家、社会和社区的帮助就越多；随着国力的增强，逐步加大支持、鼓励和奖励按政策生育的力度；通过上述举措，努力实现总和生育率的战略目标——从期初（2020 年）的 1.18，提高到 2020～2100 年平均为 1.63（详见表 11－1 中的笔者建议方案）。

必须重视的是，上述建议的优化生育数量政策，必须配合优化生育质量政策协同实施，即建议国家大力提倡和支持、鼓励乃至奖励优生优育，大力提高人口素质，以在优化中国实现现代化的重要的人口数量条件的同时，优化中国实现现代化的重要的人口质量条件。

总之，不能因为短期优化效果不显著和对个别指标具有劣化效果，就轻视乃至否认优化生育政策。相反，应当重视优化生育政策十分显著的，具有战略性、重要性、积极性的长期人口效益。在通过优化生育政策提高生育率，进而优化中国现代化的人口条件这个重大战略问题上，应当把握大势、长短兼顾，不能给国家的可持续现代化和中华民族的长远发展，留下极其不利的人口条件。

参考文献

蔡泳，2012，《联合国预测：中国快速走向老龄化》，《国际经济评论》第 1 期。

习近平，2022，《高举中国特色社会主义伟大旗帜　为全面建设社会主义现代化国家而团结奋斗——在中国共产党第二十次全国代表大会上的报告》，新华网，http：//www. news. cn/politics/cpc20/2022 - 10/25/c_1129079429. htm。

中共中央，2019，《关于坚持和完善中国特色社会主义制度　推进国家治理体系和治理能力现代化若干重大问题的决定》，新华网，http：//www. xinhuanet. com/politics/2019 - 11/05/c_1125195786. htm。

中共中央、国务院，2021，《关于优化生育政策促进人口长期均衡发展的决定》，中国政府网，https：//www. gov. cn/gongbao/content/2021/content_5629598. htm。

United Nations. 2022. *World Population Prospects*（*1950 - 2100*），*the 2022 Revision.* https：//population. un. org/wpp/.

第十二章　关于应对中国人口老龄化
严峻挑战的建议[*]

莫　龙　孟祥宁[**]

中国如何应对人口老龄化严峻挑战，关系到中国人民能否实现对美好生活的向往，关系到中国能否在 2050 年前实现既定目标——"全面建成社会主义现代化强国、实现第二个百年奋斗目标，以中国式现代化全面推进中华民族伟大复兴"（习近平，2022）。

第一节　建议研究中国人口老龄化对共同
富裕的影响及对策[①]

一　选题的学术依据和提出背景

（一）学术依据

推进老龄化经济学的中国化，是本选题的主要学术依据之一。人口老龄化首先在发达国家出现，老龄化经济学随之在发达国家创立和发展。随着中国人口老龄化在 20 世纪 70 年代发轫，老龄化经济学被引进到中

[*]　本章提出的三项建议均被采纳或采用。本章第一节是国家社科基金 2023 年度项目选题建议，被国家社科基金采纳。第二节是国家社科基金 2017 年度重大项目选题建议，被国家社科基金采纳，并已立项由北京理工大学团队开展研究。第三节提出的建议，被《光明日报》采用，2016 年 7 月 28 日发表。本章提出的三项建议，收入本章时均做了修改完善。

[**]　莫龙，人口学博士、双博士后，中共广西区委党校（广西行政学院）二级教授，享受国务院政府特殊津贴专家，中国人口学会常务理事，曾为加拿大蒙特利尔大学合作教授；孟祥宁，区域经济学博士，中共广西区委党校（广西行政学院）研究室副教授，咨政报告获省部级领导肯定性批示 4 篇，出版专著 1 部，发表文章 30 余篇，其中在 CSSCI 来源期刊上发表论文 5 篇，作为主要参与人参与 2 项国家级研究项目。

[①]　致谢：周祝平为本节研究做了部分文献检索和评论工作。

国（舒尔茨，2010），对从经济学视角科学认识和应对中国人口老龄化，起到了积极独特的作用。本选题的研究，以"未富先老"和"共同富裕"这两个独特的中国元素作为主轴开展，将原创性地推动中国特色老龄化经济学的学科建设和臻于完善。

创新老龄化经济学的数理统计指数和模型及方法，是本选题的主要学术依据之二。本选题追求老龄化经济学的方法论与计量分析工具的创新和应用。

构建应对人口老龄化协同推进共同富裕化理论，是本选题的主要学术依据之三。本选题将从理论上研究其路径，进而在实践上推进在积极应对中国人口老龄化的同时，协同推进全体人民共同富裕。

（二）提出背景

2021年，国家把积极应对人口老龄化提升为国家战略（中共中央、国务院，2021），习近平总书记在《求是》杂志上发表重要文章《扎实推动共同富裕》（习近平，2021）。这一年，中国实现了第一个百年奋斗目标——在中国全面建成小康社会，开启了向第二个百年奋斗目标——到21世纪中叶把中国建成社会主义现代化强国迈进的新征程。共同富裕是社会主义的本质特征和奋斗目标。没有高质量的共同富裕，就不可能把中国建成社会主义现代化强国。在此背景下，研究如何在人口迅速高度老龄化条件下扎实推动共同富裕，具有重要意义。

中国人口老龄化有一个重要特征，即无论是老龄化的强度还是老龄化形成经济压力的大小，都存在很大的地区差异（莫龙，2009，2011），这给推动共同富裕带来重要负面影响。例如，2020年，在全国31个省、自治区和直辖市中，人口老龄化经济压力最大的是辽宁省［人口老龄化经济压力指数（AECI指数）为9.7］，最小的是北京市（AECI指数为-2.3）。2015年，辽宁省的人均GDP是北京市的61.4%，2020年下降为35.7%。这种人口老龄化经济压力和人均GDP变化的地区间差异，可能对共同富裕产生重要负面影响，可能也存在于国家间和中国的城乡间、省级区域间、东中西部间、民族间、职业间、世代间、家庭间和个人间，亟待系统深入研究厘清。

二 选题的国内外研究状况及选题价值

(一) 国内外研究状况

自从马克思主义诞生以来，共同富裕就是马克思主义的核心要旨之一，对此国内外有长期以来的大量研究。而关于如何在人口老龄化条件下推进共同富裕，迄今则鲜有研究。

共同富裕包括两方面问题。一方面是"富裕"问题，即经济增长问题；另一方面是"共同"问题，即收入分配问题。经济增长并不必然带来公平的收入分配。在包括中国在内的许多国家出现的，恰恰是经济增长伴随贫富差距扩大的重大风险。

国内外学者根据关于人口老龄化对经济增长的影响的认识可分为两大流派：一派相信重要负面影响不可避免，另一派则认为有正面影响。有代表性的是，胡鞍钢等（2012）通过理论模型研究和利用中国1990~2008年省级面板数据进行的实证模型研究，得出了人口老龄化不利于经济增长的结论。都阳和封永刚（2021）的研究表明："人口老龄化速度只有在达到一定阈值时，才会对经济增长产生显著的影响……仅仅由于人口快速老龄化，中国2020~2025年的经济增长速度平均每年将会放缓1.07个百分点"。根据联合国（United Nations，2019）的调查，在所抽查的77个国家中，87%的国家政府对未来20~30年的人口老龄化感到忧虑，更有90%的发达国家政府感到十分忧虑。

关于人口老龄化对收入分配的影响，国内文献较少，目前看到的文献主要关注老龄化对收入不平等的影响。有代表性的是，董志强等（2012）运用1996~2009年省级面板数据，以基尼系数衡量收入不平等，从经验上证实老龄化（老年抚养比上升和少儿抚养比下降）对我国收入不平等有显著的正向影响。董志强（2013）认为老龄化既加剧了收入不平等，又导致劳动收入份额下降。相比之下，国外学者的视野更聚焦于老龄化条件下的代际利益分配问题。

总之，以往国内外的研究，既为我们研究人口老龄化对共同富裕的影响及其对策提供了实证经验、奠定了理论基础，也为我们开展这方面的研究留下了创新的空间。

（二）　选题价值

简言之，本选题的价值在于，服务积极应对人口老龄化的国家战略需要，服务扎实推动全体人民共同富裕的国家战略需要，服务实现现代化的国家战略大局。本选题的价值还在于理论的创新、方法的创新、指标的创新、模型的创新、成果的创新和对策的创新。

三　选题的研究内容、研究目标和逻辑框架

追求和推进共同富裕，是一个长期变化的过程。有鉴于此，本选题提出"共同富裕化"概念，并对其和人口老龄化"两化"一起加以研究。

（一）　研究内容

本选题的研究内容是：1970～2070 年（重点是 1980～2050 年），中国人口老龄化经济压力是否、如何及在多大强度上，导致和扩大全体人民财富的国际差距、城乡差距、省级区域差距、东中西部差距、职业差距、民族差距、家庭差距和个人差距，进而影响全体人民的共同富裕？应当如何破解这一重大战略问题，开辟应对人口老龄化协同推进共同富裕化的中国道路？

（二）　研究目标

本选题的研究目标是：创新性地构建、改进和应用以人口老龄化经济压力指数（莫龙，2009，2011）和人口老龄化经济压力影响共同富裕化仿真动态模型为代表的一系列数理统计指标和数理模型，以及应用他人已有的定量定性分析工具，模拟甄别和深入分析 1970～2070 年（重点是 1980～2050 年）中国人口老龄化对共同富裕化的影响，提供决策咨询和提出资政建议，为推进老龄化经济学中国化和中国式现代化，以及开辟应对人口老龄化协同推进共同富裕化的中国道路，做出原创贡献。

（三）　逻辑框架

本选题研究的总体逻辑框架是，在研究的总题目"人口老龄化对共同富裕的影响及对策研究"之下，分五篇十五章展开研究。

第一篇"目标指标仿真"包括三章。第一章研究"中国第二个百年奋斗目标对共同富裕的追求（1949～2049 年）"；第二章研究"人口老龄化经济压力：指数构建、中外情势及其与共同富裕的关系（1970～2070年）"；第三章研究"人口老龄化影响共同富裕化的仿真动态模拟"。

第二篇"宏观长期影响"包括两章。第四章研究"世界人口老龄化对共同富裕化的影响（1970～2070年）"；第五章研究"中国人口老龄化对共同富裕化的影响（1970～2070年）"。

第三篇"中观长期影响"包括六章。第六章研究"中国城乡人口老龄化对共同富裕化的影响（1970～2070年）"；第七章研究"中国省级区域人口老龄化对共同富裕化的影响（1970～2070年）"；第八章研究"中国东中西部人口老龄化对共同富裕化的影响（1970～2070年）"；第九章研究"中国民族人口老龄化对共同富裕化的影响（1970～2070年）"；第十章研究"中国职业人口老龄化对共同富裕化的影响（1970～2070年）"；第十一章研究"中国世代人口老龄化对共同富裕化的影响（1970～2070年）"。

第四篇"微观长期影响"包括两章。第十二章研究"中国家庭人口老龄化对共同富裕化的影响（1970～2070年）"；第十三章研究"中国个人人口老龄化对共同富裕化的影响（1970～2070年）"。

第五篇"理论对策建议"包括两章。第十四章研究"应对人口老龄化协同推进共同富裕化的理论探索"；第十五章研究"应对人口老龄化协同推进共同富裕化的对策建议"。

以上是本选题的题、篇和章研究的逻辑框架。节、目和点研究的逻辑框架，详见研究大纲。

第二节　建议跨学科研究依靠科技创新
应对中国人口老龄化

人口迅速老龄化是21世纪上半叶我国实现现代化面临的重大挑战，对此进行对策研究具有重大意义。美国著名智库"战略与国际研究中心"（CSIS）的研究报告断言："中国如何应对老龄化挑战，将决定她能否变成一个繁荣和稳定的发达国家"（Jackson & Howe，2004）。2016年5月，中共中央政治局就我国人口老龄化的形势和对策举行集体学习。由此足见老龄化对策研究的重要性。本选题是一项关于中国应对人口老龄化的新的重大对策研究。

一　选题的国内外研究状况及选题价值

（一）国内外研究状况

文献回顾表明，人类经过大量研究提出的应对人口老龄化的对策，可以归结为人口调控和行为调适两类（Henripin & Loriaux，1995）。在人口调控（运用人口政策缓解人口老龄化）方面，以往有两条传统的道路。"第一条道路"主要通过增加外来人口（主要是年轻移民）缓解人口老龄化，"第二条道路"主要通过增加出生人口缓解人口老龄化。中国不可能走"第一条道路"，正在走"第二条道路"（陆续实施"单独二孩政策"、"全面二孩政策"和"三孩生育政策"），但困难重重，提高生育水平难度很大，仅仅靠增加出生人口，不能大幅有效缓解人口老龄化。

文献检索发现，人类正在出现调控人口老龄化的"第三条道路"，即以日本为代表、具有革命性意义的，将"增加机器人口"作为应对老龄化的重要手段与"增加出生人口"并举的道路。机器人口既包括人形机器人，也包括非人形机器人。日本是当今世界人口老龄化程度最高的国家之一，在发展智能机器人应对人口老龄化方面，理论上做了大量研究，实践上走在各国前列。近年来，中国智能机器人的研究、生产和应用发展迅猛，但对此从应对人口老龄化战略高度进行的系统深入的理论研究严重滞后。

（二）选题价值

本选题立足我国国情，借鉴外国经验，研究开辟"中国特色调控人口老龄化第三条道路"。这条道路的政策取向、核心内涵和主要特征是：以"大量增加机器人口"为主，以"尽力增加出生人口"为辅，以"适当增加流入人口（国内）"为助力，以"微量增加外来人口（国际）"为补充，更有效地缓解人口老龄化。

从必要性来说，开辟这条新路，将在中国应对老龄化严峻挑战时为其极大地增加胜算，帮助其迎来更为光明的前景。机器人在老龄社会的广泛应用，可以大大弥补劳动年龄人口减少带来的缺口，大大提高劳动生产率，助推经济社会发展；可以部分替代劳动力为老年人服务（例如，实现"久病床前有孝子，孝子包括机器人"）；可以提高老年人的生活质量。

从可行性来说，中华民族是智慧的民族，科技创新进步非常快，未来机器人的性能之好、应用之广将超乎想象；机器人的成本将越来越低，直至低于人类劳动力的成本；富裕起来的中国将越来越有条件大量研制和广泛使用机器人；2021 年，国家已制定《"十四五"机器人产业发展规划》。

从机器人拓展到整个高新科技，本选题将全面研究如何依靠科技创新进步应对人口老龄化。研究对象除智能机器人（如智能工业机器人、智能农业机器人、智能第三产业机器人、智能老年人医生机器人、智能老年人护士机器人、智能老年人手术机器人、智能老年人服务机器人、智能老年人聊天机器人、智能老年人娱乐机器人、智能老年人学习机器人⋯⋯），还包括人工智能、信息技术、产业高科技、医学医药高科技、基因组技术、自动驾驶、云计算、物联网、"互联网＋"、"智能手机＋"等。

本选题将检验如下猜想：推动发展高新科技能够极大地帮助中国有效应对人口老龄化，体现为高新科技能够在人口老龄化不利条件下，推动经济发展和社会进步，保障和造福日益增多的老年人。后两者正是有效应对人口老龄化的要旨。

本选题的价值体现在以下方面。

重要性。科技创新蕴藏着改善人类生活的巨大正能量，将改变人类应对人口老龄化的方式。例如，机器人不仅已经在国际象棋、围棋和扑克比赛中战胜人类，而且已经可以"代替"人提供各种功能强大的智能化助老服务（如诊断、医疗、手术、护理、康复、家务、娱乐、聊天、学习等）。本选题研究人口老龄化科技对策这一重大问题，事关有效应对人口老龄化，而应对人口老龄化又事关国家发展大局和亿万百姓福祉。

开拓性。文献查新表明，迄今为止，尽管各类基金资助了大量关于中国人口老龄化的研究，但未见本选题的研究。2015 年发布的《国家应对人口老龄化战略研究总报告》，集我国老龄化对策之大成，也仅仅提到"我国依靠科学技术进步应对人口老龄化还面临诸多困难"构成"应对人口老龄化的不利因素"，并未将依靠科技创新进步列为我国积极应对人口老龄化的对策。

原创性。如首次就本主题开展全国性统计调查和预测、建设"大数据"库、构建新的数理统计工具，以及提出开辟"中国特色调控人口老龄化第三条道路"等。

前沿性。研究运用最新高新科技应对老龄化，是国际前沿研究。本选题研究成果预期达到国内领先水平。

此外，本选题的价值还体现在其学术性、应用性、战略性、（学科）交叉性和复杂性上。这些价值从下列研究内容和研究目标中不难看出。

二　选题的研究内容、总体框架、基本思路和研究目标

（一）研究内容和总体框架（研究大纲）

研究主题：依靠科技创新应对人口老龄化跨学科研究

子课题 1 - 高新科技与老龄化：背景研究

分项目 01 - 中国人口老龄化的形势和对策研究

分项目 02 - 科技创新的进展和趋势及其对人口活动的影响研究

分项目 03 - 老龄社会提出的科技问题研究

子课题 2 - 高新科技与老龄化：基础科学问题研究

分项目 04 - 第一次中国应对老龄化"智能机器人口"抽样调查

分项目 05 - 中国老年人对高科技产品和服务的使用度、满意度、需求度抽样调查

分项目 06 - 中国助老智能机器人需求预测（2020～2050 年）——基于"人类人口"和"机器人口"大数据

分项目 07 - 创新科技与应对老龄化"大数据"库建设研究

分项目 08 - 构建"智能机器人应对老龄化'类人'指数"研究［探索构建一组数理统计指数，定量测度智能机器人能够在多大程度上"代替"人类进行与应对人口老龄化有关的劳动（包括体力劳动和脑力劳动）］。

子课题 3 - 高新科技与老龄化：应用科学问题研究

分项目 09 - 增加"智能机器人口"应对人口老龄化研究——开辟"中国特色调控人口老龄化第三条道路"初探

分项目 10 - 又好又快发展老龄高科技产业研究

分项目 11 - "科技扶贫"助力弱势群体养老经济准备研究

分项目 12 - "智慧养老"发展战略研究

分项目 13 - 发展医药高科技与实现健康老龄化研究

分项目 14 - 依靠高科技应对老龄化的必要性和可行性综合研究——各种高科技产品和服务的检视

子课题 4 - 高新科技与老龄化：经验和政策研究

分项目 15 - 日本依靠科技创新应对老龄化的做法和成效及其对中国的启示研究

分项目 16 - 应对人口老龄化与完善科技政策研究

子课题 5 - 高新科技与老龄化：项目研究总报告

分项目 17 - 依靠科技创新应对人口老龄化跨学科研究总报告

总结各子课题的研究成果，以此为基础回答本重大选题的核心问题：科技创新是应对中国人口老龄化的有效办法吗？如何依靠科技创新应对中国人口老龄化？

（二）基本思路

提出问题（子课题 1）→ 研究问题（子课题 2 和 3）→ 解决问题（子课题 4 和 5）。

（三）研究目标

开展全国性调查和预测，建设"大数据"库，为本选题研究提供第一手高质量"大数据"支撑。

构建数理统计工具"智能机器人应对老龄化'类人'指数"，结合运用 AECI 指数，突破方法论难点，形成若干原创核心技术。

出版研究专著《依靠科技创新应对人口老龄化跨学科研究》，全面、系统和深入地研究该前沿领域的重要科学问题和实践问题及其对策，研究成果达到国内领先水平。

发表系列学术论文，报告重要科学发现和原创学术成果，获国内外学界同行认可。

上报内参资政报告，为党中央、国务院的重大决策提供科学依据。

提交国务院文件代拟稿《国家依靠科技创新应对人口老龄化规划（2020—2035 年）》。

第三节　要坚定中国战胜人口老龄化
严峻挑战的信心

有效应对人口老龄化，事关国家发展全局，事关亿万百姓福祉，对于中国实现现代化具有重大战略意义。国内外大量的研究都佐证类似的判断："中国如何应对老龄化挑战，将决定它能否变成一个繁荣和稳定的发达国家"（Jackson & Howe，2004）。

那么，21世纪上半叶，在人口老龄化的不利条件下，中国能否实现既定的目标，全面建成社会主义现代化强国、实现第二个百年奋斗目标，以中国式现代化全面推进中华民族伟大复兴？这无疑是一个亟待研究和回答的重大问题。

信心比黄金更重要，信心源自胸有成竹。本节以下的分析，旨在坚定中国战胜现代化面临的人口老龄化严峻挑战的信心，启发人们提出中国应对现代化面临的人口老龄化严峻挑战的对策方略。

一　挑战严峻

人口老龄化是指人口中老年人口比重增长的现象。人口理论研究和率先出现老龄化的发达国家的经验都表明，人口老龄化对经济社会发展的影响广泛、复杂而深刻，既带来机遇，又对经济社会发展产生重大的负面影响。

人口老龄化已经不可逆转地成为21世纪上半叶中国新的基本国情。应对人口老龄化是世界性难题，中国应对人口老龄化的难度更大。中国人口老龄化挑战的严峻性，源自它的两个"超常规"特征。

中国人口老龄化的成因超常规。一般来说，人口老龄化是现代化发展到一定阶段的必然产物。中国的情况比较特殊。快速深刻的现代化嬗变与长期严格的生育控制叠加，共同导致生育率持续快速下降，从而加快了人口老龄化的形成和发展。

中国人口老龄化的现象超常规。一是老龄化程度之高超常规。根据联合国2022年7月的回测和预测（United Nations，2022），中国人口中60岁及以上老年人口的比重，将从2000年的10.1%上升为2025年的

21.5% 和 2050 年的 38.8%。到 2050 年，中国人口中 60 岁及以上老年人口的比重，将远远高于世界平均水平（22%）。二是老龄化速度之快超常规。让人口中 60 岁及以上老年人口的比重从 12% 倍增为 24%，最早出现老龄化的法国用了 140 年（1872～2012 年），以往老龄化速度最快的日本用了 25 年（1976～2001 年），而中国将只需要 20 年（2008～2028 年）（United Nations，2022）。三是老年人口数量之多超常规。2020～2050 年，仅仅 30 年，中国 60 岁及以上老年人口数量就将从 2.5 亿人增至 5.1 亿人（United Nations，2022）。

二　优势独特

在正视和迎击困难的同时，更应当发现和善用自身的优势。与其他国家相比，中国应对人口老龄化具有以下七个独特、关键的有利条件。

经济长期高速度和高质量发展能够提供应对老龄化的硬实力。中国 1978 年实行改革开放以后 30 余年的经济高速增长，和其后经济的长期向好、高质量发展，是人类经济史上前所未有的，已经并将继续为解决好同期出现的老龄化问题奠定必要的物质基础。中国早在 2010 年就已成为世界第二大经济体，不远的将来将成为世界第一大经济体（按购买力平价计算 2014 年已成为世界第一大经济体）。2021 年中国已全面建成小康社会，未来中国人将更加富裕。

传统孝文化能够提供应对老龄化的软实力。"百善孝为先"，孝文化是中华文明的宝贵遗产。弘扬孝文化，将发扬中华民族敬老爱老养老助老的传统美德，为应对老龄化提供强大精神力量和良好社会风尚以及和谐人文环境。"不孝有三，无后为大。"弘扬孝文化，还有助于适度提高生育水平，有效应对老龄化。

可运用生育政策杠杆调控老龄化压力。除了上述"不孝有三，无后为大"的传统孝文化和生育观，中国人还有"多子多福"的传统生育文化和生育观，有助于提高生育率。在尚未进入生育率完全内生性下降阶段的 21 世纪 10 年代，中国就开始逐步放宽生育控制，逐步建设生育友好型社会，逐步加大支持和鼓励按政策生育的力度。通过这三个"逐步"来提高生育率，将有助于缓解未来的老龄化压力，其长期效果尤其显著。2014 年起实施"单独二孩"生育政策，2016 年起实施"全面二孩"生育政策，2021 年起实施"三孩生育政策"，正是运用生育政策杠杆调控老龄化压力的重大战略举措。

具有应对老龄化的"后发优势"。老龄化首先在发达国家出现和深化，中国破解老龄化这一重大而复杂的人口难题，完全可以立足国情，借鉴发达国家的成功经验，汲取他们的失败教训，少走弯路，后来居上。

科技现代化助力应对老龄化。中华民族是智慧的民族。1949 年新中国成立以来，特别是 1978 年改革开放以来，中国的科技现代化快速取得重大进展。2012～2022 年，中国全社会研发经费支出从 10000 亿元增加到 28000 亿元，居世界第二位，研发人员总量居世界首位。基础研究和原始创新不断加强，一些关键核心技术实现突破，战略性新兴产业发展壮大，在载人航天、探月探火、深海深地探测、超级计算机、卫星导航、量子信息、核电技术、新能源技术、大飞机制造、生物医药等领域取得重大成果，进入创新型国家行列（习近平，2022）。在不远的将来，中国的科技现代化将全面进入世界前列。科技现代化带来的高科技产品（如适老智能手机、智能助老机器人等），能够在老龄社会极大地推动经济发展和社会进步，服务和造福日益增多的老年人，而这正是有效应对老龄化的要旨和应有之义。

可以借力人口、经济和社会的多样性应对老龄化。我国地区间的人口状况和经济社会状况的差异性都十分显著，这为通过国内地区间的人口迁移流动实现"削峰平谷"、减轻老龄化压力提供了更多选择和更大回旋余地。

应对老龄化的行动早、开局好。早在人口老龄化发端之初的 20 世纪 80 年代，中国就已未雨绸缪，开始为应对老龄化做准备。例如，1987 年党的十三大就提出，"要注意人口迅速老龄化的趋向，及时采取正确的对策"；2015 年，《国家应对人口老龄化战略研究总报告》发布；2019 年，《国家积极应对人口老龄化中长期规划》发布实施。21 世纪 10 年代，中国已基本建立起国家、省、市和乡镇（街道）各级老龄工作委员会及其办事机构，初步构建起有中国特色的老龄问题治理体系。

三　短板可补

宏观而言，中国应对老龄化的主要短板在于，老龄化速度之快超常规，导致经济层面的"未富先老"、社会层面的"未备先老"、人口层面的"红利消失"。尽管如此，深入的研究表明，经过努力，这些短板是可以补齐补强的。

"未富先老"可以破解。通过国际比较和定量研究发现，中国是典型的"未富先老"国家，面临很大的人口老龄化经济压力。但是，只要"双管齐下"，即持续提高经济发展水平和适度提高生育率，未来中国的人口老龄化经济压力将可以在一定程度上得到有效缓解，并被控制在可承受范围内，在21世纪上半叶实现从"未富先老"到"边富边老"，再到"虽老已富"的转变。

"未备先老"可以改变。借鉴发达国家的经验教训，得益于不断增强的经济实力，中国可以急起直追，改变"未备先老"的现状，建立健全与老龄社会相适应、符合中国国情的养老保障体系、养老服务体系和养老医疗体系。例如，2016年3月，国家已经将"建设以居家为基础、社区为依托、机构为补充的多层次养老服务体系"和"构建包括职业年金、企业年金和商业保险的多层次养老保险体系，持续扩大覆盖面"纳入国家"十三五"发展规划纲要。2020年，党的十九届五中全会提出"实施积极应对人口老龄化国家战略"，随后一系列配套政策和具体举措被纳入国家"十四五"发展规划纲要。

"人口红利"可以替代。通过放宽生育控制，支持和鼓励按"三孩生育政策"生育，努力实现适度提高生育水平，可以在人口老龄化经济压力达到高峰的2040年前后，增加劳动年龄人口，降低老年抚养比，在一定程度上减轻"数量型人口红利"消失的不利影响；通过渐进式延后退休年龄和提高老年人劳动参与率，可以弥补劳动力供给的不足。更重要的是，通过大力发展教育，未来劳动年龄人口的素质将继续显著提高，"素质型人口红利"将替代"数量型人口红利"，成为中国经济增长新的源泉。

综上所述，经过万众一心、努力奋斗、扬长避短、攻坚克难，中国能够在21世纪上半叶战胜人口老龄化的严峻挑战，走出一条人类成功应对人口老龄化的"中国道路"。

参考文献

董志强，2013，《老龄化背景下中国经济增长及收入分配格局》，《探索与争鸣》第 1 期。

董志强、魏下海、汤灿晴，2012，《人口老龄化是否加剧收入不平等？——基于中国（1996～2009）的实证研究》，《人口研究》第 5 期。

都阳、封永刚，2021，《人口快速老龄化对经济增长的冲击》，《经济研究》第 2 期。

胡鞍钢、刘生龙、马振国，2012，《人口老龄化、人口增长与经济增长——来自中国省际面板数据的实证证据》，《人口研究》第 3 期。

莫龙，2009，《1980～2050 年中国人口老龄化与经济发展协调性定量研究》，《人口研究》第 3 期。

莫龙，2011，《中国的人口老龄化经济压力及其调控》，《人口研究》第 6 期。

舒尔茨，詹姆斯·H.，2010，《老龄化经济学》（第七版），裴晓梅等译，社会科学文献出版社。

习近平，2022，《高举中国特色社会主义伟大旗帜　为全面建设社会主义现代化国家而团结奋斗——在中国共产党第二十次全国代表大会上的报告》，新华网，http://www. news. cn/politics/cpc20/2022 – 10/25/c_1129079429. htm。

习近平，2021，《扎实推动共同富裕》，《求是》第 20 期。

中共中央、国务院，2021，《中华人民共和国国民经济和社会发展第十四个五年规划和 2035 年远景目标纲要》，中国政府网，www. gov. cn/xinwen/2021 – 03/13。

Henripin, J. and M. Loriaux 1995. "Le vieillissement: discours à deuxvoix." *Population* 6.

Jackson, R. and N. Howe. 2004. *The Graying of the Middle Kingdom: The Demographics and Economics of Retirement Policy in China*. Washington: Center for Strategic and International Studies (CSIS) and Prudential Foundation.

United Nations. 2019. *World Population Policies 2019*. Population Division. https://www. un. org/development/desa/pd/data/world-population-policies.

United Nations. 2022. *World Population Prospects* (*1950 – 2100*), *the 2022 Revision. Population Division*. https://population. un. org/wpp/.

第十三章　面向现代化的中国人口发展战略

李建民[*]

中国的现代化经历了一个长期的过程，1949 年中华人民共和国成立以后，尤其是 1978 年改革开放以来，现代化进程不断加速，人民的福祉持续提高。2019 年，人均国内生产总值达到 1 万美元，2021 年，中国全面建成小康社会。在现代化过程中，中国人口发展也取得了巨大进步，完成了人口转变，实现了人口再生产的现代化，城镇化水平达到了60%，人口素质大幅度提高。党的十九大提出，到 21 世纪中叶，中国将建成富强民主文明和谐美丽的社会主义现代化强国。党的二十大提出要以中国式现代化全面推进中华民族伟大复兴。这意味着，2020～2050 年中国人口发展将在一个新的社会经济发展形态中运行。因此，促进人口发展，使之与现代化相适应并成为推动现代化的内生性动力，具有重大战略意义。

第一节　未来现代化进程面临的人口形势和条件

根据党的十九大提出的现代化战略部署，中国未来的现代化进程有两个重要的时间节点。第一个时间节点是 2035 年，在这个节点上中国将基本实现现代化，中国的现代化将进入最后冲刺阶段。第二个节点是2050 年，届时我国将建成现代化强国，成为综合国力和国际影响力领先的国家，全体人民共同富裕基本实现，我国人民将享有更加幸福安康的生活，中华民族将以更加昂扬的姿态屹立于世界民族之林。如果上述现

---

[*] 李建民，经济学博士，南开大学经济学院教授、博士生导师，2009 年获第六届中华人口奖（科学技术奖），曾任南开大学人口与发展研究所所长、中国人口学会副会长。

代化目标能够实现，我国将成为世界上最大的现代化国家。一个拥有 10
余亿人口的国家实现现代化，将是人类现代化发展史上的一个奇迹。

　　同时，作为影响社会经济发展和资源环境可持续性的基础性因素的
人口，在 2020～2050 年也将发生重大变化，其与现代化关系同样将发生
历史性的变化。因此，无论是从人口发展对于现代化的作用来看，还是
从人口变化对现代化的适应性来看，都需要重新判断 2020～2050 年中国
人口发展与现代化的关系，需要在充分认识这个发展阶段新的发展基础、
历史条件和基本矛盾的基础上，明确人口发展和变化与现代化的关系。

一　现代化面临的人口形势

　　2020～2050 年中国人口变化形势非常复杂，对于现代化而言，一些
变化具有积极影响，另一些变化则具有消极影响。据此，对 2020～2050
年中国人口形势的分析也从两个方面展开，一个方面是现代化面临的人
口形势，另一个方面是现代化所具有的人口发展条件。

　　根据中国现代化发展战略安排，我们将对 2020～2050 年中国人口形
势和主要变化趋势做出判断，数据来源主要是联合国人口司、联合国教
科文组织、世界卫生组织、国际劳工组织、世界银行、欧盟等国际机构
的数据库，以及中国国家统计局。2020～2050 年中国现代化面临的人口
形势及变化趋势主要包括以下几个方面。

（一）人口增长变化趋势

　　根据联合国《世界人口展望》（2022 年版）（United Nations，2022）
对中国人口的预测，2022～2035 年是中国人口增长的历史转折期，中方
案和低方案都显示，2022 年将出现人口负增长；按高方案预测，2035 年
人口开始负增长，2022～2034 年基本上处于零增长状态。三个预测方案
都显示，一旦人口开始减少，减少速度将不断提高（见图 13 - 1）。这个
增长趋势的转变意义重大，将对中国的现代化造成多方面的重要影响。
由此，我们可以确定未来中国现代化面临人口形势的第一个基本特点：
人口长期负增长，人口增长压力彻底消除。

（二）人口老龄化和老年人口增长趋势

　　人口老龄化是中国人口未来变化的最主要趋势，对于中国而言，21

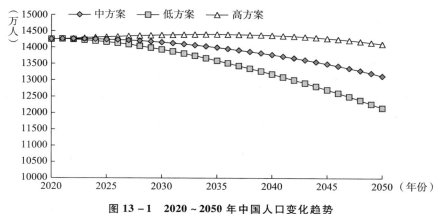

图 13 - 1　2020～2050 年中国人口变化趋势

资料来源：United Nations（2022）。

世纪是老龄化世纪。联合国的预测结果显示，在中方案生育率假设下，中国 65 岁及以上老年人口占总人口的比重将从 2020 年的 12% 提高到 2035 年的 22.5%（相当于日本 2008 年的水平，并超过了欧盟 2020 年的水平），2040 年提高到 26.2%，超过发达国家平均水平，2050 年将达到 30.1%（见图 13 - 2），使中国成为世界上老龄化程度最高的国家之一。联合国的预测结果还表明，2035 年中国 80 岁及以上高龄老人占比将达到 5.1%，标志着中国进入高龄社会，2050 年高龄老人占比将进一步提高到 10.3%。

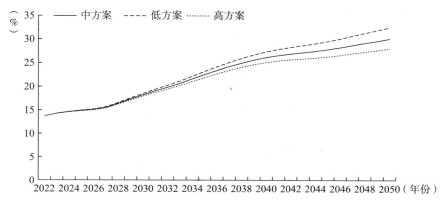

图 13 - 2　2022～2050 年中国 65 岁及以上老年人口占总人口比重变化

资料来源：United Nations（2022）。

与总人口增长趋势转折性变化不同，中国 65 岁及以上老年人口在 2022～2050 年将一直处于增长之中，尤其是在 2022～2040 年快速增长（见图 13-3）。2035 年老年人口数量将突破 3 亿人；2040 年将达到 3.6 亿人，比 2019 年增加 1 倍；2050 年老年人口数量将超过 3.9 亿人，其中 80 岁及以上的高龄老人数量将达到 1.35 亿人。由此可以确定中国未来现代化面临人口形势的第二个基本特点：老龄社会和高龄社会。

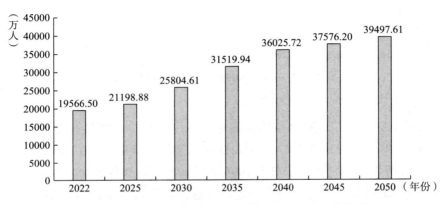

图 13-3　2022～2050 年中国 65 岁及以上老年人口增长趋势

资料来源：United Nations（2022）。

（三）人口抚养比提高趋势

因长期低生育率导致的劳动力再生产规模缩减、老年人口快速增长和老年人寿命延长，中国人口抚养比[①]在 2011 年结束了长达 40 年的下降过程，转入上升阶段，按照联合国的中方案预测，2022 年总抚养比为 44.9%，2035 年将超过 50%，标志着人口机会窗口[②]将关闭；2050 年总抚养比将提高到 71.1%，与发达国家同期水平（72.2%）基本相同（见图 13-4）。在总抚养比提高的同时，老年抚养比将以更快的速度提高，2035 年上升到 33.9%，是 2020 年的将近 2 倍；2050 年达到 51.5%，是 2020 年的 3 倍以上。人口抚养比的这种变化表明中国现代化面临人口形

[①]　总抚养比 =（0～14 岁人口 + 65 岁及以上人口）/15～64 岁人口；老年抚养比 = 65 岁及以上人口/15～64 岁人口。

[②]　人口机会窗口（demographic window）指人口总抚养比低于 50% 的时期。

势的第三个基本特点：后人口红利①时代 。

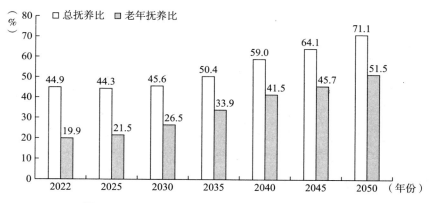

图 13 – 4　2022～2050 年中国人口抚养比提高趋势

资料来源：United Nations（2022）。

（四） 劳动年龄人口减少和老龄化

按照 15～64 岁为劳动年龄计算，联合国的估算和中方案人口预测结果显示，中国的劳动年龄人口在 2016 年转为负增长，2035 年减少到 9.3 亿人，2050 年减少到 7.7 亿人，比 2015 年峰值规模减少 2.51 亿人（见图 13 – 5）。根据世界银行的估算②，中国的劳动力数量在 2018 年出现减少。由此可看出中国未来现代化面临人口形势的第四个基本特点：缩减型劳动力再生产。

在劳动力减少的同时，中国劳动力的年龄结构出现老化。根据国际劳工组织（ILO）的估计和预测，中国劳动力的中位年龄从 1990 年的 31.9 岁，提高到 2018 年的 41.4 岁，提高了将近 10 岁，2030 年将提高到 43.34 岁（见图 13 – 6）。如果生育率不能出现提升，2030 年以后的劳动力老化将会进一步加剧。

---

① 关于人口红利，学界有不同的定义和类型划分，本章在此所说的人口红利（demographic dividend）是指经典的人口红利概念，即由人口转变带来的人口抚养比下降和劳动力供给增加对经济增长的贡献。

② World Bank. "Database: Health Nutrition and Population Statistics. " https://databank.worldbank. org/source/health-nutrition-and-population-statistics.

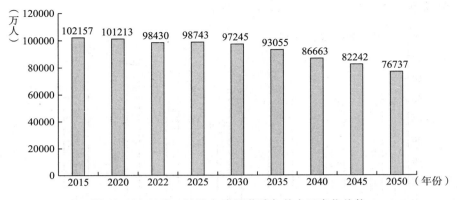

图 13 – 5   2015 ~ 2050 年中国劳动年龄人口变化趋势

资料来源：United Nations（2022）。

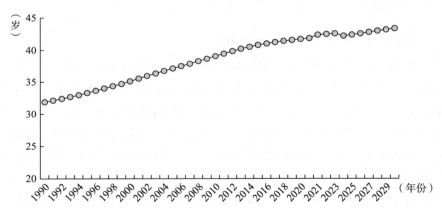

图 13 – 6   1990 ~ 2030 年中国劳动力中位年龄增长趋势

资料来源：国际劳工组织。

二   现代化面临的人口发展条件

2020 ~ 2050 年中国人口将在多个方面获得发展，可以从多个维度为现代化提供支持。

（一）人口健康水平提高与健康红利

在人口转变完成以后，中国人口的健康水平继续提高，2021 年全国人口平均预期寿命达到 78.2 岁。根据联合国中方案预测，2020 ~ 2050 年中国人口平均预期寿命将进一步提高，与发达国家的差距逐步

缩小（见图 13-7）。2020 年中国人口平均预期寿命为 77.1 岁，2029
年达到 80 岁，2050 年达到 83.8 岁。2020～2050 年，中国人口平均预
期寿命与发达国家的差距将从 2.5 岁缩小到 0.5 岁。

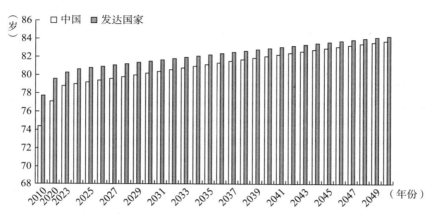

**图 13-7　2010 年、2020 年、2023～2050 年中国与发达国家
人口平均预期寿命比较**

资料来源：United Nations（2022）。

　　根据世界卫生组织的估算，2016 年中国人口平均预期健康寿命为
68.7 岁，占预期寿命的 89%；日本人口平均预期健康寿命为 74.8 岁，
同样占预期寿命的 89%。如果按照预期健康寿命占预期寿命 89% 的比例
推算，中国人口平均预期健康寿命将在 2026 年超过 70 岁，2035 年达到
72.2 岁，2040 年达到 73.8 岁，2050 年达到 74.6 岁。

　　人口健康水平提高不仅是社会经济发展和医疗卫生技术进步的成果，
同时也是促进现代化发展的重要力量。预期寿命和预期健康寿命是反映人
口健康水平的综合性指标，预期寿命越长意味着生存率越高，预期健康寿
命越长意味着生活质量和生命质量越高，个人、家庭和国家的健康资本越
多，整个社会和经济收获的健康红利也就越多。健康红利可以定义为健康
水平提高对社会经济发展和个人、家庭福利做出的贡献。健康红利主要体
现在三个方面：一是节约效应，健康水平提高可以降低生命损失和健康
损失的概率，降低生命和健康损失给个人、家庭和国家带来的成本[①]；

---

① 网上公布的一份中国人健康大数据报告称，2005～2015 年由疾病而导致的经济损失达
到 5500 亿美元。详见 https://wenku.so.com/d/42d8719642e303fd815de6c3569518e2。

二是效率效应，健康水平提高可以有效提高劳动力再生产效率（包括生产劳动力的数量和质量）和劳动生产效率；三是工作生命周期延长效应，健康水平提高可以延长个人的工作生命周期，增加劳动力市场供给，在一定程度上缓解老龄化给养老金供给带来的压力。根据世界卫生组织的估算，2016 年发达国家人口 60 岁时平均预期健康余寿基本上都达到了 19 年，新加坡、日本、法国、加拿大、西班牙、瑞士等国家已超过 20 年。这样的健康水平可以使低龄老年人依然保持生产能力，因此，一些老龄化程度高的国家已经或正在积极准备将法定退休年龄推迟到 65 岁以后，例如德国将在 2029 年之前把法定退休年龄从现在的 65 岁提高到 67 岁，英国将在 2035 年左右把法定退休年龄提高到 68 岁，日本则计划分两步把退休年龄推迟到 70 岁。

未来中国人口健康水平提高完全可以通过以上三种效应带来健康红利。其中，第三个效应对于中国应对老龄化具有非常重要的意义。平均预期健康余寿是指平均每一个人在健康状态下还能生存的时间，因此可以反映人口的健康水平。根据世界卫生组织的估算，发达国家人口 60 岁时平均预期健康余寿在 60 岁时平均预期余寿中的占比为 80% 左右，2016 年中国人口 60 岁时平均预期健康余寿是 15.77 年，约占 60 岁时平均预期余寿①的 82%。如果按照 80% 的占比推算，中国人口 60 岁时平均预期健康余寿在 2030 ~ 2035 年将提高到 17.57 年，2045 ~ 2050 年将超过 19 年（见图 13 - 8）。

考虑到未来的经济发展、医疗制度深化改革和医疗卫生技术进步等因素，对未来中国人口健康水平提高速度的估计有理由更为乐观，上述估计是一种保守估计。

（二）人口受教育水平提升与人力资本红利

人力资本由知识、技能和健康组成，是在人的生命发育过程中积累而成的，人力资本使人们获得了作为社会生产成员所具有的潜力。人力资本给个体、社会与国家带来了丰厚的回报。世界银行发布的《2019 年世界发展报告》指出世界各国之间的人均国内生产总值差距中有 10% ~ 30% 是由人力资本差异造成的。如果将教育质量或者具有不同技能的工人之

---

① 根据联合国人口司的估计，2010 ~ 2015 年中国人口 60 岁时平均预期余寿为 19.19 年。

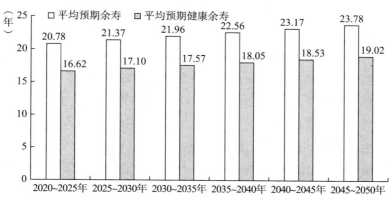

图 13－8　2020～2050 年中国人口 60 岁时平均预期余寿和平均
预期健康余寿的提高趋势

说明：平均预期健康余寿是作者的推算。
资料来源：United Nations（2019）。

间的互动考虑在内，这个比例会更高。

相对于人口发展的其他方面而言，人口教育水平具有更大的提升空间。受过良好教育的人口所形成的人力资本是推动中国现代化发展的关键力量。本部分将分析和判断未来中国人口受教育水平的发展趋势。

1. 15 岁及以上人口平均受教育年限

根据第六次全国人口普查数据，2010 年中国 15 岁及以上人口平均受教育年限为 9.1 年（高书国，2014），经过 9 年的发展，尤其是受高校扩招效应影响，15 岁及以上人口平均受教育年限到 2019 年应该出现了较大幅度的提升。[①] 截至本章定稿时官方还没有公布 2019 年的数据，但可以基本肯定的是，2019 年 15 岁及以上人口的平均受教育年限应该超过 10年，依据如下：首先，2010～2019 年高等教育的毛入学率提高了一倍以上；其次，2019 年，学龄儿童净入学率达到了 99.9%，小学升学率超过98%，初中升学率达到了 94%（国家统计局数据），都超过了 2010 年的水平；最后，老年人死亡减少了受教育年限低的人口数量。

2020～2050 年中国 15 岁及以上人口平均受教育年限有较大的提升空间，一方面，中国目前刚刚进入高等教育普及化阶段，今后还会进一步

---

① 根据中工网（http://news.workercn.cn）发布的数据，2017 年中国 15 岁及以上人口平均受教育年限达到 9.6 年。

发展（参见后文）；另一方面，平均受教育年限不仅取决于教育的发展，还会受到年龄结构的影响，2030 年以后老年人死亡数量将显著增加，由于老年人口平均受教育年限明显偏低，这个人口变化将会直接导致人口平均受教育年限的增加。为了对未来发展趋势做出判断，我们在世界银行数据库中选择了有 15 岁及以上人口平均受教育年限超过 9 年以后变化数据的国家作为参照（见表 13 - 1），并以这些国家的平均提高幅度作为预测参数。其中，表 13 - 2 左侧的 10 个国家平均受教育年限在其超过 9 年之后的 10 年中平均提高 1.36 年，如果按照这个平均值计算，中国 15 岁及以上人口平均受教育年限在 2020 年可以达到 10.46 年。如果把芬兰的极端值除外，其余 9 个国家平均提高 1.23 年，按此计算，2020 年中国 15 岁及以上人口平均受教育年限应该可以达到 10.33 年。表 13 - 1 右侧 10 个国家 15 岁及以上人口平均受教育年限在其超过 10 年之后的 10 年内平均提高 1.00 年，即年均提高 0.1 年。此外，芬兰和法国的 15 岁及以上人口平均受教育年限在其超过 9 年后的 5 年内平均每年分别提高了 0.33 年和 0.11 年。为了简便，我们假设 2020 年中国 15 岁及以上人口平均受教育年限为 10.30 年，之后每年提高 0.1 年。据此，2035 年将提高到 11.8 年，2050 年将达到 13.3 年。这个发展目标应该是留有余地的。[①]

表 13 - 1　一些国家 15 岁及以上人口平均受教育年限年均提高量

单位：年

平均受教育年限超过 9 年之后的 10 年中的提高量		平均受教育年限超过 10 年之后的 10 年中的提高量	
奥地利	0.63	奥地利	0.59
比利时	0.86	比利时	0.40
法国	1.30	日本	0.79
德国	2.21	德国	2.31
英国	0.82	英国	2.32
西班牙	1.34	荷兰	0.53
芬兰	2.53	加拿大	0.65

---

① 2010 年美国达到了 13.18 年，加拿大、英国、德国、以色列、韩国都超过了 12 年。

续表

平均受教育年限超过 9 年之后的 10 年中的提高量		平均受教育年限超过 10 年之后的 10 年中的提高量	
瑞典	0.80	瑞典	0.80
新加坡	1.66	挪威	0.74
俄罗斯	1.44	韩国	0.97
平均值	1.36	平均值	1.00

资料来源：World Bank. "Data Bank：Education Statistics." https：//databank. worldbank. org/source/education-statistics。

2. 高等教育毛入学率

2019 年教育部在公布 2018 年中国高等教育毛入学率达到 48.1% 时表示，中国即将进入高等教育普及化阶段。而根据世界银行的估计，2018 年中国高等教育毛入学率为 50.6%（见图 13-9）。2018 年全国高等院校总共招生 791 万人，占 18 岁人口的 54.7%。这意味着中国在 2018 年其实已经进入高等教育普及化阶段。2019 年全国高考人数达到创纪录的 1031 万人，比 2018 年增加 56 万人，而根据第六次全国人口普查分年龄人口数据推算，2019 年 17 岁和 18 岁的人口数量分别比 2018 年少 91 万人和 20 万人，因此，即使 2019 年高等教育录取率仍维持在 2018 年的水平，2019 年高等教育毛入学率也会超过 50%。

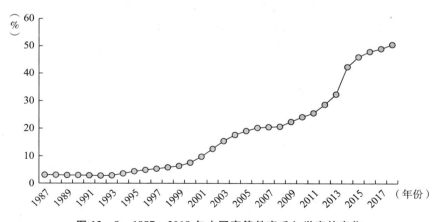

图 13-9　1987~2018 年中国高等教育毛入学率的变化

资料来源：World Bank. "Data Bank：Education Statistics." https：//databank. world-bank. org/source/education-statistics。

　　当高等教育进入普及化阶段后，许多国家的高等教育发展并未减速，甚至出现加速发展的情况（见图 13－10）。世界银行的数据显示，世界上高等教育发展速度最快的韩国，高等教育毛入学率从 48.3%（1995年）提高到 97.05%（2006 年）仅仅用了 11 年时间，平均每年提高4.43 个百分点。图 13－10 中的国家（美国除外）高等教育毛入学率从50% 提高到 80% 平均用了 12 年，其中韩国和芬兰分别只用了 6 年和 8 年时间。根据发达国家的经验，中国的高等教育毛入学率完全可以在 2030年达到 80%，在 2035 年超过 85%。换言之，2035 年中国高等教育将完全普及，进入后普及发展阶段。

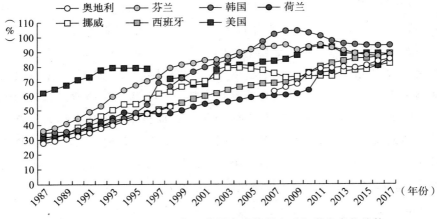

图 13－10　1987～2017 年一些国家高等教育毛入学率变化趋势

资料来源：World Bank. "Data Bank：Education Statistics." https：//databank. world-bank. org/source/education-statistics。

3. 平均预期受教育年限

　　平均预期受教育年限是指刚达到学龄的儿童平均预期接受正规教育的年数，它是一个可以反映各级教育入学率水平的综合性指标。根据联合国教科文组织（UNESCO）的数据，2013 年中国儿童的平均预期受教育年限为 13.53 年，高收入国家为 16.46 年，考虑到 2010 年高收入国家的高等教育毛入学率基本上都超过了 70%，其中一些国家甚至超过了85%，当中国的高等教育毛入学率在 2030 年超过 80% 的时候，平均预期受教育年限完全可以超过 16 年，即平均而言，每个学龄儿童都可以完成大学教育。

（三）人口城镇化和城镇人口分布

人口城镇化是现代化的重要内容和标志，也是推动现代化的重要力量。进入 21 世纪以来，中国人口城镇化水平快速提高，2019 年已达到 60%，这意味着中国已进入了城镇化发展的后期阶段。

1. 人口城镇化和城镇人口增长趋势

根据联合国《世界城市化展望》（2018 年版）（United Nations，2018）中的预测，2020～2035 年中国人口城镇化仍将保持一个较快的发展速度，人口城镇化水平 2030 年超过 70%，2035 年达到 73.9%。2035 年以后人口城镇化速度放缓，2037 年人口城镇化水平达到 75%，标志着中国人口城镇化基本完成；2050 年达到 80%，标志着中国人口城镇化进程结束（见图 13－11）。

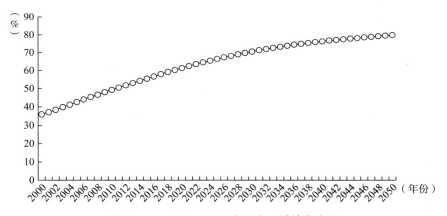

图 13－11　2000～2050 中国人口城镇化水平

资料来源：United Nations（2018）。

2020～2035 年，中国城镇人口将从 8.75 亿人增加到 10.6 亿人，净增 1.85 亿人，年平均增长率为 1.29%，平均每年增加 1233 万人。尤其是在 2020～2030 年，城镇人口增长速度更快，年平均增长率达到 1.51%，平均每年增长 1415 万人，表明 21 世纪 20 年代是中国人口城镇化的关键时期。2020～2035 年，农村人口将从 5.49 亿人减少到 3.74 亿人，净减少 1.75 亿人，年平均增长率为 -2.53%。2035 年之后，城镇人口增长速度明显放缓，2046 年达到峰值规模 10.93 亿人，2035～2046 年城镇人口年平均增长率为 0.28%，平均每年仅增加 300 万人；2047～

2049 年城镇人口处于零增长状态，2050 年出现 100 万人的减量。2035 年之后，农村人口一直处于持续减少状态，2040 年减少到 3.34 亿人，2046 年减少到 3 亿人以下，2050 年减少到 2.73 亿人（见图 13 - 12）。

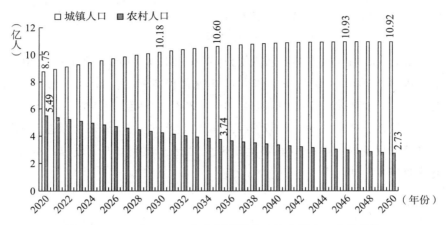

图 13 - 12　2020 ~ 2050 年中国城镇人口和农村人口变化趋势

资料来源：United Nations（2018）。

由于中国城镇人口自然增长率已小于 0，2022 年中国总人口也进入负增长阶段，因此人口城镇化水平提高和城市人口增长主要是基于农村人口向城镇地区的迁移。未来中国城镇化的核心任务是促进人口的乡—城迁移。此外，即使城镇化进程结束，也仍有 2.73 亿人生活在农村，因此，如何在城镇化进程中促进农村现代化，实现城乡一体化发展，将是中国未来现代化面临的一个重大挑战。

目前中国城镇常住人口的增长主要来自流动人口，2017 年全国流动人口规模为 2.27 亿人（国家卫生健康委员会，2018），这些流动人口中有 80% 来自农村（国家卫生和计划生育委员会流动人口司，2017）。由于城市的各项社会福利与户籍制度挂钩，城市里来自农村的流动人口没有真正享有与城市居民同样的福利待遇，换言之，这些流动人口大多是"半市民化"或"非市民化"的，进而导致了我国特有的"半城镇化"现象。近年来，中央出台了一系列推动户籍制度改革和促进新型城镇化的政策，其中一项主要任务就是实现乡—城流动人口的市民化和提高人口城镇化的质量。在这个背景下，有将近 2 亿乡—城流动人口需要市民化，从本章定稿时起到 2030 年还将有 1.2 亿农村人口转变为城镇人口。

2. 城市人口分布格局

城市是城镇人口的主要空间载体，由于人口规模、产业分布、行政体制、地理环境、气候条件、历史文化等因素的影响，世界各国的城市人口分布格局不尽相同，有以中小城市为主体的分布格局（德国、荷兰等），有以小城市为主体的分布格局（北欧国家）、有以大城市为主体的分布格局（美国和南美国家），有以大城市和小城市为主体的分布格局（法国、英国、意大利等），有以大都市为主体的分布格局（日本、韩国、澳大利亚等）。中国城市人口分布格局是以大都市和大城市为主的，如表13-2所示，2015年中国城市人口中有11.7%居住在人口在1000万人及以上的大都市，32.5%的城市人口居住在100万（含）~1000万（不含）人的大城市，居住在50万人以下小城市的人口占比为42.3%，比全球（不包括中国）水平低8.6个百分点。

表 13-2　2015 年全球和中国城市人口分布

单位：%

城市人口规模	全球城市人口（不包括中国）	中国城市人口
1000 万人及以上	11.6	11.7
500 万 ~ 1000 万人	7.6	8.6
100 万 ~ 500 万人	21.2	23.9
50 万 ~ 100 万人	8.7	13.5
30 万 ~ 50 万人	6.5	7.8
30 万人以下	44.4	34.5
合计	100.0	100.0

资料来源：United Nations（2018）。

中国城市人口集聚在大都市和大城市在很大程度上是受城市行政级别的影响，例如，2018年人口规模超过1000万人的有上海、北京、重庆、天津等4个直辖市和广州、深圳。人口规模排在这6个城市之后的城市依次为成都、南京、武汉、西安、东莞、杭州、佛山、沈阳、苏州、哈尔滨、青岛、大连、济南，其中除了东莞、佛山、苏州，都是省会城市或计划单列市。另一个重要现象是，2017年全国地级及以上的城市中有101个城市的户籍人口减少，占全部地级及以上城市总数的30%。在中国，公共资源和行政权力是按照城市行政级别分配的，因此直辖市、省会城市、计划单列市、经济特区等具有较强的经济资源、信息和技术资源、市场资源、公共服务资源、人力资源等聚集能力，进而导致城市人口分布的极化效应。因此，中国未来的城市人口分布格局不会发生根本性的改变。从发达国家的经验看，1950～2015 年发达国家城市化水平从 55% 提高到 78% 的过程中，城市人口是向大城市聚集的（United Nations，2018）。

为了提高城市的人口承载力，中国城市人口布局优化应该同时采取两条发展路径。第一条路径是增加 100 万人及以上规模城市数量。2018 年，中国 100 万人及以上规模城市的国土城市密度为 0.3 个/10 万公里^2，人口城市密度为 0.2 个/百万人。这样的密度明显低于作为世界上城市化水平最高地区之一的欧洲的国家（见表 13 - 3）。

表 13 - 3　中国和欧洲国家大城市密度

国家	国土城市密度（个/10 万公里^2）	人口城市密度（个/百万人）	国家	国土城市密度（个/10 万公里^2）	人口城市密度（个/百万人）
比利时	1.63	0.44	匈牙利	0.54	0.51
保加利亚	0.36	0.56	荷兰	3.48	0.77
捷克	0.51	0.38	奥地利	0.60	0.67
丹麦	0.93	0.70	波兰	0.61	0.50
德国	1.90	0.83	罗马尼亚	0.38	0.36
西班牙	0.45	0.5	瑞典	0.09	0.41
法国	0.53	0.51	英国	1.64	0.61
意大利	0.69	0.35	中国	0.30	0.20

注：大城市是指人口规模在 100 万人及以上的城市。中国的是 2018 年数据，欧洲国家的是 2016 年数据。

资料来源：https://ec.europa.eu/eurostat。

第二条路径是发展城市群。城市群是一种新的城市发展形态，在城市扩张和交通、信息技术进步等因素的推动下，区域内城市之间的距离变得更近，关系变得更加紧密，形成了城市群一体化发展形态，并扩展了人口承载空间。本章定稿之时，已经形成的京津冀城市群、长江中游城市群、大湾区城市群、成渝城市群、哈长城市群、长三角城市群、中原城市群、关中平原城市群等 8 个国家级城市群集聚了全国 60% 的城镇人口，这个比例还将进一步提高。

第二节　人口与发展关系的变化

人口是决定和影响一个国家发展的基础性因素，无论在哪个发展阶段，每当人口出现重大转型时，人口因素的影响都会变得非常突出。由于人口转变、经济发展和社会进步，中国人口与现代化的关系发生了深刻变化，2010 年以来，这些变化更为显著。2020 ~ 2050 年，人口与发展关系的性质、表现和特点还将发生一系列变化，并给现代化带来多重影响。

一　人口与经济发展关系的转变

在经历了经济高速增长和人口快速转变之后，我国的人口与经济发展关系正在进入一个转折期，在新的人口形态和经济发展阶段中，传统的人口与经济发展关系正在被新的关系格局所取代。

（一）人口增长对经济的压力彻底消除

改革开放之前，中国人口与发展关系中的主要矛盾来自巨大人口规模的快速增长对经济的压力，中国处于典型的马尔萨斯均衡陷阱中。一方面，随着人口转变的完成和低生育率的长期保持，人口再生产已转变为现代类型，进入低增长状态，对经济的压力逐步减轻。尤其是 2003 年以来，每年的人口增量都不足 800 万人，2019 年仅仅增加了 467 万人。另一方面，改革开放之后经济高速增长，进入 21 世纪以来每年的经济增量更是持续上升，与人口增量变化方向相反，人均 GDP 快速提高（见图 13 - 13、图 13 - 14），这使中国不仅彻底摆脱了马尔萨斯均衡陷阱，而且发展成为中等收入国家，2019 年人均 GDP 达到了 10000 美元。

（二）老龄化成为人口经济关系的主要矛盾

人口迅速转变给中国带来了一个人口机会窗口，因生育率转变发生在 20 世纪 50 年代和 60 年代生育高峰期出生人口的身上，因此产生了一个潜在的人口红利富矿：一方面是劳动力数量迅速增加，另一方面是被

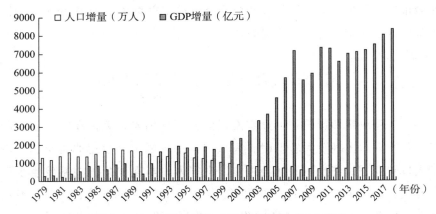

图 13 - 13　1979 ~ 2018 年中国人口和 GDP 增量

说明：GDP 增量按 1978 年不变价格计算。
资料来源：国家统计局。

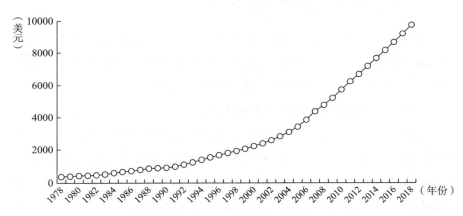

图 13 - 14　1978 ~ 2018 年中国人均 GDP

说明：人均 GDP 按 1978 年不变价格计算。
资料来源：国家统计局。

抚养人口大幅减少，人口抚养比最低的时候只有 36.5%（2011 年），比
70 年代抚养比低将近 44 个百分点。改革开放和经济发展使得潜在人口
红利成为对经济增长的现实贡献，这个贡献已被一些研究证实（蔡昉，
2004；王丰、梅森，2005；王金营、杨磊，2010）。但是，人口快速转变
必然导致快速的老龄化，人口抚养比下降趋势在 2012 年发生转折，进入
了上升阶段，尽管抚养比目前还处在低水平上，但经济增长已经失去了
来自抚养比降低的贡献。从本章定稿起到 2050 年，抚养比将会持续

上升。

在其他条件不变的情况下，抚养比上升代表着人口的储蓄能力和生产能力下降，尤其是老年抚养比的上升对经济增长的影响更为不利。低生育率减少了劳动力供给，老龄化加重了养老负担，这样的变化表明中国人口结构压力正在形成，并将不断加大。因此，老龄化正在成为中国人口与经济发展关系中的主要问题。

（三）　从劳动力过剩转变为劳动力短缺

在 20 世纪的现代化进程中，劳动力过剩和就业压力一直是中国面临的基本国情。20 世纪 90 年代以市场经济为导向的经济体制改革有力地推动了市场经济发展，而加入世贸组织之后，经济增长动力强劲，创造了大量的非农就业机会，吸引了数以亿计的农村剩余劳动力转移到非农产业和城市，同时并没有出现高失业率，而是形成了支持经济高速增长的廉价劳动力充分供给的比较优势。但我国正在失去这个优势，2003 年在珠三角出现了"民工荒"，其随后向东部沿海地区蔓延，农村劳动力的无限供给转为有限剩余，出现了"刘易斯拐点"（蔡昉，2010）。2005～2020 年，15～24 岁新生劳动力持续减少（见图 13－15）。从未来变化趋势看，由于新生劳动力和劳动力总量的不断减少及劳动力的老化，中国将进入劳动力短缺时代，这种转折性变化是中国人口国情的一个重大改变。

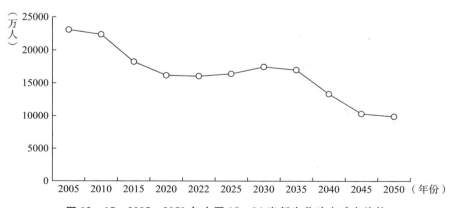

图 13－15　2005～2050 年中国 15～24 岁新生劳动力减少趋势

资料来源：United Nations（2022）。

（四）劳动力素质成为影响人口与经济发展关系的关键能动因素

2010 年以来，中国的粗放型经济增长方式已难以为继，转变经济增长方式，实现高质量的经济发展，成为新时代经济发展的战略选择。通过技术进步和人力资本投资提高全要素生产率是中国经济从小康走向富裕的必经之路，而人力资本质量的提升也是推动技术进步与技术扩散的核心力量。因此在更先进的经济增长方式中，劳动力素质是一个非常关键的能动因素。

2001～2022 年，中国的劳动生产率出现了显著提高，其增长率高于世界平均水平、高收入国家和上中等收入国家水平（见图 13－16）。但必须看到的是，中国的劳均产出仍处在较低水平上，如图 13－17 所示，1991～2024 年，其低于世界平均水平和上中等收入国家水平；与发达国家的差距更为显著，2018 年中国的劳均产出仅相当于高收入国家的 16%，美国的 13%，韩国的 28%，世界的 57%（见图 13－18）。在这样的劳动生产率条件下，中国要想成功跨越"中等收入陷阱"，面临很大困难。

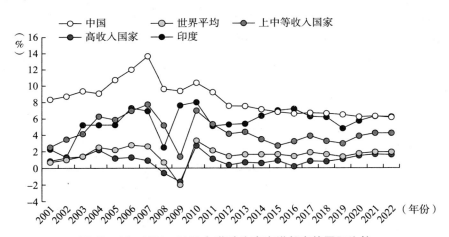

图 13－16　2001～2022 年劳动生产率增长率的国际比较

资料来源：International Labor Organization，ILOSTAT。

人力资本对于经济增长有着至关重要的作用，它是技术创新、技术进步和技术扩散不可或缺的人力基础，也是决定国际竞争力的基本要素。与发达国家相比，中国在劳动力素质上还处于明显的劣势地位。例如，

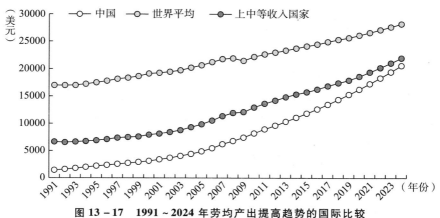

图 13 - 17　1991～2024 年劳均产出提高趋势的国际比较

说明：按 2010 年美元不变价格计算。

资料来源：国际劳工组织。

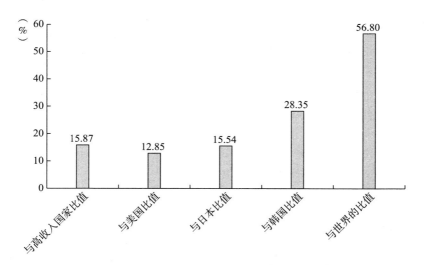

图 13 - 18　2018 年中国劳均产出与高收入国家等的劳均产出的比值

说明：按 2010 年美元不变价格计算。

资料来源：国际劳工组织。

根据世界银行的估计，2010 年中国 20～24 岁人口的平均受教育年限为
9.17 年，比发达国家同龄人平均受教育年限少 3～5 年，其中比韩国同龄
人口少 5.83 年。2010 年发达国家 25 岁及以上劳动力中接受过高等教育
的比例基本在 75% 以上，其中一些国家（挪威、英国）甚至达到了
85%，韩国也达到了 78%。在世界银行的估计中没有中国的相应数据，

但是一些其他数据可以反映出中国与这些国家的明显差距，例如，2010 年中国 25～29 岁和 30～34 岁人口中受过高等教育的比例分别只有 5.83% 和 4.04%。根据 1987～2015 年的高等教育毛入学率推算，2019 年中国 25 岁及以上劳动力中接受过高等教育的占比不到 15%。联合国教科文组织的数据显示，2017 年中国平均每千名劳动力中只有 5 名研发（R&D）人员，仅是一些发达国家水平的 1/4～1/3（见图 13－19）。这些数据表明，与发达国家相比，中国劳动力素质有很大的差距，这是中国现代化发展面临的一个严重短板。

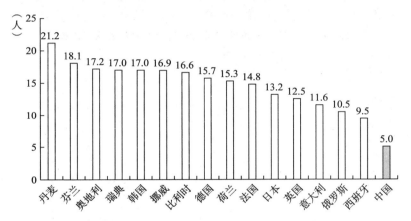

图 13－19　2017 年一些国家平均每千名劳动力中 R&D 人员数

资料来源：联合国教科文组织统计研究所。

二　人口与社会发展关系的转变

现代化是一个国家全面发展的过程，社会现代化是其中的一个基本方面。相对于人口与经济发展的关系而言，人口与社会发展的关系更为复杂，中国人口形态的转型给中国的社会现代化带来广泛和深刻的影响，也提出了制度创新需求。

（一）老龄社会与民生制度的改革

中国已经进入老龄社会，随着老龄化程度的不断提高，未来还将进入高龄社会。同时，中国正在发生全方位的社会变迁。在这样的背景下，中国老龄社会需要民生制度的现代化。虽然我国目前已经建立起包括养老保险、医疗保险、失业保险等在内的社会保险制度和包括最低生活保障、社会救助、最低工资保障等在内的安全保护网，但这些仍不适应快速老龄化带来的民生需求。收入分配制度、公共资源分配制度、社会保障制度、医疗卫生制度、就业和退休制度等都面临着一系列的调整和创新要求，同时也需要构建协调社会代际关系、促进代际团结的社会机制。

（二）人口城镇化与人口市民化同步推进

中国已经进入了一个以城镇人口为主体的社会，但尚未成为以市民为主体的社会。人口的市民化滞后于城镇化反映了中国社会的二元结构。过去几十年的中国经济发展是从经济二元结构向一元结构的转变，但因存在城乡二元户籍制度和二元民生制度，随着农村人口大规模流入城市，这种二元社会制度延伸至城市，形成了城市的二元社会。实现社会公平、公正是社会现代化的核心要义，因此中国社会现代化不仅要实现城乡二元社会的一元化，同时也要实现城市二元社会的一元化，这就需要在人口城镇化与人口市民化同步推进上进行制度创新。

（三）低生育率挑战与优化生育社会环境

生育率转变和低生育率是现代化的后果，但一些高度现代化国家的生育率并没有落入"低生育率陷阱"，如北欧国家和美国等。因此，很低生育率（very low fertility）和极低生育率（lowest low fertility）并不是现代化必然的、唯一的归宿（吴帆，2019）。因为长期的低生育率与老龄化的直接关系，世界上几乎所有低生育率国家的政府都采取了积极鼓励生育的政策。中国的生育率长期处于 1.6 左右，更需要重视的是，虽然 2016 年开始实行"全面二孩"政策，但出生人口仅在 2016 年和 2017 年出现小幅增长，而 2018 年出生人口则比出生人口最多的 2016 年（1786 万人）减少了 263 万人，2019 年出生人口为 1465 万人，创下了 1962 年以来的最低纪录。这个出生人口规模意味着中国的总和生育率低于 1.5，已经越过了"低生育率陷阱"的临界点（Lutz et al.，2006）。在长期很低生育率或极低生育率条件下，人口难以持续发展，因此，中国面临着一场生育危机。另一个值得警惕的危险信号是超低生育意愿，最近几年的大型抽样调查结果显示，育龄人口的平均理想生育子女数和平均打算生育子女数都显著低于更替水平（庄亚儿等，2014；贺丹等，

2018)。这么低的生育意愿即使是在长期处于极低生育水平的国家中也是少见的，只在 21 世纪初于奥地利、德国、西班牙等少数国家出现过(Goldstein et al.，2003)。

中国与发达国家在低生育率出现时所处的社会发展阶段不同，发达国家的低生育率都是在后现代社会发展阶段出现的，而中国的低生育率是在现代化过程中出现的，这个特点决定了中国提高生育水平需要做出更大努力。首先，在现代化和社会变迁过程中，年轻人的社会流动愿望更加强烈，而面临的社会竞争也更加剧烈，为了降低个人发展成本，许多人主动或被动选择少生甚至不生孩子；其次，中国的生活成本不断提高，尤其是高房价、高私人教育成本等严重制约了人们的生育意愿和生育行为；再次，婴幼儿照料资源和儿科医疗资源供给短缺，加之劳动力市场和工作时间缺乏弹性等，都增加了照料孩子的时间成本和精神成本；最后，虽然中国还处于现代化过程中，但年轻人价值观念、人生态度、生活方式等都受到先进国家的后现代主义的影响。因此，构建一个生育友好型的社会环境和政策环境，是协调人口与社会发展关系、促进人口长期均衡发展的必然选择。

（四）家庭变迁与家庭发展政策支持

人口转变改变了中国家庭的人口基础，而工业化、现代化和城镇化深刻影响着家庭的形态、关系和生命历程（国家卫生和计划生育委员会，2014）。一方面，家庭的规模小型化、结构核心化、形式多样化，以及老年空巢家庭普遍化等，都将导致家庭需求与家庭功能的对应结构进一步失衡，尤其是在老龄社会产生了对公共和社会服务体系的巨大需求的情况下。另一方面，现代化虽然带来了家庭变迁，但并没有削弱家庭的社会价值，家庭依然是社会发展的微观基础和推动现代化的重要力量。因此，许多国家把家庭政策作为社会福利制度安排的重要内容。2010 年中国政府提出加强家庭发展能力建设，推出和完善家庭发展政策。支持和保护儿童健康成长、加强家庭代际支持和团结、促进性别平等、维护工作－家庭平衡、提升家庭福利等应该成为中国家庭政策的基本内容。

三　人口与资源环境紧张关系的缓解

长期以来，中国的资源和环境因人口规模庞大和经济的高速发展而承受着巨大压力，这种状况将会发生改变。整体来看，未来的人口变化对于缓解资源和环境的压力具有积极意义。首先，人口负增长可以减少对粮食、水资源的需求，进而改善生态环境。根据联合国对中国人口进行预测的中方案结果，2050 年的人口将比 2019 年减少 5%；按照低方案的预测结果①，2050 年的人口将比 2019 年减少 13%。其次，人口城镇化可以提高资源的利用效率，节省出更大的生态空间。最后，高素质劳动力可以提高生产效率、推动产业结构优化和高质量的经济发展，进而减轻经济发展对资源和环境的压力。从技术现代化角度看，农业现代化、环境和生态保护技术、能源利用技术等方面的发展，可以有效提高资源和环境的可持续性。

需要指出的是，人类生态足迹不仅受到人口规模和分布的影响，还受到生活水平和消费结构的影响。2020 ~ 2050 年，人口规模对资源环境的直接压力将会减轻，但人均消费水平将会随着收入的增长而提高，因此，人口因素对资源和环境的影响将长期存在。

第三节　面向现代化的中国人口发展战略

中国的人口国情已经发生了深刻的变化，人口与现代化的关系也出现了重大转变，人口与现代化新的关系格局正在形成。这个新的关系格局直接关系到中国现代化目标的实现和全国人民的福祉。因此，研究面向现代化的中国人口发展战略具有重大意义。

一　人口发展战略目标和原则

确定人口发展战略目标，一是要符合人口变化的客观规律，二是要充分发挥积极人口因素促进现代化的能动性，三是要与国家所确定的现代化发展目标和重点发展规划相一致、相协调。

按照新时代中国社会经济发展的总体战略要求，切实针对未来人口变化的主要趋势、主要矛盾和关键问题，应将 2020 ~ 2050 年人口发展的

---

① 从 2018 年和 2019 年的实际生育水平看，未来中国人口增长更有可能接近联合国低方案的预测结果。

总体目标确定为：促进人口均衡发展，增强人口发展活力，为实现两个阶段现代化战略目标创造有利的人口条件。

人口发展战略应该遵循三个基本原则：一是以人为本原则，促进人的发展、增进人民的福祉是现代化的根本目的；二是社会公平和正义原则，消除各种形式的社会不平等是现代化的应有之义；三是可持续发展原则，提高人类发展的可持续性是现代化的根本保障。

二　重点领域面向现代化的人口发展战略

（一）人力资本强国战略

人力资本由知识、技能和健康组成，是在人的生命发育过程中积累而成的，人力资本使人们具备了作为社会生产成员所具有的潜力。人力资本给个体、社会与国家带来了丰厚的回报。建设人力资本强国的意义重大，人力资本是国家的核心竞争力之一，是经济增长的主要来源之一，是推动现代化的基本动力之一，是激发和保持老龄社会发展活力的前提条件。因此，建设人力资本强国是中国面向现代化的人口发展核心战略。

建设人力资本强国的根本途径是投资于人，人的发展既是现代化的目的，也是现代化的手段。2020～2035 年是中国建设人力资本强国的关键时期，计划到 2030 年高等教育完成对发达国家的追赶，高等教育毛入学率达到 80%，学龄儿童平均预期受教育年限达到 16 年，15 岁及以上人口平均受教育年限提高到 12 年，劳动力素质显著提高；2035 年建成人力资本强国，高等教育毛入学率超过 90%，学龄儿童平均受教育年限超过 16 年，15 岁及以上人口平均受教育年限提高到 15 年，打造一支具有国际竞争力的高素质劳动大军。

具体建议如下。（1）扩大义务教育范围：到 2025 年，全国普遍实行 12 年义务教育。（2）免费学前教育：到 2025 年，全国普遍实行 2～3 年免费学前教育。（3）高等教育：发展高质量、多元化的高等教育，建立包括学历教育、课程学习、专题研修等在内的高等教育体系，继续扩大招生规模。（4）职业教育：全面落实国务院颁布的《国家职业教育改革实施方案》，将符合条件的技师学院纳入高等学校序列，打通学生在职业教育与学历教育之间的流动通道。（5）终身教育：建立终身教育体系，建设学习型社会。大力发展社会培训机构，鼓励企业提供职业培训，鼓励个人参加培训，到 2025 年，把培训参与率提高到 30%，到 2030 年，提高到 40%。

（二）积极健康老龄社会战略

2019 年，中共中央、国务院印发了《国家积极应对人口老龄化中长期规划》，提出积极应对老龄化的战略总目标：积极应对人口老龄化的制度基础持续巩固，财富储备日益充沛，人力资本不断提升，科技支撑更加有力，产品和服务丰富优质，社会环境宜居友好，经济社会发展始终与人口老龄化进程相适应，顺利建成社会主义现代化强国，实现中华民族伟大复兴的中国梦。

概括而言，积极应对老龄化挑战的发展战略包括两个基本方面，一是保持老龄社会的发展活力，二是保障和提升老年人的生活质量与生命质量。2020～2035 年是中国老龄化速度最快的时期，2035 年 65 岁及以上老年人口比例将超过 20%，因此这一时期是中国应对老龄化挑战，甚至可以说是背水一战的关键时期。在此，我们针对第二个基本方面提出战略设想：建设积极、健康的老龄社会。这样的社会是指能够充分发挥每一个人的能动性，成员拥有平等参与社会经济活动的机会、拥有平等分享发展成果的权利、享有生活质量和生命质量保障的代际紧密团结的社会。参照《国家积极应对人口老龄化中长期规划》，提出以下建议。

（1）到 2025 年，建立全国一体化、覆盖全民的社会保障制度。

（2）改革收入分配制度，扩大劳动者收入在国民收入分配中的份额，使个人劳动收入与生命周期延长及人口结构变化相匹配。

（3）建立个人终生收入与终生消费需求平衡的激励型社会机制，挖掘第二个人口红利①。

（4）2025 年之前，把男女退休年龄逐步提高到 65 岁。

（5）把老年人纳入终身教育体系，为老年人提供与就业有关的教育和培训机会。

（6）2025 年之前，增加针对老年人的医疗资源投入，实现医疗资源合理布局，建立老年人健康服务和慢性病医疗体系。

（7）2025 年之前，建立功能完善、覆盖城乡、医养结合的养老服务体系。

---

① 在寿命延长的条件下，人们会为更长的老年期进行资金储备，因此可以提高储蓄率。

（8）激励技术创新，鼓励老龄产业发展，完善老年人的消费品和服务市场。

（9）在家庭政策中提供专门针对老年人家庭和有老年人的家庭的支持性政策安排，包括老年人生活救助、老年人医疗救助、老年人津贴、照料者的工作－照料平衡（照料假、弹性工作时间等）方面的政策。

（10）构建养老、孝老、敬老的社会环境，加强代际团结，消除一切形式的老年歧视。

（11）改善应对人口老龄化的法治环境，保障老年人合法权益。

（12）2030年，形成有利于建设积极、健康老龄社会的制度安排。

（三）健康中国战略

2016年，中共中央、国务院发布的《"健康中国2030"规划纲要》提出：到2030年，出生时平均预期寿命达到79岁，婴儿死亡率降到5‰，5岁以下儿童死亡率降到6‰，孕产妇死亡率降到12/100000。我们认为，2030年之后的人口健康发展的远期目标可以设定为：2035年人口出生时平均预期寿命超过80岁，出生时平均健康预期寿命达71岁（参见本章第一节），2050年成为世界上健康水平最高、最长寿的国家之一。具体建议如下。

（1）2025年，完成医疗制度的深化改革，建立符合人民健康需求和老龄社会需求的医疗卫生制度。

（2）2025年之前，建立全民免费体检制度和个人生命周期健康监测制度。

（3）2025年之前，在全国普遍建立长期照护制度。

（4）加大国家对医疗卫生资源（资金、人员、技术、设备）的投入力度，实现医疗卫生资源的平等分配与合理布局。

（5）充分利用互联网、区块链等信息技术，提高患者就医便利性，提高诊治效率。

（6）积极鼓励药物和医疗技术的研发与应用。

（7）开展全民健身运动，各类运动场所向社会全面开放，大力发展体育运动产品和服务产业。

（8）提高环境质量，为生命和健康提供良好的环境。

（四）　生育友好型社会战略

根据人口变化的内在规律，拥有更替水平的生育率是实现人口均衡发展的基本前提。2019 年，中国人口的总和生育率低于 1.5，如果这个生育率不能得到改变，人口老龄化和人口减少的速度都会大大加快，而高度老龄化和人口快速减少都会带来非常不利的社会经济后果。生育率是决定未来中国人口变化的关键因素，我们认为，在国家人口发展战略中要高度重视提高生育率对于中国人口长期均衡发展的战略意义。具体建议如下。

（1）鼓励按"三孩生育政策"生育，努力提高生育水平。

（2）增加与合理布局儿科卫生医疗资源。

（3）制定儿童照料服务产业发展规划，加强儿童照料服务供给。

（4）鼓励企业为有 3 岁以下幼儿的员工提供弹性时间工作安排，促进工作－家庭平衡的实现。

（5）提高劳动力市场及相关社会保障制度安排的弹性，降低女性因生育暂时退出劳动力市场所承担的收入损失，为其重新进入劳动力市场提供帮助。

（6）减少教育私人成本。

（7）制定年轻人住房支持政策，使年轻人婚有所居。

（五）　城镇化与市民化同步战略

根据中共中央、国务院制定的新型城镇化发展战略，城镇化发展需要以提高城镇化质量为重点，为社会现代化提供一体化的社会制度框架。为此，我们从城镇化与市民化同步的角度提出以下建议。

（1）继续深化户籍制度改革，在 2025 年之前建立不分城乡的户籍制度，相关制度安排不再与户籍身份挂钩。

（2）在国家规定的承包期限内，保证农民"离乡不失地"。

（3）开放所有的城市，保障人民自由迁徙的权利。在 2025 年之前取消城市积分落户制度。

（4）在 2025 年之前，建立全国一体化的民生制度安排，保证人人平等共享发展机会和社会福利。

（5）全国劳动力市场一体化，消除劳动力流动制度性障碍，促进社会流动。

（6）实现公共资源在城市间公平分配与合理布局，通过成本－收益的市场信号引导劳动力和人口的有序流动。

（7）改革国家财政制度，实行"事权一体"的财政安排。

小　结

中国人口国情已发生了重大变化，2020～2050年面临的新人口形势比过去40年更为复杂，对现代化的影响也更加复杂，且直接关系到人民未来的福祉。2020～2050年中国人口形态的基本特征是老龄化、低生育率和负增长。换言之，中国的现代化将在一个低生育率、长寿和人口规模不断缩减的老龄社会中进行。同时，人口发展也为现代化创造了有利条件，人力资本和城镇化都有广阔的发展前景，它们将是推动中国现代化的关键因素。

本章从人口与经济发展、人口与社会发展、人口与资源环境可持续性等方面，分析了未来人口与现代化关系的基本格局和发展方向。根据中国2020～2050年两个阶段的现代化战略目标，基于人口新形势和人口变化的客观规律，借鉴国际经验，遵循以人为本、社会公平和正义、可持续发展等三个原则，提出面向现代化的人口发展战略，以促进人口均衡发展，增强人口发展活力，为实现两个阶段现代化战略目标创造有利的人口条件。提出了建设人力资本强国、建设积极健康老龄社会、建设健康中国、建设生育友好型社会、推进城镇化与市民化同步等五个方面的战略设想和政策建议。

参考文献

蔡昉，2004，《人口转变、人口红利与经济增长可持续性——兼论充分就业如何促进经济增长》，《人口研究》第2期。

蔡昉，2010，《人口转变、人口红利与刘易斯转折点》，《经济研究》第4期。

高书国，2014，《中国人口文化素质特点与趋势分析》，载国务院人口普查办公室、国家统计局人口和就业统计司编《发展中的中国人口：2010年全国人口普查研究课题论文集》（中册），中国统计出版社。

国家卫生健康委员会编，2018，《中国流动人口发展报告 2018》，中国人口出版社。

国家卫生和计划生育委员会流动人口司编，2017，《中国流动人口发展报告 2017》，中国人口出版社。

国家卫生和计划生育委员会编，2014，《中国家庭发展报告 2014》，中国人口出版社。

贺丹、张许颖、庄亚儿、王志理、杨胜慧，2018，《2006～2016 年中国生育状况报告——基于 2017 年全国生育状况抽样调查数据分析》，《人口研究》第 6 期。

王丰、安德鲁·梅森，2006，《中国经济转型过程中的人口因素》，《中国人口科学》第 3 期。

王金营、杨磊，2010，《中国人口转变、人口红利与经济增长的实证》，《人口学刊》第 5 期。

吴帆，2019，《低生育率陷阱究竟是否存在？——对后生育率转变国家生育率长期变化趋势的观察》，《人口研究》第 4 期。

习近平，2017，《决胜全面建成小康社会　夺取新时代中国特色社会主义伟大胜利——在中国共产党第十九次全国代表大会上的报告》，中国网，http://www. china. com. cn/19da/2017 - 10/27/content_41805113. htm。

张晓青、黄彩虹、张强、陈双双、范其鹏，2016，《"单独二孩"与"全面二孩"政策家庭生育意愿比较及启示》，《人口研究》第 1 期。

中共中央、国务院，2019，《国家积极应对人口老龄化中长期规划》，中国政府网，http://www. gov. cn/zhengce/2019 - 11/21/content_5454347. htm。

中共中央、国务院，2014，《国家新型城镇化规划（2014—2020 年）》，中国政府网，http://www. gov. cn/gongbao/content/2014/content_2644805. htm。

中共中央、国务院，2016，《"健康中国 2030" 规划纲要》，https://www. gov. cn/xinwen/2016 - 10/25/content_ 5124174. htm，最后访问日期：2024 年 6 月 20 日。

庄亚儿、姜玉、王志理、李成福、齐嘉楠、王晖、刘鸿雁、李伯华、覃民，2014，《当前我国城乡居民的生育意愿——基于 2013 年全国生育意愿调查》，《人口研究》第 3 期。

Goldstein, J., W. Lutz, and M. R. Testa. 2003. "The Emergence of Sub-replacement Family Size Ideals in Europe." *Population Research and Policy Review* 22.

Lutz, W., V. Skirbekk and M. R. Testa. 2006. "The Low-fertility Trap Hypothesis: Forces That May Lead to Further Postponement and Fewer Birth in Europe." In

T. Sobtka，ed. *Vienna Yearbook of Population Research.*

United Nations. 2018. *World Urbanization Prospects*，*the 2018 Revision.* New York：United Nations，Population Division.

United Nations. 2022. *World Population Prospects*，*the 2022 Revision.* New York：United Nations，Population Division.

World Bank. 2019. *The World Development Report 2019: The Changing Nature of Work.* https：//www. worldbank. org/en/publication/wdr2019.

图书在版编目（CIP）数据

中国实现现代化的人口条件 / 莫龙等著. -- 北京：
社会科学文献出版社，2024.8（2025.1 重印）
ISBN 978 - 7 - 5228 - 3199 - 2

Ⅰ. ①中⋯ Ⅱ. ①莫⋯ Ⅲ. ①人口 - 研究 - 中国 - 现
代 Ⅳ. ①C924.2

中国国家版本馆 CIP 数据核字（2024）第 024415 号

中国实现现代化的人口条件

著　　者／莫　龙　李建民　王金营 等

出 版 人／冀祥德
责任编辑／胡庆英
文稿编辑／陈彩伊
责任印制／王京美

出　　版／社会科学文献出版社·群学分社（010）59367002
　　　　　　地址：北京市北三环中路甲 29 号院华龙大厦　邮编：100029
　　　　　　网址：www.ssap.com.cn
发　　行／社会科学文献出版社（010）59367028
印　　装／唐山玺诚印务有限公司

规　　格／开 本：787mm×1092mm　1/16
　　　　　　印 张：22.25　字 数：347 千字
版　　次／2024 年 8 月第 1 版　2025 年 1 月第 2 次印刷
书　　号／ISBN 978 - 7 - 5228 - 3199 - 2
定　　价／158.00 元

读者服务电话：4008918866